KB205310

재 대신
기쁨을

메시아닉 유대인 목사

미카엘 야론 이야기

카이야 타이발 **지음**
최가선 **번역**

도서출판사 **TOBIA**

Text Copyright ⓒ 2015 Päivä Osakeyhtiö Hämeenlinna, Finland
Text Copyright ⓒ Michael Yaron
Photo Copyright ⓒ Michael Yaron
All Right Reserved

This Korean Version Edition Copyright ⓒ 2019 Touch Bible Ministry & Tobia Publishing, Seoul, Korea.

재 대신 기쁨을

Joy for Ashes

1판 1쇄: 2019년 5월 20일

저자: 카이야 타이발
번역: 최가선
편집: 강신덕
디자인: 오인표
홍보/마케팅: 김일권 지동혁
펴낸이: 오세동
펴낸곳: 도서출판 토비아
등록: 426-93-00242
주소: 04041) 서울특별시 마포구 와우산로 73(홍익빌딩 4층)
　　　 T 02-738-2082 F 02-738-2083

ISBN: 979-11-89299-11-8 03230
책값은 뒷 표지에 있습니다. 무단 전제와 복제를 금합니다.

재 대신 기쁨을

Joy for Ashes

도서출판사 **TOBIA**

Contents

이야기를 시작하기에 앞서

나는 책을 좋아한다. 기독교의 가르침과 기독교 역사 속 인물들의 자전적 이야기들은 지난 30여년 신앙생활 가운데 나에게 무엇보다 큰 즐거움을 주었다. 그 많은 독서 가운데 나는 그리스도께서 당신의 소유로 삼은 영혼들 가운데 어떻게 역사 하셨고 또 어떻게 역사하고 계신지에 대해 알게 되었다. 우리를 위해 기름을 부음을 받으신 분, 메시아께서는 우리에게 은혜와 용서, 사랑과 평화 그리고 안식을 주셨다. 그 분은 삶의 모든 순간에서 우리와 함께 하실 것을 약속하셨다.

그들의 자전적 이야기들이 진솔하게 기록되었다는 한에서, 그 이야기들 가운데서 우리는 주인공들이 싸웠던 영적, 정신적 전투들을 볼 수 있다. 거기에는 승리의 이야기들도 있지만, 패배의 이야기들도 있다. 그 모든 이야기들은 꽤 괜찮은 인생 가이드이기도 하다. 거기에는 큰 인생

과제들도 있고 작은 인생 과제들도 있다. 그리고 한 가지, 우리는 그 모든 여정 가운데 임하신 예수 그리스도의 사랑의 손길을 볼 수 있다.

나는 유대인에 관심이 있다. 결국 예수님도 유대인들 사이에서 유대인으로 태어나셨다. 예수님 스스로도 강하게 말씀하셨다. "구원이 유대인에게서 남이라"(요 4:22). 나는 그래서 이스라엘을 위해 꾸준히 기도해 왔다. 수년 전 나는 이스라엘과 유대인들에 관하여 전혀 새롭게 각성하는 기회를 얻었다. 나는 그 때 이스라엘을 위해 무엇을 해야 할지에 대해 생각하고 있었다. 여러 책들을 집필하는 중에 나의 꾸준한 질문에 대한 답은 명쾌했다. 주님의 뜻일진대 이스라엘의 상황을 고려하여 책 하나를 써야겠다고 다짐한 것이다.

그리고서 나는 자서전 하나를 집필하기로 계획했다. 나의 절친한 친구이자 이스라엘에서 14년간 살아온 안야 콜레마이넨(Anja Koleh-mainen)은 이스라엘인 목회자인 미카엘 야론(Michael Yaron)을 잘 아는 사람으로서 나에게 그가 주인공인 책을 하나 써야 한다고 충고했다. 미카엘은 이스라엘 내에서 기독교인 회중을 위해 사역하는 목회자이며 동시에 해외에서도 좋은 많은 관계를 가진 사람이다. 우리 셋은 미카엘의 책을 발간하는 프로젝트에 관하여 하나님의 뜻이 무엇인지 발견하기를 위해 최대한 기도하기로 했다. 그래서 결과적으로 만들어진 것이 바로 이 책이다. 안야(Anja)는 이 책을 번역하기로 했다.

책은 주로 인터넷 전화 스카이프(Skype)를 통해 만들어졌다. 그러나 안야와 함께 이스라엘로 가 거기서 인터뷰를 진행하기도 했다. 때로는 미카엘이 그의 집회 여행 중간에 핀란드로 오기도 했다. 책이 너무 가벼

워 보이지 않기 위해 안야와 미카엘은 때로 이탈리아어로 대화를 했다. 이어서 안야는 나를 위해 그 대화를 핀란드어로 번역해주었다.

책의 제목『재 대신 기쁨(Joy for Ashes)』은 이사야서(61장)의 말씀을 기반으로 하였다. "주 여호와의 영이 내게 내리셨으니 이는 여호와께서 내게 기름을 부으사 가난한 자에게 아름다운 소식을 전하게 하려 하심이라 나를 보내사 마음이 상한 자를 고치며 포로된 자에게 자유를, 갇힌 자에게 놓임을 선포하며...무릇 시온에서 슬퍼하는 자에게 화관을 주어 그 재를 대신하며 기쁨의 기름으로 그 슬픔을 대신하며 찬송의 옷으로 그 근심을 대신하시고 그들이 의의 나무 곧 여호와께서 심으신 그 영광을 나타낼 자라 일컬음을 받게 하려 하심이라"(사 61:1,3 개역개정). 미카엘 개인의 인생 분투를 별도로 하여, '재(ash)'라는 것은 유대인 대학살(2차대전 중 유대인들을 학살한 사건)이 미카엘의 가족에게 미친 영향을 말하는 것이다.

작업을 진행하던 중 때때로, 몇몇 슬픈 이야기들이 나의 눈시울을 적셨다. 때로는 이야기 여기저기에 적당하게 담긴 우스개들이 웃음을 자아내곤 했다. 미카엘과 그의 부인 마리안의 마음 따뜻하게 하는 사랑 이야기들 역시 곳곳에 녹아 있다.

기본적으로 미카엘의 이야기는 우리에게 이스라엘 사람들의 삶의 환경을 알려준다. 그러나 그는 이탈리아에서 공부하기도 했고 세상 여러 곳을 여행하기도 했다. 그래서 이 책은 세계 여러 나라와 문화가 갖는 향취를 가져다주기도 한다.

믿음 안에서 형제와 자매된 분들이 책을 위해 그리고 내 집필을 위한 비평을 위해 더해준 중보는 그 어느 것 보다 귀한 것이었다. 나의 남편 티모 타이발(Timo Tival)과 유씨 아스텔요키(Jussi Asteljoki), 마르얀나 니쿨라(Marjanna Nikula) 그리고 카이야 안톨라(Kaija Antola)는 매우 건설적인 비평을 주었다. 이들은 어떻게 하며 좋은 책을 만들 수 있을지에 관한 좋은 팁을 전해주었다. 핀란드의 교사인 울라 라흐티넨(Ula Lahtinen)은 핀란드어를 보다 날카롭게 가다듬어 주었다. 파이바스 출판사의 메르야 피트케넨(Merja Pitkanen)과 마르야 세본(Marja Sevon)에게도 감사한다.

이 책을 읽는 내내 당신에게 축복이 있기를
카이야 타이발

01

사랑 넘치는 부모님의 돌봄 가운데

이스라엘에서 대 속죄일인 '욤 키푸르(Yom Kippur)'는 회개의 날로 지킨다. 하나님께서는 모세에게 이 장엄한 날을 새기도록 율법을 주었다. 이 날은 모든 유대인들이 24시간은 금식하며 보내는 날이다. 유대인들은 먹지도 마시지도 않은 채 이어지는 이 금식을 속죄일 전날 저녁 다섯 시부터 시작하여 다음 날 저녁까지 계속한다.

일곱 살 된 미카엘 야론과 그의 친구는 쉽지 않은 결단을 했다. "우리 역시 금식하자." 소년들은 일반적으로 열세 살이 되었을 때에나 시작하는 금식을 위해 서로 다짐했다. 그 가운데 미카엘은 작고 연약한 아이였음에도 매우 단호했다.

소년들은 밤새도록 금식했다. 다음 날 아침 그들은 매우 배가 고팠고,

특별히 목이 말랐다. 그럼에도 그들은 근처의 공원으로 축구하러 나갔다. 축구 게임은 미카엘을 완전히 진 빠지게 만들었다. 소년은 결국 벤치로 가서 거기 누워 잠이 들고 말았다.

"나의 아버지, 빅터 야론(Victor Yaron)이 경찰과 함께 와서 나를 흔들어 깨웠어요. 제가 집에 돌아오지도 않고 어디에서도 찾을 수 없게 되자, 아버지는 매우 걱정하셨답니다."

미카엘은 그 때를 회상했다.

그러나 금식은 거기서 끝나지 않았다. 금식하는 동안 그 소년들은 수차례 회당을 왕래해야 했다. 야론 가족은 종교인이 아닌 일반 유대인 가족이었음에도 세속생활을 하는 유대인들에게 당연한 관습으로서 절기나 다른 일들이 있을 때면 어김없이 회당 가는 일을 지키곤 했다. 경건한 성인 유대인 남자들은 대부분 이 속죄일 거의 대부분의 시간을 회당에서 보낸다. 미카엘은 이렇게 말했다.

"금식을 하고 회당에 참석하는 것은 제가 제대로 된 유대인이라는 것을 느끼게 해주었죠."

소년들은 여전히 아무것도 먹지도 마시지도 못했다. 그것은 그들이 엄숙하게 결정한 것이었다. 그들은 이를 악물고 금식했다. 그리고 드디어 저녁 7시가 되어 금식을 끝내도 괜찮은 시간이 되었다. 나중에 미카엘은 친구가 자기를 속였다는 것을 알게 되었다. 친구는 마치 그와의 약속이란 것이 없었다는 듯 자기 집에서 계속 무언가를 먹고 있었다.

이 일 후, 현재 육십의 나이까지도 미카엘은 거의 매년 욤 키푸르에 금식을 지켜왔다.

미카엘의 가족은 이스라엘에서 두 번째로 큰 도시, 텔 아비브(Tel Aviv)에 살았다. 미카엘은 1957년 4월 2일 페타 티크바(Petah Tikva)의 어느 병원에서 태어났다. 태어날 때 무게와 키가 얼마나 되었는지 들은 적은 없지만, 그의 인생에서 늘 그랬던 것처럼, 그는 틀림없이 작은 아이로 태어났을 것이다. 유대인의 관습에 따라 아기 미카엘은 태어난 지 8일이 되었을 때 할례를 받았다.

미카엘이 어려서 야론 가족은 '이스라엘 왕들의 광장(Kings of Israel Square, 현재는 라빈 광장)'과 가까운 텔 아비브 도심지에서 살았다. 그들은 거기서 보다 중심가에 위치한 방 세 개, 부엌 하나 그리고 발코니가 딸린 아파트로 이사했다. 미카엘이 아직도 잘 기억하는 아파트다. 텔 아비브 중심지는 지중해 해안선과 가까웠다. 당연히 미카엘이 살았던 두 집 모두 바다와 가까웠다.

미카엘은 어린 시절 대부분 어머니 일라나 야론(Ilana Yaron)과 함께 보냈다. 아버지는 학위가 있었고, 병원 임상검사실에서 일했다. 그는 고등교육을 받았지만 적은 월급으로 생활했다. 아버지는 저녁에 종종, 이따금씩은 심지어 밤에도 개인 실험실에서 일했다. 어머니 일라나 역시 대학 학위가 있어서, 처음에는 아버지와 같은 실험실에서 일했다. 그러나 미카엘이 태어난 후 일라나는 아기를 돌보기 위해 그 일을 그만 두어야 했다. 그러나 일라나는 또한 훈련받은 미용사였다. 그녀는 집에서 미용 관련 일을 했다. 그렇게 미카엘이 태어난 지 삼년 반이 지나 미카엘의 집안에는 동생 가브리엘도 태어났다.

어머니에게는 친구들이 많이 있었다. 그녀는 카페나 수영장에서 친구들을 만나곤 했다. 보통 친구들은 어머니처럼 폴란드 출신들이었다. 그녀들은 어머니의 사촌과도 서로 연락을 주고받는 사이였다. 걷기 전까지 동생 가브리엘은 유모차에 태워 다녔고, 미카엘은 어머니에게서 매우 따뜻하고 가까운 관계를 경험했다.

어느 날, 어머니는 수영장에서 놀라운 계획을 세우게 된다. 수영장 안전요원에게 미카엘이 수영을 배울 수 있도록 수영장에 던져달라고 부탁했던 것이다. 소년은 용감하기를 배워야한다는 것이 어머니의 교육방침이었다. 그 안전요원은 정말로 미카엘을 물속에 던졌다. 물론 사고의 위험이 없도록 조심스럽게 던졌다.

미카엘의 아버지 역시 폴란드 출신이었다. 어머니와 아버지는 집에서 폴란드어를 사용했다. 미카엘은 폴란드어를 이해할 수 있었고 조금 말할 수도 있었다. 지금도 여전히 미카엘은 폴란드어를 이해하는 것이 가능하다. 친할아버지는 2차 세계 대전 이후 폴란드에서 이스라엘의 하이파로 이주했다. 불행하게도 친할아버지와 할머니가 너무 일찍 돌아가

셔서 미카엘은 그 분들에 대한 기억이 전혀 없다.

한편, 아버지에게는 두 형제가 있었다. 그들은 제2차 세계 대전 동안 혹은 그 후에 폴란드를 떠나 각자의 길로 갔다. 삼촌 하나는 이탈리아로 갔고 다른 삼촌은 뉴질랜드로 갔다. 두 삼촌 모두 미카엘의 부모님처럼 홀로코스트(Holocaust) 시대를 경험했다. 이탈리아에 계신 삼촌에게는 딸이 한 명 있지만 한 번도 만난 적은 없다. 미카엘은 아버지 쪽 가족들과 관계가 없었던 것을 늘 안타까워했다. 게다가 어머니마저 형제 없는 외동딸이었다.

"아버지의 가족은 제 인생에서 완전히 사라졌어요. 게다가 어머니는 외동딸이셨죠."

미카엘은 친절한 소아과 의사 한 사람을 기억한다. 미카엘과는 매우 잘 알고 지내는 사이였다. 미카엘은 그 소아과 병원에 대한 기억을 이렇게 더듬는다.

"우리는 종종 그 의사선생님을 찾아뵙곤 했어요. 찾아갔던 이유는 정확히 기억나지 않지만, 그렇다고 제가 아팠던 기억은 없어요. 저의 작은 키 때문에 찾아갔던 것 같아요. 어머니가 어렸을 때, 할아버지께서는 어머니에게 주사는 다치게 하지 않지만 아픈 거라고 말씀해 주셨다는데, 어머니는 그것을 제게도 이야기해 주셨어요. 주사가 아플 수도 있음을 알게 하시고 저를 준비시키신 거죠. 엄마가 정직하셨던 것에 대해 참 감사해요. 어머니는 마지막으로 늘 이렇게 덧붙여 말씀하시곤 하셨죠. '그렇지만, 넌 영웅이니까 잘 해낼 거야!' 그리곤 제가 주사 맞는 걸 긴장한 채 바라보곤 하셨어요."

미카엘 가족의 여자들은 적게 먹고 날씬했지만, 미카엘에게는 크림이나 다른 맛있는 음식들을 먹이기 시작했다. 결과가 어땠냐면, 체중이 너무 많이 나가게 되었다. 미카엘은 곧 달달한 것들을 달라고 자주 졸라대는 아이가 되어버렸다. 결국 그는 운동을 해야 했다. 보상을 얻기 위해, 말하자면 칼로리를 소비하기 위해, 일정량을 달리게 되면 케이크 한 조각을 준다는 말에, 그는 달렸다. 미카엘은 그 때를 회상하며 빙긋 미소를 지으며 말한다.

"거의 50년이 지나서, 더구나 의학을 공부하고 난 지금, 케이크 한 조각의 열량을 소비하기 위해서 꽤 먼 거리를 달려야한다는 걸 알게 됐죠."

가족들은 친구들을 만나기 위해 시내에 나가곤 했고, 혹은 친구들이 집에 놀러오곤 했다. 친척들 또한 방문했다. 이런 식의 만남은 그들이 맛있는 폴란드 음식을 자주 함께 즐길 수 있었음을 의미했다. 종종 맛있는 닭 가슴살과 감자가 상에 올라왔다. 외할머니, 밀라 브로노프스키(Mila Bronowski)의 특별식은 전통식의 보르시치 수프(Borsch soup, 빨간 순무가 들어간 러시아식 수프-역자 주)였다.

음악은 미카엘 가족의 공통 관심사였다. 아버지는 때때로 아코디언을 연주하거나 노래를 불렀다. 외할머니는 폴란드에서 루블린 필하모닉 오케스트라에 적을 두었던 전문적인 바이올리니스트였다. 어머니의 사촌은 피아노 선생님이었고 가끔 가족 모임에서 연주를 하기도 했다. 어머니의 삼촌은 더블 베이스 연주자였지만 가족 모임에서 연주를 하지는 않았다. 폴란드식 폴카와 1960년대 댄스곡들이 가족 모임에서 주로 연주되는 음악들이었다. 외할머니는 이따금 클래식 음악을 연주하기도 했다. 미카엘이 조금 더 컸을 때, 가족들은 목소리가 좋았던 그에게 노래를 부르도록 시키기도 했다.

가족들은 아버지가 혼자 흥에 겨워 아코디언 연주하는 것을 기뻐했다. 가족들은 아버지 연주 감상하기를 즐겼다. 미카엘은 음악에 강렬한 흥미를 가졌다. 집에는 구식 음반을 재생할 수 있는 축음기가 있었고, 음악을 들을 수 있는 트랜지스터라디오가 있었다. 미카엘은 왈츠, 탱고, 재즈 같은 1960년대 대중적인 음악 작품들을 들었고 나중에는 비틀즈(the Beatles)도 들었다. 학교에 들어갈 나이가 되었을 때 그는 결국 음악 학교에 입학했다. 처음에는 기타를 연주했고, 하모늄(Harmonium, 작은 오르간과 흡사한 악기-역자 주)을 연습할 기회도 있었다. 나중에는 피아노 배우는 것을 좋아했지만, 좋은 피아노 연주가가 되기에는 너무 나이가 들었다는 것을 깨닫게 되었다.

미카엘은 행복하고 활발한 소년이었다. 가끔 그가 장난을 치기 시작하면, 그런 아들의 훈육을 위해 아버지는 채찍을 가지고 나오셨지만, 그런 끔찍한 일은 그리 자주 일어나지 않았다.

미카엘이 학교 다닐 때, 아버지는 그에게 넉넉지 않은 형편 가운데서도 우산을 사주었다. 우산은 수업 시간 동안에는 교실 밖에 두어야만 했다. 하루는 미카엘이 집에 가려고 교실을 나왔을 때 우산을 찾을 수 없었다. 아버지는 화를 내며 말했다. "우산을 왜 잃어버린 거니?" 그러나 아버지는 미카엘에게 새 우산을 다시 사주었다. 그러나 똑같은 일이 다시 일어났다. 미카엘은 결국 우산 없이 집으로 와야 했다. 이번에 아버지는 진짜 화를 냈다. 그러나 아버지는 아들에게 세 번째 우산을 사주었다. 그 다음, 미카엘이 집으로 돌아가려고 했을 때, 그는 또 다시 우산을 찾을 수 없었다. 그 때서야 아버지는 아들 미카엘이 우산을 잃어버린 것이 아니라 도둑맞은 것이라는 사실을 알게 되었다. 아버지는 아들에게 겸손하게 말했다. "아버지를 용서해다오! 너에게 화를 낸 것은 정말 잘못한 것 같구나."

"아버지께서 힘들게 일하셨음에도 불구하고, 우리 가족의 경제적인 상황은 그리 좋지 않았어요. 우리의 수입은 일반 가정 평균 소득에도 미치지 못하는 수준이었습니다. 우리가 원하는 모든 것을 가질 수는 없었지만, 기본적인 것들이 결핍되었던 적은 없었어요. 때때로 현금이 부족한 상황에도 불구하고, 우리 자녀들은 용돈을 챙길 수 있었지요. 우리는 가끔씩 아이스크림도 사 먹고 군것질을 할 수도 있었답니다."

미카엘이 아홉에서 열 살 쯤, 아버지는 차를 샀고 그 일은 가족들에게 아주 큰일이었다. 오직 텔아비브와 하이파에만 익숙해있던 가족들은 에일랏(Eilat)과 예루살렘(Jerusalem)을 비롯한 이스라엘의 다른 많은 도시들을 가 볼 수 있었다. 미카엘은 이스라엘 북쪽에 위치한 나하리야(Nahariya)를 특별히 기억한다. 그곳에서 미카엘의 가족은 일주일 정도 바다와 가까운 집을 빌려 시간을 보냈다. 미카엘은 1960년대 음악으로 가득 한 바닷가 카페들에서 시간 보내는 것을 매우 즐겼다. 그의 부모님이 모두 바닷가 생활을 무척 좋아했는데, 그 점을 두 형제가 꼭 닮은 것이다.

미카엘은 학교에 들어가기 전 첫사랑을 경험했다. 그 상대는 다섯 살짜리 레아(Lea)였다. 미카엘은 지금도 레아와 손을 잡고 찍은 사진을 간직하고 있었고, 레아 역시 미카엘을 좋아했다. 그러나 그가 학교에 들어갈 무렵, 다른 여자아이가 그의 마음을 사로잡았다. 물론 레아도 같은 학교에 입학했다. 오십 년이 지난 후, 텔아비브의 길거리에서 미카엘이 레아와 마주쳤을 때, 그들은 서로를 알아보았다. 그들은 즐겁게 지난 이야기를 회상하며 대화를 나누었다. 하지만 둘 중 어느 누구도 어린 시절 좋아했던 감정에 대해서는 언급하지 않았다.

미카엘은 부유한 친구들을 부러워한 적은 없지만, 친구들 사이에서 인기를 누리는 것은 중요한 문제였다. 그는 많은 학급 친구들이 있었고, 그들 가운데 몇몇은 정말 좋은 친구들이었다. 그는 눈에 띄는 편은 아니었고 아주 평범한 소년이었다. 그럼에도 불구하고, 미카엘은 여자아이들에게 인기가 많았다. 인기투표를 할 때면, 대부분 여자 아이들은 어김없이 미카엘의 이름을 썼다. 반면 미카엘은 그 누구에게도 상처를 주고 싶지 않아, 작은 종이에 모든 여자 아이들의 이름들을 썼다. 그가 인기 있었던 이유 중에 하나는 아마도 흔치 않았던 파란 눈동자와 금발 때문이었던 것 같다.

열 살까지, 미카엘은 집 근처에 있는 학교를 다녔고, 그 이후에는 조금 멀었지만 더 큰 학교로 전학을 갔다. 그러나 두 학교 모두 걸어 다닐 수 있었다.

미카엘은 성실하고 착한 학생이었다. 그는 친절하고 선한 선생님들을 많이 만났던 것을 아직도 기억한다. 학교에서는 생활과학(domestic science)과 같은 흥미로운 과목들도 가르쳤고, 식사도 배급해 주었다. 그렇지만 학교 교과서는 돈이 들었다.

미카엘이 기억하기로 유년기 시절 그의 주변에는 오직 유대인들만 있었다. 가족 중에 누군가 유대인 아닌 사람과 결혼하면 사람들은 굉장히 강하게 그들을 비난했다. 단 그들은 그 비난을 그들 앞에서 하지는 않고 뒤에서만 수군거렸다. 미카엘은 비종교적인 유대인 학교에 다녔다. 그 학교 옆에는 종교인 가족의 아이들이 다니는 학교도 있었다. 종교인 남자들과 소년들은 작고 둥근 모자인 키파(kippah)를 쓴다. 그것을 머리에 쓴다는 것은 하나님에 대한 경외심을 의미한다. 또한 그것은 하나님은 거룩하시며, 인간 위에 계시다는 것, 그리고 하나님과 인간 사이에는 큰 차이가 있다는 것을 나타내기도 한다. 미카엘의 아버지와 두 형제들은 비종교인으로서 오직 절기 때만 그 모자를 썼다.

학교에서는 아이들을 위한 구약성서 이야기들을 가르쳤다. 미카엘은 하나님이 존재하신다는 것을 알았다. 모세의 이야기는 흥미진진했다. 그는 생각했다. 만일 하나님께서 모세에게 이야기하셨다면, 왜 미카엘에게 말씀하지 않으실까? 어쨌든 미카엘과 아이들은 학교에서 아브라함, 요셉, 다윗과 다니엘의 생애에 대해서 공부했다. 미카엘은 그 때 성서의 인물들을 배웠던 것을 이렇게 회상한다.

"나는 그런 믿음의 영웅들이 하나님을 강하게 신뢰하는 것이나, 그들의 용기 있는 모습이 매우 멋지다고 생각했어요."

야론 가족은 유월절을 친구들의 집이나 호텔에서 보내기도 했다. 그러나 야론 가족이 유월절을 멋지게 보내는 곳은 따로 있었다. 텔 아비브에서 약 100킬로미터 떨어진 하이파(Haifa)였다. 미카엘의 가족들은 그 멋진 도시 하이파에 사는 외할아버지 그리고 할머니, 알렉산더(Alexander)와 밀라 브로노프스키(Mila Bronowskie)를 방문하여 그곳에서 유월절을 보내곤 했다.

미카엘은 하이파 외갓집에 갈 때 종종 어머니와 함께 동행 했는데 이 유명한 해안가 도시는 다른 아이들 역시 방학이면 놀러 가기를 소망하는 곳이었다. 미카엘은 하이파라는 도시를 꽤 좋아했다. 특히 하이파가 끼고 있는 갈멜산의 자연은 아름다웠다. 등 뒤로 갈멜산 산기슭에 위치한 하이파는 그 전면에 숨이 멎을 만큼 아름다운 해안선의 절경도 가지고 있다. 미카엘은 동생과 할머니와 함께 예쁜 공원으로 산책을 다니기도 했다. 외갓집 창문으로 지중해와 하이파의 멋진 항구도 보였다. 할아버지는 종종 배를 타고 외국으로 출장을 다녔다. 할머니는 창문으로 보이는 배를 가리키며 야론 형제들에게 말했다. "저기 할아버지가 타신 배가 오고 있구나. 가서 할아버지를 마중하자꾸나!" 그리고 집을 나서면 항구에서 할아버지를 제 때에 만날 수 있었다. 하이파 항구는 그렇게 그들에게 친숙한 장소가 되었다.

할아버지는 변호사였다. 좀 더 자라서 미카엘은 가끔 할아버지가 소송을 맡았던 법정을 방문할 수 있었다. 이제 막 소년티를 벗은 그에게 법원에 가는 일은 매우 흥미로운 일이었다.

"할아버지는 종종 소송 건에 대해서, 제2차 세계 대전 그리고 홀로코스트 동안 경험하셨던 일에 대해서 이야기해주시곤 했어요. 저는 할아버지 이야기 듣는 걸 좋아했죠."

할아버지는 엄했다. 그래서 미카엘은 비록 어렸을지라도 인내심 많은 외할머니만 외할아버지와 잘 지내실 수 있는 거라고 생각했다. 할아버지는 자신이 원하는 것을 모든 사람들에게 명령으로 말했고 할아버지 뜻대로 되지 않을 때는 모두들 한소리를 들어야만했다.

그래서 어머니는 당신의 부모님과 사이가 늘 좋지만은 않았다.

"우리가 할아버지를 방문했던 어느 날, 엄마가 외할아버지와 말싸움을 하셨어요. 그렇게 텔아비브로 돌아오려고 하는데, 할아버지는 여전히 화가 나셔서 우리에게 돌아올 차비를 주지 않으셨죠. 그래서 우리는 차비가 부족하게 되었고, 결국 저는 제 나이보다 더 어리다고 거짓말을 해야만 했어요. 제가 워낙 작았기 때문에 문제는 없었어요."

미카엘은 회상한다.

그러나 그 거짓말은 어머니나 미카엘 둘 다의 마음을 불편하게 했다. 그러나 지금 미카엘은 외할아버지가 그때 재정적으로 미카엘 가족을 늘 도와주었다는 것을 알고 있다.

홀로코스트기념일(the Holocaust Memorial Day)은 학교의 연례 행사였다. 보통은 4월이나 5월에 있는 독립기념일보다 일주일 먼저 이 날을 기념했다. 이 날들이 4월과 5월 사이 어딘가에 있는 이유는, 유대인 달력이 음력이었기 때문이다. 유대인의 절기나 기념일들은 양력으로 봤을 때 매년 같은 날이 아니었다.

홀로코스트를 기념하는 행사는 매우 우울하게 치러졌다. 미카엘이 학교를 다닐 때, 기념일 행사에는 특별히 정한 형식이 있었다. 그 순서 중하나는 연극이었다. 어린 나이였어도 미카엘은 연기를 잘 했다. 그래서

어린 시절의 미카엘, 어머니 일라나와 아버지 빅터와 함께 있다.

미카엘의 어머니 일라나는 매우 현명했고 또 헌신적인 여성이었다. 그러나 그녀가 어려서 겪은 홀로코스트의 경험은 그녀의 삶을 내내 힘들게 했다.

그는 예를 들면 게토(Ghetto, 2대전중 독일 점령 지역 내 유대인격리구역-역자 주)에서 강제수용소로 끌려가는 아버지를 둔 소년 역할을 맡기도 했다. 종종 그는 노래도 했는데, 독창을 하거나 합창을 했다.

분위기를 바꿔서, 부림절(Purim)의 신나는 축제는 홀로코스트 기념일과 전혀 다른 모습을 갖고 있었다. 부림절은 유대인이었던 페르시아 에스더 여왕의 이야기를 중심으로 이루어진 절기이다. 구약 성경은 기원전 400년 경 유대인들의 페르시아 포로기 기간, 어떻게 에스더가 유대인들을 그 민족적 멸망으로부터 구해냈는지를 말한다.

"하루 종일 변장을 하고 다녀요. 부림절 동안 아이들은 특히 에스더서에 등장하는 인물들처럼 꾸미고 다니죠. 어느 해 부림절에 저는 홀로코스트 기간 폴란드 구두닦이처럼 변장했어요. 알맞은 옷을 입고 모자도 쓰고 구두닦이 통을 들고 다녔어요. 사람들은 모두 제가 무엇으로 변장했는지 알았죠."

미카엘은 진중했고 아름다웠던 그 때를 그렇게 회상하고 있다. 한편, 미카엘이 가장 좋아했던 과목은 생활과학이었다.

"저는 동물들을 사랑했고, 지금도 사랑하죠. 전 늘 개를 키우고 싶었지만, 한 번도 키워보지 못했어요. 대신 기니피그, 도마뱀, 작은 앵무새들 그리고 뱀과 같은 다른 동물들은 많았어요."

미카엘은 수의사가 되고 싶어 했다. 그가 롤 모델을 삼은 사람은 텔레비전 시리즈에 나오는 둘리틀 의사(Doctor Doolittle)였다. 미카엘은 흑백텔레비전으로 그 프로그램을 시청했다. 미카엘은 수의사가 주로 팔걸이의자에 앉아있는 사람이라고 생각했다. 그는 수의사라는 사람이 고양이와 새들과 같은 작은 애완동물들을 치료하기 위해 사람들이 데리고 오는 존재라고 생각했다. 그는 수의사가 때로 유쾌하지 않은 일도 해야 하지만 키부츠의 소들을 비롯하여 다른 큰 동물들도 치료해야한다는 것은 꿈에도 몰랐다. 미카엘은 한 번 후회하는 투로 이렇게 말했다.

"한번은 사고로 우리 기니피그가 물도 없이 햇빛 강렬한 발코니에 있다가 죽은 적이 있었어요. 저에게 그것은 비극적인 대참사였고 저는 엄청나게 울었죠."

미카엘은 한 번 앵무새에게 약간의 재주들을 가르쳤다. 그는 앵무새로 하여금 그의 어깨로 와서 앉아 있도록 가르쳤다. 순진하게도 미카엘은 그 새를 발코니로 데리고 나가도 자기 어깨 위에 얌전히 머물러 있을 거라고 생각했다. 물론, 그 새는 자유의 기회를 알아차리고는 훨훨 날아가 버렸다.

"그것은 슬픈 사건이었어요."

미카엘은 말했다.

"물론 새장 안에서 길들여진 앵무새는 자연에서 살아남을 수 없죠. 저는 오랫동안 매일 매일 그 새가 돌아오기를 기다렸지만, 역시나 다시는 볼 수 없었어요."

지금은 시 외곽으로 옮겼지만, 그 시절, 텔아비브 중심에는 동물원이 있었다. 미카엘의 외숙모 할머니가 그 동물원에서 일했는데, 덕분에 야론 가족은 무료로 동물들을 볼 수 있었다. 미카엘은 거의 매일 거기에 갔고 가끔은 그의 동생이 동행하기도 했다.

"마치 많은 동물원 동물들이 저를 알고 있는 것처럼 느껴졌어요. 표범 한 마리는 제가 그 우리를 따라 밖에서 걸으면 우리 안에서 제 걸음에 맞춰 걸었죠."

미카엘은 신나서 말했다.

동물원 안에는 한 부부가 운영하는 작은 애완동물가게가 있었다. 남편의 이름은 아리(Arie)였는데 히브리어로 '사자'라는 뜻이었다. 자주는 아니더라도 미카엘은 그 가게에서 시간을 보냈다. 우습게도 거기에는 폴란드어 욕을 알고 있는 큰 앵무새 한 마리도 있었다.

외숙모 할머니는 늘 미카엘에게 아리에게 인사하는 것을 잊지 말라고 충고했다. 그래서 미카엘은 동물원을 떠날 때마다, 그 가게 대신 사자 우리로 가서 "안녕히 계세요."하며 인사하곤 했다. 미카엘은 외숙모 할머니가 우리 안에 있는 사자에게 인사하고 가라는 것이라 오해했다. 좀 더 자란 후에, 그는 그 가게가 바쁠 때마다 아리 아저씨를 도와주었다. 가끔은 거기서 아르바이트로 일도 했다.

한번은 학교에서 작은 조사 프로젝트를 진행 했는데, 미카엘은 침팬지에 관해 조사했다. 아버지는 사진 찍는 것이 취미생활이었고, 미카엘은 때때로 아버지의 허락을 받고 그 사진기를 활용했다. 그는 아버지의 구식 사진기로 침팬지들의 사진도 찍었다. 그 사진들은 미카엘의 발표에 생동감을 더해주었다.

미카엘은 다른 책들만큼이나 동물에 관한 책에 흥미를 가졌다. 모험이야기들도 그를 열광하게 했는데 쥘 베른(Jules Verne)의 『80일간의 세계일주(Round the World in Eighty Days)』와 같은 소설들이 대표적이었다. 미카엘은 어린 나이에도 홀로코스트와 전쟁에 관련된 문학 작품들을 읽었다. 이스라엘 역사는 미카엘이 학교에서 얻은 또 다른 중요한 관심 주제 중 하나였다. 학교의 지도는 미카엘이 자기 나라에 관한 애국심을 고양시키는 길이 되었다.

집에서 미카엘은 아버지가 학생 시절 보았던 인체해부학 책을 발견하고 그의 가장 친한 몇몇 친구들과 함께 그것을 공부하기 시작했다. 미카엘이 그 때가 생각났는지 웃으며 말했다.

"제가 대학 교수인 것처럼 행동했어요. 제가 제 친구들을 가르치고 또 매주 시험도 봤죠."

토요일 아침이나 안식일 전날 저녁(금요일 저녁) 학교에서는 영화를 보여주었는데, 제법 많은 사람들이 모여들었다. 아이들은 찰리 채플린 영화나 만화영화들을 볼 수 있었다. 메리 포핀스(Mery Poppins), 피터 팬(Peter Pan) 그리고 월트 디즈니(Walt Disney) 영화들이 있었다. 가장 인기가 많았던 것은 로빈슨 크루소(Robinsosn Cruso)의 이야기였다.

"나는 구식 흑백영화를 좋아했었고 지금도 여전히 좋아해요."

마이클은 자기가 영화광임을 분명하게 밝혔다.

실제 극장을 방문하는 일도 있었다. 미카엘은 평균 이하의 신장 때문에 종종 실제 나이보다 더 어리게 여겨져서 영화관 안에 들어가지 못하기도 했다. 극장에서 그는 어린이용 영화뿐만 아니라 건전한 어른 영화도 보았다. 그가 더 성장했을 때, 극장에는 미국식 전쟁 영화들이 등장했고, 이스라엘에서 만든 영화도 상영했다. 텔레비전이 일반적으로 보급되기 전이라 극장의 영화는 대중오락의 중요한 부분을 차지하고 있었다.

그의 작은 키는 장난기 어린 행동들을 발동시켰다. 미카엘은 친구들과 수영장에 가곤 했는데, 나이보다 더 어려보인 덕분에 그는 어렵지 않게 저렴한 어린이 표를 사서 가져올 수 있었다. 미카엘은 그 표들을 제값을 지불해야 하는 키 큰 친구들이 저렴하게 수영장을 이용할 수 있도록 하는데 사용했다. 그 덕에, 그는 친구들 사이에서 인기를 누렸다.

이런저런 작은 부정직함에도 불구하고 대개 미카엘은 민감한 양심을 가지고 있었다. 왜 그런지는 모르겠지만 한번은, 플라스틱인데다 별로 값이 나가 보이지 않는 화병을 친구로부터 빌렸는데 그만 그것을 잃어 버렸다. 그는 너무 난감해서 그 친구를 피하기 시작했다. 그의 부주의를 고백할 용기가 없었던 것이다. 결국, 그는 그 친구 부모님에게 가서 눈물로 화병을 잃어버린 사실을 자백하였다. 그래서 어떻게 되었냐면, 친구의 어머니는 미카엘에게 다른 화병을 주었다. 훨씬 나중에 일어난 일이지만, 미카엘은 그 친구가 스스로 목숨을 끊었다는 사실을 듣게 되었다. 그 소식은 정말이지 큰 충격이었다.

미카엘의 친구들은 대부분 학교 같은 반 동료들이었다. 남자 아이들도 있었고 여자 아이들도 있었다. 그들과 같이 운동하는 것은 즐거운 일이었다. 근처 공원에는 축구장이 있었고 공놀이를 할 수 있는 다른 곳들도 있었다. 미카엘은 그곳에서 친구들과 놀이하는 것을 즐거워했다. 물론 동생도 함께였다. 동생은 친구들보다 훨씬 더 어렸지만 미카엘과 그리고 친구들과 함께 축구를 하기도 했다. 동네 길거리 역시 어린 미카엘에게는 좋은 놀이 공간이 되었다. 아스팔트가 아직 깔리지 않았던 때라, 거리는 대부분 흙길이었다.

미카엘은 친구들 사이에서 용감했다. 그는 네 살 정도 많은 소년들이 그들을 놀리기 위해 공을 빼앗아갔을 때, 당당하게 다가가 공을 되찾아 오기도 했다. 미카엘이 그렇게 하면 그 나이 많은 소년들은 겁을 먹고 꽁무니를 뺐다. 이 모든 것은 어머니의 가르침 덕이라 생각된다, 미카엘의 어머니는 늘 아들에게 "너는 영웅이 되어야해. 울지 말고 용감해야한다!

누가 너를 때리면, 너도 같이 때려!"라고 가르쳤다. 어릴 때 자기 모습을 미카엘은 이렇게 말한다.

"저는 치고 박는 싸움까지 벌이지는 않았어요. 제 어린 동생을 누군가 막 때렸을 때 말고는, 늘 저는 싸움이 아닌 다른 방식으로 문제를 해 결하려고 했죠."

한 번은 미카엘이 꽤 어렸을 때 공원에서 모래놀이를 하고 있었는데 자전거가 와서 그에게 부딪힌 적이 있었다. 그 결과 그의 귓불이 찢어져 미카엘은 바로 병원으로 가야했다. 몇 년 후, 미카엘이 수영장에서 수영을 하며 물속에 있을 때 누군가 실수로 그의 귀를 발로 찼다. 간호사가 보곤 "살짝 피가 났지만 심각할 정도는 아니에요."라고 말했다. 다행히도, 아버지의 주의 깊은 성격 덕에 미카엘은 병원에 가서 의사에게 더 정밀한 검사를 받을 수 있었다. 병원 사람들은 일찍 병원에 온 건 매우 잘한 거라고 말했다. 사실 그 발길질은 미카엘의 고막을 파열시켰다. 생각보다 심각한 상황이었던 것이다. 그 때 치료하지 않았다면 청각 장애로까지 이어질 수 있었다.

"아버지께서 지혜롭게 대처하셨죠. 저는 하이파에서 한 달 동안 외할머니의 간호를 받으며 회복했어요.

유년기 동안 그는 편도선 수술도 경험했다. 그런데 그 수술이 계획했던 대로 진행되지 않았다.

"그 수술은 마취 후 진행되었는데, 수술 도중에 그만 제가 깨어났어요. 전 악몽과 같은 무서운 장면들을 보게 됐고 의사의 목소리도 들었죠. 눈을 떴을 때 저는 의사의 손에 묻은 피를 보았고 제 가슴 위의 피도 보았어요. 정말 무서웠죠."

대체로 미카엘과 그의 동생은 어른들에게 많은 사랑을 받았다고 생각한다. 그들은 지금도 만족할만한 어린 시절이었다고 생각한다.

"엄마와 아빠는 저희를 매우 사랑하셨어요."

미카엘은 감사함으로 말했다.

"생활은 그럭저럭 안정적이었어요. 대개 어린이들이 그런 것처럼 제가 겪은 위협은 오직 어두움에 대한 두려움이었어요. 거기에 하나더, 잘 살아내지 못하는 엄마를 보는 것이 고통일 때도 있었죠. 엄마는 아버지와, 그리고 엄마의 부모님과 많이 싸우곤 하셨어요. 엄마는 종종 신경질적이셨고, 화를 잘 내셨죠."

어느 날, 미카엘과 가브리엘이 학교를 마치고 집에 돌아왔을 때, 어머니는 문이 잠긴 욕실 안에 있었다. 형제는 이웃에게 도움을 요청해 욕실문을 열었다. 어머니는 의식 없이 바닥에 누워있었다. 어린 아들들에게 그 일은 충격이었다. 꽤 시간이 흐르고도 어머니는 현실을 잘 이겨내지 못하셨다. 어머니는 악몽에 시달렸고, 약의 도움을 받기 시작하셨다. 그 악몽의 이면에는 홀로코스트가 있었다. 공포어린 현실 속에서 보낸 어린 시절의 경험이 그녀를 에워싸고 있었던 것이다.

미카엘은 정치에 관한 대화를 많이 듣지는 못했다. 물론 이스라엘과 아랍 사이의 분쟁은 그의 어린 시절 어른들 사이에서 종종 거론되던 이야기들이었다.

'6일 전쟁'이라 불리는 사건은 1967년 6월 5일부터 10일 사이 이스라엘과 이집트, 요르단, 시리아 등 세 나라 아랍 연합군 사이에 벌어졌다. 이집트가 티란 해협의 국제 수역에서 이스라엘의 선적을 봉쇄하고 시나이 반도에서 유엔의 평화감시단을 쫓아내고 대신 그들의 부대를 대치했을 때 그 갈등은 시작되었다. 이것이 이스라엘이 단 몇 시간 만에 이집트 공군의 전투력을 상실케 했던 선제공격의 명분이 되었다. 이어서 요르단은 이스라엘의 예루살렘 서안지구를 공격했다. 전쟁의 결과로, 이스라엘은 이집트의 시나이와 가자를, 요르단의 요단강 서안지역(West Bank)과 동예루살렘을 그리고 시리아의 요르단과 골란을 점령했다.[1] 이 역사적인 순간을 통해 통곡의 벽과 성전산은 다시 이스라엘의 손에 돌아오게 되었다.

"이 모든 것이 실재하는 위협이라는 것을 이해하는 어른들과는 달리 우리 어린이들은 전쟁에 대한 두려움이 없었어요. 결국에 6일 전쟁이 시작된다는 경보가 울렸죠. 모두들 방공호를 찾아들어갔어요. 그때 제 동생과 저는 학교에 있었어요. 거기서 우리도 다른 사람들과 함께 방공호로 들어갔어요."

미카엘이 설명했다.

전쟁에 대한 두려운 경험들 때문인지, 미카엘의 어머니는 다른 사람들처럼 방공호로 가지 않았다. 대신 아들들을 구하기 위해 맨발로 학교를 향해 달려가기 시작했다. 길 곳곳 군사들이 그녀를 막았다. "빨리 대피하십시오!" 그들은 소리쳤다. 어머니는 잔뜩 겁에 질린 채 그들의 말에는 신경도 쓰지 않고 학교로 달려가 아들들을 집으로 데리고 왔다. 그때 모든 집의 창문들은 가려져야했다. 방공호만이 사람들에게 안전을 제공했다.

뉴질랜드에 있는 삼촌은 야론 가족이 전쟁 상황으로부터 대피해 뉴질랜드로 오도록 비행기표를 보냈다. 그러나 마지막 순간 아버지는 이스라엘을 떠나지 않기로 결정했다.

"6일 전쟁은 제게 그리 무서운 경험은 아니에요. 왜냐하면 뉴스를 통해서 대부분 승리의 소식들을 접했고 매우 짧은 시간 안에 끝났기 때문이죠."

마이클이 그 때를 회상했다.

"우리는 그 때 외숙모 할머니와 함께 동물원 옆에서 지냈어요. 사람들은 동물원이 폭격당해 동물들이 길거리로 나올까 두려워했어요. 그래서 경찰은 그런 비상사태를 대비해 늘 그곳에 있었죠. 혹시라도 사자가 우리를 나오게 되면, 한 번에 총에 맞아 제지할 수 있도록 말이에요."

이스라엘의 군사적 승리로 인한 기쁨은 굉장했다. 사람들은 모두 거리로 나와 즐거워했고 다시 이스라엘로 돌아온 예루살렘에 대해 노래했다. 지금은 완전히 이스라엘의 영토로 편입되어 있지만 그 때는 정말이지 큰 기쁨이었다. 그 때 사람들이 불렀던 노래는 핀란드에서도 익숙한 것이었다. 노래는 이렇게 시작한다. "산 공기는 포도주처럼 산뜻하다."[2]

"저희 어머니에게 전쟁을 경험한다는 것은 그저 어린 시절의 공포 속으로 돌아가게 하는 끔찍한 충격일 뿐이었어요. 승리를 했다 해도 말이에요."

그리고 마침내 가족들이 전혀 생각지도 못했던 일이 일어났다.

"6일 전쟁이 어느 정도 지난 목요일이었고 여느 때와 다름없는 날이었죠. 학교를 마친 후, 밖에서 놀고 있는데 외숙모 할머니가 갑자기 우리를 자신의 집으로 데려 가시려고 오셨어요. 그리고 저녁에 아버지께서 오셨어요, 아버지는 우리에게 엄마가 돌아가셨다고 말씀하셨어요. 아버지는 '이제 엄마가 우리 곁에 안 계신단다. 엄마는 고통 없이 돌아가셨다. 라고 말씀하셨어요."

그때 미카엘이 아버지의 말씀을 멈추고 무심코 불쑥 내뱉은 말은 "내일 금요일인데 생일파티가 있어요. 저 가도 되죠?"였다. 그 날은 그의 인생 중 가장 힘들었던 하루였다. 가족은 어머니를 부검하지 않았다. 어머니의 사인은 밝혀지지 않은 채 수수께끼로 남았다.

02

여느 때와 다름없이...

이스라엘에서는, 누군가 죽은 후 일주일 동안 애통해 하는 시간을 갖는다. 그러나 아버지는 엄마를 잃고 맥 빠진 아들들을 위해 매일 놀이공원에 데리고 나갔다. 아니면 같이 놀아 주면서 아이들이 주로 바깥에 나가 놀도록 도왔다.

"아버지는 제가 엄마를 잃었다는 생각에 빠져들지 않도록 하는데 성공하셨어요. 하지만 그것은 또한 제가 그 슬픔을 내면 깊은 곳에 숨기도록 했고, 많은 세월이 흐른 후에야 그 슬픔은 다시 표면으로 떠오르게 되었죠."

미카엘은 회고했다.

삶은 가능한 만큼 일상으로 돌아갔다. 미카엘은 자신이 어머니의 죽음을 꽤 빨리 잊었다고 기억한다. 그의 아버지는 일을 많이하는 일상을 계속 했고, 때로는 심지어 밤새 일하기도 했다. 그런 가운데에도 아버지는 할 수 있는 한 아들들과 많은 시간을 갖기 위해 노력했다. 미카엘은 아버지를 깊이 사랑했고, 두 아들 모두 아버지에게서 넉넉하게 사랑받고 있음을 느꼈다. 아버지는 종종 미카엘을 연구실에 데려갔다. 미카엘은 아버지 일하는 모습 보는 것을 매우 좋아했다. 얼마 후 아버지의 인생에 새로운 여자 친구가 등장했다. 아이들은 그녀와도 좋은 관계를 형성했다. 그녀에게는 미카엘 나이만한 딸이 있었다. 그러나 여자 친구와 딸은 야론 가족과 함께 살지는 않았다.

"저희들은 그 분과 좋은 관계를 유지했고, 그 딸과 우리 형제 이렇게 셋이서 놀기도 했어요. 잘 지냈죠."

미카엘은 그의 인생에 주어진 새로운 상황을 설명했다. 외할아버지와 할머니는 가능한 재정적으로, 또 다른 면에서도 미카엘 가족을 도우려고 애썼다. 때때로, 아버지는 가정부를 고용했고, 가정부들은 모두 집안을 돌보는데 익숙하고 능숙한 나이대의 여성들이었다. 미카엘은 특히 꽤 오랜 시간 일했던 루마니아 가정부를 기억한다. 그녀는 엄마 같이 따뜻한 사람이었다.

"그 분은 늘 똑같은 음식을 만드셨는데, 빵가루를 입힌 치킨가스였죠."

미카엘은 재미있어하며 말했다.

미카엘과 그의 동생은 학교에서 늘 붙어 다녔다. 미카엘은 학교에서 좋은 명성을 얻었고 학교생활도 곧잘 했으며, 어려운 집안환경에 대해서는 티도 내지 않았다. 조금 외롭다 싶을 때 가끔 그들은 외숙모 할머니와 그 딸의 집을 방문했다. 그곳은 마치 안전한 둥지와 같았다. 아버지를 비롯한 주변 어른들의 친절한 돌봄에도 불구하고 어머니를 잃은 소년들은 대부분 시간을 그들끼리 보냈고 심지어 아버지가 밤샘 일을 할 때면 그 밤 내내 그들 둘만 있을 때도 있었다. 그럴 때면 미카엘은 언제나 형으로서 동생을 돌보아야 했다.

한편, 그 소년들은 꽤 열성적인 축구선수들이었다.

"한 팀은 제 동생과 동생 같은 반 팀이었고 다른 팀은 저와 저의 같은 반 팀이었어요. 아버지는 때때로 저희를 텔아비브의 모래로 된 '이스라엘 왕 광장'에 데려다 놓으시고 나중에 데리러 오셨어요. 아버지는 가끔 남아 저희가 축구하는 모습을 보시기도 하고 저희 팀원으로 함께 축구 경기에 끼기도 하셨는데, 그럴 때면 아버지가 무척 자랑스러웠죠."

미카엘은 그 때를 그렇게 기억했다.

"가끔 한 번씩, 아버지는 저를 축구경기장에 데려가셨어요. 축구만 잘 한 것은 아니에요. 고등학교 때는 학교에서 배구팀 선수로도 활동했 어요."

세계적인 스포츠는 텔레비전으로 방송되었다. 미카엘의 소중한 기억 중 하나는 아버지와 동생과 함께 거실 소파에 앉아 월드컵 경기들을 시 청한 것이다. 독일과 네덜란드 사이 벌어진 경기는 가장 인상적이었고 그 시절 열광하던 사진은 지금까지 남아있다.

미카엘은 계속 극장에 다니기를 즐겼고, 종종 동생도 그의 극장행에 동행했다. 극장에 가는 것과 음악을 듣는 것 대부분 그의 취미 생활이었 다. 독서 역시 그에게는 중요한 취미였다. 독서는 기분 전환에 매우 중요 한 역할을 했고 미카엘은 자주 도서관에서 책을 빌렸다.

"저는 모험 관련된 많은 종류의 책들을 읽었어요. 제 생각엔 그 덕에 저의 언어적인 재능이 발달한 거 같아요. 제 히브리어는 탁월한 편 이죠."

미카엘은 스스로에 대해 만족하는 듯 이야기했다.

"저는 또 이야기나 시 쓰는 것도 좋아 했고, 제 작품들은 학교 잡지에 실리기도 했어요. 불행히도 지금은 남아있지 않네요."

미카엘은 고등학생이 되었을 때 그리스 신화, 특히 호머(Homer)의 『일리아드(Iliad)』와 『오디세이(Odyssey)』에 친숙해졌다. 학교 종교수업 중 미카엘은 비교적 어린 나이에도 유대인 종교 구전인 '탈무드(Tall-mud)'를 배우게 되었다. 그는 그 책의 이야기들을 매우 흥미로워했다.

탈무드에는 모세오경인 '토라(Torah)'에 대한 랍비들의 해석과 대화가 들어있다. 그 내용에는 소유권에 관련된 내용을 비롯하여 유대인들의 많은 지혜가 담겨 있었다. 미카엘에게는 유명한 유대 현인 라쉬(Rashi)가 특별히 더 귀하게 여겨졌다. 미카엘은 이 오래된 랍비의 지혜가 시대를 거슬러 현대사회와 삶에 관한 질문들에조차 적합한 답을 주고 있다고 믿었다.

유대인 소년이 열세 살이 되고 소녀들이 열두 살이 되면 종교적인 기본 교육 기간을 모두 마치고 마지막으로 '바르 미쯔바(Bar Mitzvah)'라는 축하 행사를 거친다. 자신을 위한 바르 미쯔바 행사 전 미카엘은 개인적인 교육을 받기 위해 한 랍비에게 갔다. 거기서 구약 성서 본문을 노래하는 법을 배우는 동안, 그가 집중해야 하는 것은 그의 바르 미쯔바에서 읽고 노래할 토라의 구절들이었다. 기도 숄(the prayer shawl) 사용하는 법 또한 그가 배워야할 교육과정의 일부였다. 마침내 바르 미쯔바가 열리는 날, 미카엘의 친척들은 축하하기 위해 회당으로 모였다. 미카엘은 진짜 은으로 짜 만들었을 법한 은색 기도책을 받았다.

한편, 바르 미쯔바 전 교육을 위해 랍비에게 가는 날이면 그는 언제나 버스를 타야만했다. 그리고 그 랍비의 집 계단 옆에는 자전거가 한 대 묶여있었다.

"랍비의 방에서 나올 때마다 아무 이유 없이, 저는 그냥 자전거 타이어의 바람을 빼곤 했어요. 자전거 주인에게 안 좋은 감정이 있던 것도 아니었어요. 전 사실 그 자전거의 주인이 누군지도 몰랐죠. 때때로 자전거는 조금 더 안쪽 숨겨진 곳에 묶여있었지만 저는 늘 그것을 찾아내어 바람을 빼고는 도망갔죠."

미카엘이 약간의 미소를 머금도 말했다.

"한참이 지나고 저는 그 때 제가 왜 그리 불량한 행동을 했을까 의문이 들었어요. 내가 무언가에 홀렸었나 싶었죠. 전 그 불량한 짓을 적어도 열 번 이상은 했고, 그걸 즐겼죠. 제가 생각하기로 그 사건은 어린이들조차 나쁜 행동에 쉽게 이끌린다는 것을 잘 보여줬던 것 같아요."

미카엘은 곰곰이 생각하며 말했다.

열여섯 살이 되던 해 미카엘은 언어 연수에 참여하기 위해 그의 인생에 처음으로 외국에 나갔다. 한 달 동안 영국 가정에 머물렀는데, 낮에는 주로 학교 수업에 갔다. 그는 영어를 배웠지만, 젊은이들이 일반적으로 그런 것처럼, 그 역시 공부에 집중하기보다 시내에 나가 즐기는 것을 선호했다. 십대 소년에게 런던과 영국의 다른 도시들을 보는 것은 굉장히 멋진 일이었다. 그의 아버지도 런던으로 와서 잠시 함께 그와 여행하기도 했다.

"외국에서 아버지와 함께 시간을 보낼 수 있었던 건 참 좋았어요. 아버지와 더 가까워질 수 있었죠. 런던에서의 시간은 또한 중요했는데, 왜냐하면 처음으로 뉴질랜드에서 온 삼촌과 삼촌의 딸을 만났거든요. 그것이 삼촌을 만난 마지막이기도 했지요. 그 후 얼마 지나지 않아 삼촌이 돌아가셨답니다."

청소년으로서 시기가 본격적으로 시작되면서 미카엘은 친구들이 있음에도 불구하고 외로움을 타기 시작했다.

"밤에, 때로는 밤늦을 때까지, 부엌에 혼자 앉아 엄마의 죽음에 대해 생각하곤 했어요. 억눌렸던 감정들이 수면위로 떠오르기 시작한 거죠."

1973년 10월 6일 욤 키푸르, 열여섯 살 미카엘은 회당에 앉아있었다. 아버지와 동생은 집에 있었다. 그 때 갑자기 경보가 울렸다. 모두들 무슨 일인지 알아보기 위해 회당을 나갔다. 미카엘 역시 집으로 돌아가 국무총리 골다 마이어(Golda Meir)와 국방부 장관 모세 다얀(Moshe Dayan)의 연설을 텔레비전으로 봤다. 전쟁이 다시 시작됐다. 이번에는 이집트와 시리아가 이스라엘을 공격했다.[3]

"저는 골다 마이어가 북쪽과 남쪽으로 우리를 향한 공격이 있다고 선언한 바로 그 순간을 늘 기억할 거라 생각했어요."

이스라엘에게 그 날은 전쟁을 시작하기에 최악의 날이었다. 적어도 미카엘은 그렇게 생각했다. 욤 키푸르에 주로 금식을 하기 때문에 그 때가 이스라엘 사람들은 육체적으로 가장 연약하다. 일 년 가운데 그 날만큼은 이스라엘의 라디오와 텔레비전 모두 정상적인 방송을 하지 않는다. 그래서 사람들에게 전쟁 소식을 전달하는 것은 매우 어려웠다. 많은 사람들이 회당에 있다가 경보음이 울려 집으로 돌아가는 것을 힘들어했다. 대속죄일에는 아무도 운전을 하지 않기 때문이다.

"이스라엘은 완전히 기습적으로 공격을 당했어요. '6일 전쟁'의 승리 후 사람들은 대부분 전쟁이 또 일어나더라도 우리가 분명히 이길 것이라고 생각했어요. 아랍 국가들로부터의 공격이 있으리라는 위협을 인지하고 있었음에도 불구하고 사람들은 그리 달라지지 않았죠."

미카엘이 말했다.

"그 전쟁의 첫째 날은 정말 어려웠다는 것이 증명되었죠. 낮에 무슨 일이 일어났던 것인지 밤에 텔레비전을 통해 볼 수 있었어요. 밤마다 사람들의 사기를 고취시키기 위해 재미있는 프로그램들이 방영되었어요. 전쟁을 다루는 풍자적인 공연도 포함되어 있었고요."

학교에 다니는 아이들도 국가를 보호하기 위한 지원 요청에 참여했다. 그들은 학교건물의 벽을 보호하기 위해 사용되는 모래주머니를 만들기도 했다. 청소년들 또한 자원하여 국가를 지원하는 일에 참여했다. 그렇지 않은 사람들은 각자 자기 집에 머물렀다.

"이스라엘 사람들은 이 험난한 어려움 가운데서 그들의 조국을 지켜
  내기 위해 하나로 똘똘 뭉쳤습니다."

미카엘은 회상했다.

이스라엘은 실제로 끈질기게 싸웠다. 시리아는 골란(Golan)의 중요한 지역을 점령했고, 이집트는 시나이(Sinai)의 일부 지역을 차지했다. 다른 아랍 국가들은 이집트와 시리아에 대한 군사 지원을 아끼지 않았다. 아랍 국가들에게는 이스라엘보다 더 많은 군사들과, 비행기, 탱크 그리고 군함들이 있었다. 이스라엘은 미국으로부터 군수 물자들을 얻었고, 아랍 국가들은 소련으로부터 얻었다. 몇 주간의 전투 끝에 이스라엘은 결국 승리했다. 시리아군들은 1967년 만들어진 휴전선 넘어 아예 골란 고원으로부터 축출되었다. 이집트 부대는 시나이에서 포위됐고 이스라엘군은 수에즈(Suez) 운하를 건널 수 있었다. 유엔 안전보장이사회는 1973년 10월 22일에 '결의안 338'을 통해 휴전을 제안했지만, 전쟁은 이후에도 얼마동안 모든 전선에서 계속되었다. 이스라엘 의회는 10월 24일 크네셋(Knesset) 회의에서 마침내 휴전 제안을 받아들이고 승인했다. 마침내 군사행동은 1973년 10월 26일에 멈추었다.

"저는 유대인인게 자랑스러웠어요. 특히 6일 전쟁과 욤키푸르 전쟁

외할머니 밀라와 함께, 미카엘 형제에게 외조부모님은 생활과 정신 모두에서 중요한 지지기반
이었다.

미카엘 형제가 아버지 빅터와 함
께 하고 있다. 어머니 일라나가 죽
은 후 아버지 빅터는 두 형제를 그
늘 없이 키우기 위해 많은 노력을
기울였다.

후에요."

미카엘은 말했다.

거의 매일의 삶에서 외로움은 계속되었지만, 인생은 많은 부분에서 즐거운 것들을 선물하기도 했다. 미카엘은 바다를 사랑했다. 그는 수영을 배우자마자 바다로 수영하러 다녔다. 고등학생 때 미카엘은 항해 수업에도 참여했다. 그가 항해를 배운 배는 컸다. 10명에서 15명까지도 태울 수 있었다.

"그 수업 후에 저와 제 친구들은 배를 빌렸어요. 한번은 배에서 차가운 바다로 점프하기도 했어요."

미카엘은 또한 데이트를 시작했다. 그러나 대부분은 별로 진지한 만남이 아니었다. 다른 사람들도 다 그러니까 그 또한 여자 친구를 만든 것뿐이었다. 거의 열여덟 살이 되었을 때 어느 날, 아버지가 집에서 친구들과 파티를 여는 바람에 미카엘은 여자 친구와 밖으로 나갔다. 자정이 지나서 집에 돌아갔는데, 계속되고 있으리라 생각되었던 파티는 끝나고 집은 비어있어 그는 놀랐다. 파티가 벌어졌던 흔적은 있었다.

"저는 의아했죠. 아버지 여자 친구에게 전화하려던 순간 전화벨이 울렸어요. 아버지가 일하시는 병원이었죠. 아버지가 병원으로 실려 가

셨다는 전화였어요. 저는 급하게 택시를 타고 이동을 하는데 그 순간
이 정말 길게 느껴졌어요."

병원에서 그는 아버지가 사고를 당했다는 이야기를 들었다. 파티 도
중 아버지는 몸이 안 좋았고 여자 친구가 가장 가까운 병원에 가보라고
했지만, 아버지는 그가 근무하는 병원까지 가려했다. 아버지는 혼자 운
전을 했고, 가는 길에 아마도 심장마비로 고통 받았던 것 같다. 그 결과,
그의 차는 한쪽으로 기울어 도로를 벗어나 나무에 부딪혔고 아버지는
그만 생명을 잃게 되었다.

이미 몇 년 전, 미카엘의 아버지는 심장 문제로 병원에서 치료를 받았
다. 그는 오래 전 폴란드의 게토(Ghetto)에서 흡연을 시작했고, 그 문제
가 다른 것들과 함께 그의 심장에 무리를 주었던 것이다. 병원에 입원해
있던 시간동안 미카엘은 아버지와 많은 시간을 보낼 수 있었다.

"병원 근처에 다리가 하나 있었어요. 저는 그 다리를 따라 걸으며, '이
제 아버지도 돌아가셨는데 난 어떻게 해야 하나' 생각했어요. 세상이
산산이 부서진 것만 같았죠. '우린 이제 어쩌나', '이제 누가 우리를
돌보아 주나', '내 동생에겐 뭐라고 해야 하나' 생각했다. 동생은 아직
열세 살 밖에 되지 않았는데. 제 머릿속은 질문들로 어지러웠죠."

미카엘이 그때를 회상했다.

"택시를 잡아타고 집으로 갔어요. 그 날 밤 저는 동생에게 아무 말도 하지 않았어요. 아침에 되어서야 이야기를 했죠. 물론 밤새 한숨도 자지 못했습니다."

미카엘은 그 충격적인 경험을 그림으로 묘사하듯 말했다.

다음날 외할머니가 오셨다. 어려움에 빠진 아이들을 도와주고 함께하기 위해서였다. 할머니는 미카엘이 곧 있을 대학입학시험에 집중할 수 있기를 바랐다. 이스라엘에서 그 시험들은 매우 중요했고 그 시험 중에는 어려운 '말하기' 시험이 있었다.

당시나 지금이나 텔아비브에는 꽤 높은 수준의 두 학교가 있다. 미카엘은 그 두 학교 중 한 곳에 다니고 있었다. 학교의 교장선생님은 한 번 미카엘의 아버지가 돌아가신 것을 알고 그의 집에 찾아와 말했다. "미카엘, 우리는 너에 대해 잘 알고 있다. 그리고 학교에서의 너의 성적이 어느 정도인지도 잘 알고 있다. 그래서 말인데, 이런 적이 한 번도 없었지만, 우리는 네가 시험을 치르지 않아도 가장 높은 점수를 주기로 했단다. 너에게 지금 일어난 상황도 그렇고, 만일 이런 상황이 일어나지 않았다면, 넌 시험을 매우 잘 치렀을 것이라 믿기 때문이다."

이것은 누구에게나 특별한 제안이었다. 그러나 미카엘은 교장 선생님의 제안을 받아들이지 않았다. 그는 다른 학생들과 똑같이 대우 받기를 원했다. 그리고 좋은 성적으로 시험을 통과했다. 그의 외할아버지는 미카엘에게 언제나 인내와 강인함의 모델이었다. 그의 할아버지는 손자에게 늘 "우리는 이것을 잘 헤쳐 나갈 거야!"라고 가르치셨다.

"시험을 준비하는 시간만큼은 아버지의 죽음에 대해 생각하지 않을 수 있었어요. 공부에 집중하는 내내 저의 깊은 슬픔을 다루지 않아도 되었던 거죠. 어머니를 잃었을 때 아버지와 어른들 덕분에 슬픔에 빠져들지 않을 수 있었던 것과 똑같았어요. 그렇지만 그 감정들은 훗날 적당한 시간이 되었을 때 비로소 제 안으로부터 솟구쳐 나왔어요."

미카엘은 회상했다.

아버지가 죽고 난 이후, 얼마 지나지 않아 미카엘은 바로 여자 친구와 끝냈다. 그가 도움이 필요했던 순간에 그녀는 그에게 필요한 것을 줄 수 없었다. 나머지 친구들도, 친지들도, 이 소년 형제가 경험했던 깊은 슬픔을 이기는 데에 적절한 도움을 주지 않았다.

"그 어느 누구도 우리가 어떻게 지내는지 전화하지 않았어요. 다행히도 동물원 가까이에 사시는 외숙모 할머니와 그 딸이 우리를 돌아보며 도울 수 있는 부분들은 도와주셨죠."

하지만, 미카엘은 이스라엘의 전통 때문에 일 년에 딱 한 번, 아버지 기일이 되었을 때 친지들과 만났다. 아버지가 묻힌 무덤에서였다.

아버지의 죽음 이후, 미카엘에게 음악은 감정을 다루는 수단이 되어 주었다. 미카엘은 음악과 악기를 다루는 것을 사랑했다. 연주가가 되는 것을 꿈꾸지 않았지만, 연주 레슨은 받았다. 할아버지는 미카엘이 음악을 너무 좋아해 공부에 방해가 될까 걱정하셨다. 그리고 때때로 손주를 음악과 관련된 모든 것으로부터 떼어놓기 위해 노력하셨다. 할아버지는 심지어 미카엘의 음악선생님을 찾아가서 미카엘이 취미로 하는 음악 연주조차 하지 못하도록, 그가 음악에 대하여 자신감을 잃게 해달라고까지 부탁하셨다. 음악을 무척이나 좋아했고 음악으로부터 위안을 얻었던 미카엘은 그런 할아버지의 태도에 상처 받았다. 할아버지는 사람이 공부에 모든 노력을 쏟아야한다고 생각하시는 분이셨다. 할아버지는 전문직이야말로 미카엘의 앞날에 중요한 부분이라고 생각하셨다. 할아버지에게는 의사, 판사 혹은 기술자가 인생 최고의 직업이었다.

어쨌든, 미카엘은 의학을 공부하기로 계획했다. 할아버지의 욕망을 채워드리기 위한 것이기도 했지만 의사가 되는 일은 본인 또한 원하는 일이었다. 아버지 또한 의학 분야 연구원이었으니미카엘에게 의학공부가 낯선 것이 아니기도 했다. 미카엘은 특히 생물학에 큰 관심이 있었다. 텔레비전 프로그램을 보며, 작은 동물들을 돌보는 수의사가 되겠다던 어린 시절 꿈은 희미해졌다. 대신, 사람들을 돌보는 의사라는 직업이 매력적으로 다가왔다.

의학을 공부하기 전 미카엘은 삼년 동안 군대에 복무해야 했다. 입대했을 때 미카엘은 아직 열여덟 살이었고 고등학교를 막 졸업했을 때였다. 이스라엘 군대에서는 부모님이 계시지 않은 군인들을 특별히 배려한다. 그들은 일반적으로 최전선 전투 훈련을 받지 않는다. 미카엘 역시 공군 응급 처치 부대의 긴급 의무병으로 배정되었다. 미카엘은 아버지가 일하고 돌아가셨던 병원에서 세 달 동안 훈련 과정을 거쳤다. 미카엘에게는 쉽지 않은 시간이었다. 아버지의 공간에서 보내는 시간은 고통스러운 기억들을 다시 들춰내도록 했다.

공군 기지 긴급 상황실에 있던 초기에는 재밌는 일도 있었다. 미카엘이 그곳 당직자로 처음 근무하던 밤이었다. 의사 한명과 몇 명의 간호사들이 잠을 자고 있었고, 필요한 경우 미카엘은 전화로 그들을 깨워야했다. 수술실이 항상 준비 상태로 있도록 하는 일은 중요한 것이었다. 미카엘이 근무하던 밤 어느 순간, 초인종이 울렸다. 미카엘은 즉시 의사와 간호사들을 깨우기 위해 경보 버튼을 눌렀다. 그리고 난 후에 무슨 문제인지 확인하기 위해 현관으로 나갔다. 현관에는 군인이 한명 서 있었다. 그는 모기 물린 발가락이 아파 잠들 수 없었고, 그 곳에 바를 연고를 얻기 위해 온 것이었다. 미카엘 정도의 훈련된 능력 정도로도 쉽게 도와줄 수 있었던 그 작은 문제 때문에 의사와 간호사들까지 다 깨우고 만 것이다. 미카엘은 일단 한 두 마디 군인에게 질문하고 그를 도와주었다. 물론 잠시 후 의사와 간호사들이 도착했을 때 벌어질 일들에 대해서도 신경을 곤두세워야 했다.

구조 임무에 관련된 전문 지식과 실제 구급 훈련은 의학을 공부하려는 미카엘에게 잘 들어맞았다. 훈련은 흥미로웠다. 훈련 중에는 비행기 내 공기압의 영향과 관련된 어려운 사항들도 포함되어 있었다. 군대 복역 기간 중 첫 해 그는 텔아비브에 있는 임대 아파트에서 가족들과 함께 살았다.

"여가 시간은 그리 많지 않았지만 휴가를 받으면 동생이 하이파 근처의 기숙사 학교로 떠나서 아무도 없는 빈집으로 가곤 했는데, 그럴 때면 굉장히 을씨년스러운 느낌이 들었어요."

미카엘은 회상했다.

일 년 후, 미카엘은 외조부모님과 함께 살기 위해 북쪽 하이파로 이사했다. 군대생활은 하이파 근처에 있는 부대에서 계속되었다. 헬리콥터 사고로 다친 사람들을 치료해야하는 긴박한 상황에 대비하는 등의 일 때문에 휴가 시간이 적기는 했지만, 공군 긴급 의무병으로서 그는 그 모든 시간들에 만족해했다. 그는 어쨌든 항시 대기해야만 했다. 그리고 간호사들과 그의 미래 모습이라 할 수 있는 의사들 밑에서 힘들게 일했다.

미카엘은 인생 일찌감치 먹고 살기 위해 일하는 것에 익숙해져 있었다. 고등학교에 다닐 때, 여름이면, 미카엘은 정원 가꾸는 아르바이트를 했다. 군대에서도 생업을 위해 일할 수 있는 기회가 주어졌다. 이스라엘은 부모가 없거나, 홀로 사는 군인들에게 다른 직업을 가질 수 있도록 배려한다. 그들에게는 비교적 쉬운 업무를 맡기곤 했는데, 군인 미카엘 역시 아르바이트를 구해 일할 수 있었다. 그는 곧 계단이나 집 청소하는 것과 같은 다른 직업을 가졌다. 그리고 그 덕에, 외조부모님에게서 독립하여 임대아파트에서 생활할 수 있었다.

이스라엘 사람들 가운데 의학을 공부하기를 원하는 사람들은 대부분 이탈리아 소재 대학의 의학부에서 공부를 했다. 군대에 복무하는 동안 미카엘은 이탈리아에 가서 의학공부를 해야겠다는 생각을 갖게 되었다.

그는 곧 아버지의 몇 명 안 되는 친구 분들과 연락했다. 그리고 마침내 이탈리아로 가기로 결심했다. 텔아비브에 있는 오랜 친구들과는 이미 연락이 끊겼던지라, 이스라엘에서 그를 그리워할 사람은 별로 없을 거라고 생각했다. 게다가, 의사였던 삼촌이 이탈리아 시에나(Siena) 가까운 작은 도시에 살고 있었다. 이 모든 상황에서 미카엘은 뭔가 새로운 것을 경험하고 싶다는 마음이 들었다. 외할아버지는 당연히 대찬성이었다.

미카엘은 새로운 나라에서 잘 적응할 수 있도록 이탈리아어 수업을 듣는 것부터 준비를 시작했다. 군대에 복역하는 동안, 어떤 사람들은 알코올이나, 마약 혹은 신경 안정제와 같은 것들을 복용했고 그것들에 중독되기도 했다. 몇몇은 구급상자에서 약을 훔치려고 하는 이들도 있었다. 때때로 자살시도를 한 사람들이 실려 오기도 했다. 그러나 이제 목적을 가진 그는 그들과 달랐다.

"저는 한 번도 술 문제로 어려움을 겪은 적이 없어요. 그 때 제게 위안이 됐던 건 오히려 포르노를 보는 것이었어요."

미카엘이 말했다.

1978년도에 제대하고 미카엘은 이탈리아에 있는 시에나 대학의 의학부에서 공부하기 위한 준비를 시작했다. 미카엘은 입학시험에 합격했고, 이탈리아에서의 새로운 삶을 시작할 수 있었다. 젊은 미카엘은 자신의 미래에 큰 기대를 걸었다.

03

이탈리아의 시에나로

    미카엘은 이탈리아로 떠났다. 그때 그는 혼자였다. 이탈리아에 도착했을 때에도 그곳에서 그를 기다리는 사람은 아무도 없었다. 그는 비행기로 이동하기에는 너무 많은 짐을 갖고 있었기 때문에 배를 이용해 안코나(Ancona)로 갔다. 옷가방을 비롯해 대략 일곱 개 정도의 짐이 그의 품에 있었다. 그럼에도 미카엘은 마음에 드는 안코나의 가구점 앞에서 발길을 멈춰 섰다. 그리고 가구 몇 점을 자기 짐에 더했다. 이제 그가 공부할 시에나로 가는 교통편은 기차밖에 없었고, 기차로 갈아타기 위한 시간은 얼마 남지 않았다. 혼자서 그 많은 짐을 옮기는 것은 불가능했다. 결국 일꾼에게 돈을 지불하고서야 제 시간에 역으로 짐을 나를 수 있었다. 젊은 미카엘은 확실히 욕심이 있었다.

이탈리아에 대한 미카엘의 첫 인상은 사람들이 굉장히 관대하고 다정다감하다는 것이었다. 사교적인 성격의 미카엘은 사람들의 행동을 유심히 관찰했다. 시에나에는 레스토랑과 커피숍이 많았으며 음식은 맛있었다. 게다가 도시는 흥미로운 역사를 가지고 있었다. 그 도시, 특히 시내는 중세에 건설되었다. 그 중심가는 사람들이 저녁에 산책을 하고 만나기도 하는 장소였으며, 먹을거리가 즐비한 거리들로 가득했다. 사람들은 확실히 그 거리들을 좋아했다. 미카엘도 마찬가지였다. 숙소가 시내 중심가에 있진 않았지만, 시내는 걸어서도 갈 수 있는 거리 안에 있었다. 처음 얻은 숙소 미카엘의 방에는 그가 이스라엘에서 가져온 짐과 오는 길에 구입하여들고 온 물건들로 가득 찼다!

그때, 아버지의 형제이자 미카엘의 삼촌은 이탈리아에 살았다. 그는 전쟁 이후 폴란드에서 시에나 근처의 도시로 옮겨와 의사가 되었다. 전에 미카엘은 이탈리아에 갈 거라고 삼촌에게 편지를 보냈었다. 그리고 삼촌을 만나러 갔다. 미카엘이 삼촌 집에 도착했을 때, 집에는 아무런 인기척이 없었다. 초인종을 눌렀으나 아무런 대답도 없었다. 그 때 이웃 중 한 사람이 그에게 다가왔다. 미카엘이 이스라엘에서 온 조카라고 하자 그 사람은 삼촌이 아마도 조카와 엮이고 싶지 않아할 거라고 귀띔해 주었다. 이탈리아에서 살아온 삼촌은 이미 가톨릭으로 개종해서 아무도 그가 유대인인 것을 알지 못했다. 삼촌에게 2차대전 홀로코스트의 고통은 떨쳐버릴 수 없는 큰 충격이었다. 그는 이스라엘에서 온 조카 미카엘 때문에 그의 정체가 드러나는 것을 두려워했던 것 같다. 미카엘은 그 날

이후 더 이상 삼촌이나 그 딸을 만나러 가지 않았다.

한편, 시에나 대학은 도시 외곽에 여러 건물들을 가지고 있었다. 미카엘은 아침에 수업을 들으러 갔다가 수업이 끝나면 대학 도서관에서 계속 공부하고 그리고 저녁이 되어서야 집으로 돌아왔다. 모든 수업은 이탈리아어로만 진행되었음에도, 그는 다른 대부분의 이스라엘 학생들처럼 이탈리아어 수업을 수강하지는 않았다. 이탈리아어 수업을 듣게 된다면 일 년은 더 공부를 했어야만 했다. 덕분에 처음 얼마동안 언어 문제로 무척 힘든 시간을 보냈다. 미카엘은 매 수업 내용을 녹음해 저녁이면 모르는 단어들을 사전으로 찾아야 확인해야 했다.

그 당시에는 컴퓨터도 없었다. 게다가 모든 시험은 구두로 치러졌다. 결국 미카엘은 잘 알지도 못하는 단어라도 무조건 외워 적거나 말하는 방법을 취했다. 예를 들면, 해부학에서 다루는 내용과 단어들은 모두 이해할 수 있거나 완벽하게 번역할 수 있는 것이 아니었다. 그래서 미카엘은 인체의 다양한 곳을 지칭하는 단어들을 무조건 외웠다.

첫 해는 외할아버지에게서 학비를 얻었다. 학비는 비싸지 않았지만, 의학 도서들은 도서관에서 빌릴 수 없었다. 그 책들은 엄청나게 두껍고 값도 비쌌다. 방세와 식비는 그가 학업을 위해 감당해야 했던 비용의 지극히 일부였다.

시에나로 온 이스라엘 사람들은 이탈리아인들과 친해지기보다는 그들끼리 어울려 다니는 경향이 있었다. 그들은 서로 가까이 살며 그들끼리 시간을 가졌다. 미카엘은 그 패턴을 따르지 않기로 결정했다. 그는 즉시 같이 공부하는 이탈리아인들과 친구가 되었다. 그리고 이탈리아어로만 말했다. 이스라엘 사람들은 이탈리아 사람들 앞에서 종종 거만했다. 왜냐하면 보통 이스라엘 사람들은 이탈리아 사람들보다 공부를 잘 했기 때문이다.

이탈리아 친구들과 사귀기 시작한 처음 미카엘은 이탈리아의 학업 분위기와 사회적 분위기에 매우 비판적이었다. 그의 눈에는 이탈리아의 모든 것이 잘못 돌아가고 있는 것처럼 보였다. 심지어 이탈리아 사람들이 벌이는 매번 다른 종류의 파업이 그의 일상생활을 매우 힘들게 만들었다. 그는 결국 이탈리아 사람들과의 관계에서도 그의 비판적인 태도를 쉽게 드러내곤 했다. 그러던 어느 날 한 이탈리아 친구가 인내심을 잃고 미카엘에게 말했다. "너의 태도가 정상인거 같니? 네가 여기에 와서, 우리가 너에게 공부할 기회를 줬는데, 넌 지금 대놓고 그 불만스러워하는 얼굴을 내비치고 있잖아."

"그의 이야기는 제가 제자리로 돌아오도록 해주었어요. 저로 하여금 이탈리아 사회 속으로 더 깊이 파고들어 그들과 더 깊이 관계하도록 만들어주었죠. 이탈리아를 불평 대신 이탈리아로부터 얻게 되는 것들을 가치 있게 여기기 시작했어요. 그때부터 저는 유럽 문화에 깊은 관심을 갖게 됐어요. 유럽에서의 생활은 이스라엘과는 매우 달랐어요. 저는 이탈리아인들과 많은 대화를 나누었고, 밤에 나가 그들의 문화생활을 함께 했으며 그들의 각별하고 다양한 취미도 함께 나누었어요. 우린 주로 노래를 많이 부르곤 했어요."

미카엘은 이탈리아에서의 초기 생활을 그렇게 묘사했다.

미카엘이 살던 집 건너편에는 이스라엘 학생들과 그리스 학생들이 살고 있었다. 한번은 그리스 학생 하나가 올리브 오일을 빌려 쓰기 위해 미카엘을 찾아왔다. 미카엘은 큰 소리로 대답했다. "너희들의 폭군 안티오쿠스 에피파네스와 너희 그리스인들이 예루살렘 성전의 기름을 더럽혔어. 그러니 넌 그 어떤 오일도 나에게서 가져갈 수 없어!" 그 학생은 미카엘이 지금 그리스와 유대인 마카비 혁명 관련된 역사적 농담을 하고 있다는 것을 알아차리기 전까지 놀라워하고 겁먹은 표정을 감추지 못했다. 미카엘은 곧 웃음을 터뜨렸다. 그의 아버지처럼, 미카엘은 어디서나 약간의 유머를 즐겼다.

선천적으로 외향적인 미카엘은 피오렐라(Fiorella)라는 이탈리아 여학생과 재빨리 친해졌고, 이어서 그녀를 통해서 더 많은 시에나 사람들과도 친해졌다. 또한 그가 사는 이탈리아와 시에나의 문화에 대해 감사하는 마음도 더 깊어졌다.

미카엘은 매년 전통적으로 열리는 말달리기 시합인 '팔리오(Palio)'[4]의 팬이 되었다. 그것은 한편으로 매우 재미있는 행사였지만, 다른 한편으로 매우 자극적이고 심지어 잔인하기까지 했다. 그 도시에는 몇 개의 구역이 있었고, 팔리오 행사 때 도시의 각 구역은 각자 자기들만의 경주마로 경기에 참가한다. 시에나 중심지에는 피아자 델 캄포(Piazza del Campo)라는 조개 모양의 광장이 있었다. 말들은 주로 그 '피아자(Piazza)'를 돌게 되는데 단 일분 삼십 초 만에 경기는 결판이 나고 만다. 이 때 기수들은 안장 없이 말위에 앉아 피아자를 돌게 된다. 그가 만일 말 사이로 떨어지게 되면 매우 위험한 상황에 놓이게 되는 것이다. 기수들은 작고 얇은 봉을 사용하는데 심지어 옆에 있는 다른 말들을 때리는 것도 허용되기 때문에 그 가차 없는 공격으로 다른 기수들이 말에서 떨어지기도 한다. 중요한 것은 기수가 타고 있지 않더라도, 처음으로 결승점에 들어오는 말이 이기게 된다는 것이다. 게다가 시에나의 피아자는 오래된 도시의 너른 마당이어서 바닥돌이 매우 미끄럽다. 말이 넘어지면, 그 말은 때로 다른 말들에 깔려 죽게 되기도 한다.

시에나의 팔리오는 준비하는 데 오랜 시간이 걸렸다. 기수들은 특히 경주에 집중하기 위해 애를 쓰곤 하는데, 경주 일주일 전이 되면 본인의 말을 아무도 해치지 못하게 하려고 심지어 마구간에서 숙식을 하기도 한다. 경주에서 이긴 말은 오랫동안 유명세를 타게 된다.

팔리오는 퍼레이드로도 유명했다. 깃발 퍼레이드와 퍼레이드의 노래들과 멋진 민속 의상들은 그 경기가 갖는 잔인함을 다소 완화시키는 역할을 했다. 말들의 경기가 잔인한 경주가 아니라 도시의 축제임을 인식시키는 것이다. 그래서 팔리오 축제 기간이 되면 많은 관광객들이 시에나로 몰려온다. 정말이지 많은 관광객들이 도시 곳곳을 누비는 멋진 행사가 바로 팔리오이다. 어느 해 팔리오 경기 전, 미카엘은 여러 언어로 관광객을 안내하는 한 외국인 남자를 따라 다니게 되었다. 미카엘이 그에게 물었다. "정말 많은 언어들을 공부하셨나 보네요?" 그러자 그 남자가 웃으며 대답했다. "그저 '곧장 가세요.', '오른쪽' 그리고 '왼쪽' 등을 여러 언어들로 말할 수 있을 정도로만 공부했죠."

그는 말을 계속 이었다. "한 번은 텔레비전인지, 신문인지 기자가 저를 인터뷰했어요. 제가 경주와 관련된 플래카드를 들고 있었거든요. 대부분 외국인들은 그런 걸 하지 않으니 말이에요. 그 기자는 의아해하며 제가 도시의 이방인이면서 어떻게 팔리오에 대해 그렇게 열정적일 수 있는지 물었어요. 그래서 이야기를 꾸며냈죠. '모든 이스라엘이 이 날만을 기다려요. 모두들 텔레비전으로 팔리오를 시청한답니다.'고 말한 겁니다. 그 인터뷰가 방영되자 시에나 사람들은 매우 자랑스러워했고, 이스라엘 학생들은 놀랐어요. 이스라엘에서는 그 누구도 시에나의 말 경기에 대해선 모르니까요. 이젠 더 이상 그런 이야기를 지어내진 않아요."

미카엘이 웃었다.

미카엘의 친구 피오렐라는 기수들 몇 명을 알았고 미카엘에게 그들을 소개하기도 했다. 그 기수들은 특이한 복장을 한 채로 미카엘의 숙소에 방문했다. 다른 외국인 학생들은 웬 광대들인가 하며 미카엘이 그들과 무슨 사이인지 궁금해 하기도 했다. 일반적으로 그의 이스라엘 학생 친구들은 미카엘이 이탈리아 사람들과 하나 되는 삶의 방식이 독특하다고 생각했다. 사람들은 미카엘이 활발하고 사교적이며 성적에도 뛰어나다고 알고 있었다.

이탈리아 사회에서 줄서기는 일상 가운데 일상이었다. 비자를 갱신하기 위해 줄을 서기 시작하면 대체로 몇 시간은 걸렸다. 대학에서 치르는 시험도 비슷하게 돌아갔다. 시험을 보기 원하는 학생들은 많았고, 문제를 내고 감독할 교수들은 적었다. 오직 백 명의 학생들만 어떤 한 시험을 볼 수 있는 자격이 주어졌고, 나머지 학생들은 적어도 그 다음해 여름까지는 그 시험을 기다려야했다.

"제가 치러야 하는 시험에는 두 분의 교수 심사원이 있었어요. 그 중 한 분은 다른 한 분보다 더 쉽게 시험을 통과하도록 해주셨죠. 저는 그 전날 저녁에 가서 줄을 서기로 결심했어요. 줄의 맨 앞에 서서 그 관대한 교수님 앞에서 시험을 치르기 위해서였어요. 바깥 길거리에 주저 앉아 밤새 기다렸어요. 저 뿐만 아니라 다른 학생들도 줄에 있었어요. 결국 아침 6시에 우리는 안으로 들어갈 수 있었고, 8시가 되어서야 시험 번호를 얻게 되었죠. 그런데 제일 처음으로 시험 번호를 받을 수 있었던 순간 저는 화장실에 가야만 했어요. 많이 실망했죠. 그런데 제 앞에 들어가 시험을 봤던 학생이 대답을 하지 못해 바로 포기하는 바람에 저는 그 관대한 교수님 앞에서 시험을 볼 수 있었어요. 물론 시험에 합격했고, 모든 것이 잘 끝났죠."

미카엘이 또 웃었다.

이스라엘 학생들 대부분은 수업이 없는 날이면 낮에 자고 밤에 공부했다. 동네가 밤에 덜 시끄러워서 더 집중할 수 있었던 것이다. 그들은 그 방법을 미카엘에게 추천해주었고 심지어 그렇게 하도록 분위기를 조장하기도 했다. 그래서 그는 귀마개 한 세트를 사 낮에 잠을 자도록 노력했다. 그런데 잘 되지 않았다. 침대에서 뒤척거리기만 했다. 그러다 밤이 되자, 그는 지금이 공부할 때라고 생각하고 커피를 몇 잔 마시고 책상에 앉아 책을 보기 시작했다. 그 순간, 그 모든 지역이 정전됐다. 초를 켜고 책을 읽으려니 그것도 쉽지 않았다. 결국 다시 잠에 들려고 노력하는데도 잠도 오지 않았다. 그는 결국 이렇게 낮에는 자고 밤에 공부하는 방식이 그에게 전혀 어울리지 않는다고 결론지었다!

수업 시간 사이사이에는 물론 공부 및 의학 관련된 대화가 이어졌다. 물론 정치에 관련된 대화도 있었다. 이탈리아 사람들은 이스라엘에 관심이 많았지만 그들 대부분은 팔레스타인 편이었다. 결국 미카엘은 방어 태세를 취해야했다. 그래서 그는 주로 텔레비전을 통해 현재 이스라엘에 무슨 일이 벌어지고 있는지 주시했다. 이탈리아어를 배우기 좋은 방법이었기 때문에라도 그는 텔레비전을 많이 봤다. 덕분에 그의 언어 능력은 계속 향상되었다. 덕분에 재밌는 말실수들도 있었다. 이탈리아어로 치즈를 '스트라치노(stracchino)'라고 해야 하는데, 그는 '누더기'라는 뜻의 '스트라씨오(straccio)'라고 말하기도 했다.

이스라엘 학생들은 대개 일 년에 두 번 정도 집에 다녀왔다. 미카엘은 동생의 결혼식에 초대되어 이스라엘에 가기 전까지 몇 년 동안 전혀 집에 가지 않았다. 드디어 어느 해 8월 미카엘은 동생 결혼식에 참석하기 위해 이스라엘로 갔다. 이스라엘의 8월은 매우 더운 달이었다. 동생은 생각보다 편안한 복장으로 결혼식을 치렀다. 아마도 그 때 날이 매우 더

군복무 중이던 시절의 미카엘, 그
는 자연스럽게 스스로 살아가는
법을 익히고 자기 인생의 미래에
대해 진지하게 생각하고 준비하
는 시간을 가졌다.

외할아버지 알렉산더는 미카엘
의 인생에서 빼놓을 수 없는 부분
이다. 알렉산더는 물심양면으로
미카엘의 인생 조력자가 되어 주
었다.

웠기 때문에, 신랑인 동생은 좀 더 편한 복장을 선택했던 것 같다. 그러나 미카엘은 유럽 스타일로, 양복에 넥타이까지 했다. 때문에 재미있는 일도 있었다. 결혼식을 앞두고 몇몇 사람들이 미카엘에게 와서 축하의 말을 전하며 신부는 어디에 있느냐고 물었다. 미카엘이 진짜 신랑보다 더 신랑처럼 보였던 것이다!

이즈음, 미카엘의 인생 가운데 어두운 색 머리카락을 가진 아름다운 시에나 소녀 가브리엘라(Gabriella 가명)가 등장했다. 그녀는 예술 쪽 관련된 일을 하는 전문여성이었다. 그녀와의 우정 덕분에 미카엘은 매력적인 이탈리아 문화에 더욱 친숙해지게 됐다. 그는 종종 가브리엘라와 교외로도 놀러갔다. 한번은 가브리엘라의 부모님이 미카엘을 저녁 식사에 초대했다. 가브리엘라의 아버지는 히브리어 몇 단어를 알고 있었다. 스테이크가 모두의 접시 위에 놓였을 때 그는 히브리어로 "여기! 딱딱한 고기야!"라고 말했다. 그리고는 계속 "이것은 딱딱한 고기야!"라는 말을 반복했다. 미카엘은, 그것이 그렇게 딱딱하면 먹기 어렵겠다고 반응했다. 사실 가브리엘라의 아버지는 유대인 음식 정결법인 코셔(Kosher)가 적용된 고기이기 때문에 유대인이 먹어도 된다고 말하기 위해 노력했다. 문제는 그가 '코셔'의 뜻을 가진 '카쉐르(kasher)'와 '딱딱한'의 뜻을 가진 '카쉐(kashe)'를 잘못 혼돈하여 알고 있었던 것이다.

그들의 관계가 더욱 진지해지면서, 가브리엘라는 미카엘과 사귀기로 결심했다. 둘은 함께 살았다. 미카엘은 곧 아버지와도 같았던 외할아버지에게 그녀를 만나달라고 요청했다. 그리고 할아버지는 미카엘의 그녀를 만나기 위해 이탈리아에 오셨다. 물론 할아버지는 착하고 예쁜 가브리엘라를 매우 좋아하셨다.

일반적으로 이스라엘 출신 의과 학생들은 학점을 따는데 충분한 기간인 3년을 이탈리아에서 공부하고 이스라엘로 돌아갔다. 미카엘도 역시 그 기간 동안 충분한 학점을 따냈지만, 여자 친구 가브리엘라와 이탈리아를 사랑하는 마음이 그를 더 머물게 했다.

미카엘과 가브리엘라는 결혼에 대해서 말하기 시작했다. 미카엘은 여자 친구가 그와 함께 이스라엘로 갈 것이라고 생각했지만, 그녀와 그녀의 부모님은 그것은 불가능한 생각이라고 했다. 그럼에도 미카엘은 가브리엘라와 결혼하게 되기를 간절히 갈망했다.

그렇게 표면적으로 모든 것이 괜찮아 보이는 이면에 어두운 그림자가 드리워지기 시작했다. 미카엘은 이전부터 그의 마음 가운데 있었으나 한 번도 다뤄보지 않은 어려운 문제들이 그 마음 한복판으로부터 일어나 그의 삶을 억압하는 느낌이 들기 시작했다. 주로 그의 부모님, 그와 그의 형제의 운명 그리고 자신들이 감내하며 살아야 했던 어려운 삶의 과제들이었다. 동시에 외국 학생들에게 대학이 요구하는 필수 조건이 점점 많아져 미카엘의 상황은 더 어려워지고 있었다.

"저는 공부에 있어서는 여전히 문제를 잘 해결하고 있었지만, 삶은 점점 을씨년스러워지기 시작했습니다. 바깥세상의 태양은 찬란하게 비추고, 새들은 노래하며, 세상은 눈부시게 아름다워 보였지만, 제 마음 속은 한없이 어두웠습니다. 저는 종종 제 스스로를 제 마음의

방 한 가운데 가둬두었죠."

미카엘은 회고했다.

이탈리아는 확실히 가톨릭의 나라였다. 가톨릭의 나라는 결국 미카엘을 그냥 두지 않았다. 시에나 중심지 사무실이 있었던 가톨릭의 한 사제로부터 미카엘에게 도움의 손길이 왔다. 수업 사이 시간에 찾아가는 것이 가능했기 때문에 미카엘은 종종 그곳을 방문했다. 그 신부는 이스라엘로 순례를 가는 그룹을 인도했다. 그는 가끔 찾아오는 미카엘의 이야기를 들어주었고, 그에게 하나님에 대해 또 예수님에 대해서도 들려주었다. 그 사제와 때때로 만나는 동안 신약성경을 큰 소리로 읽을 때도 있었지만, 그는 미카엘을 가톨릭으로 개종시키려 하지는 않았다.

이런 경험도 있었다. 시에나에 사는 한 친절한 가족이 미카엘을 크리스마스 자정 미사에 데려가고 싶어 해 미카엘은 한 번 가톨릭교회에 가게 되었다. 그 때 그 교회는 사람들로 가득 찼었는데, 갑자기 사람들이 중앙 복도로 이동하여 줄을 섰다.

"저는 그 줄 서는 일에 저도 참여해야하는 줄 알았죠. 그렇게 점점 줄 앞쪽으로 밀려 나가 강단과 가까워지고 있었는데, 거기 제 앞에 한 신부가 있었고 그는 저를 보고 입을 열라고 말했어요. 그는 제 입 속에 작고 동그란 빵 조각을 넣어주었는데 그것은 입에 들어가자 바로 녹아버렸어요. 한참 후에 알게 되었는데, 그것은 성찬용 빵이었더라고요. 그때는 그게 뭘 하는 건지 전혀 몰랐죠."

미카엘은 말했다.

미카엘은 한편으로, 아주 조금이지만, 유대인 회당과도 계속 관계를 유지했다. 시에나와 피렌체(Firenze) 근처에 많은 유대인들이 살았고, 그 중 몇몇은 꽤 부유했다. 그 시절, 미카엘의 학생 친구 한 명이 그들과 겪었던 문화적 차이에 대해 이야기를 해주었다. 그는 어느 기독교 부활절에 유월절 만찬을 위해 피렌체로 초대받아 갔다. 거기에 러시아에서 시에나로 이주해 온 유대인 남자가 한 명 있었는데, 그에게는 신동이라고 불릴만한 여섯 살 난 아들이 있었다. 그 아이는 러시아어, 히브리어, 이탈리아어를 알았고, 바이올린도 잘 켰으며 춤도 잘 출 줄 알았다. 만찬이 진행되는 사이사이 그 아이는 바이올린을 켰다. 그의 연주가 끝나자 피렌체의 랍비 한 사람이 그 아이와 이야기를 시작했다. 랍비가 말했다. "너는 매우 영리한 소년이구나. 연주도 잘 하고 많은 언어도 알고 있고. 자, 이제 우리에게 피렌체의 유대인들이 유월절에 무엇을 먹는지 이야기해보렴?" 그러자 그 소년은 대답했다. "물론 부활절 달걀 초콜릿이죠!" 아이의 아버지는 당황했다. 대부분 유대인들은 유월절 기간 동안 특별히 누룩이 들어가지 않은 빵을 먹는다. 그 천재소년은 가톨릭 학교를 다녔다. 그는 부활절에 먹는 별미는 초콜릿 달걀이라고 배웠던 것이다.

미카엘이 처음으로 독일에 갔던 것은 어느 여름이었다. 그의 외할아버지가 독일에 출장을 왔을 때의 일이었다. 할아버지는 제2차 세계대전 때 유대인들을 도와주었던 비유대인들을 찾고 계셨다. 물론 그 의로운 사람들 모두가 "열방 가운데 의로운 이방인(Righteous Gentiles among the Nations)"에게 경의를 표하기 위한 목록에 오르지는 않았다. 목록에 오르기 전 후보자들은 홀로코스트 동안 그들이 무엇을 했는지 조심스러운 조사를 받았다. 외할아버지는 다른 한편으로 홀로코스트 생존자들을 찾고 있었다. 그는 홀로코스트 생존자들 중 연로하신 분들을 위한 집을 이스라엘에 설립하는 중이었다.

유럽 방문 동안, 미카엘의 할아버지는 종종 바트 나우하임(Bad Nauheim)에 있는 기독교 요양소에서 머무셨다. 그 곳에는 정신적으로 스트레스 받고 아픈 환자들이 많았고 경험이 많은 간호 직원이 그들을 돌보았다.

그 요양소에서, 미카엘은 진심으로 예수님을 사랑하는 사람들을 처음 알게 되었다. 그들은 식사 전에 기도했고, 기독교 노래들을 불렀다. 미카엘은 그 어떤 것도 이해하지 못했지만 그들의 행동들이 참으로 아름답다고 생각했다.

미카엘은 가브리엘라가 자신도 독일에 오기를 원했을 때 그녀의 방문을 받아들였다. 그러나 그녀는 실제로는 독일에 오지 않았다. 그리고 미카엘이 시에나에 돌아왔을 때, 그는 그녀가 더 이상 둘 사이 관계를 유지하고 싶어 하지 않는다는 것을 알게 되었다. 그녀가 미카엘과 헤어지고 싶었던 이유로 꼽은 것 하나는 미카엘이 예술에 관심이 없다는 것이었다.

"글쎄요, 그녀가 예술에 대해 언급하자 저는 갑자기 관심이 생겼죠. 그래야만 했어요. 당장 바로크와 다른 학풍의 예술을 공부하기 시작했고, 가브리엘라와 함께 시에나와 피렌체 박물관에 방문하기도 하고요. 그런 저의 노력에도 불구하고, 저희 연애사는 결국 플라토닉 우정으로 변하기 시작했고 그렇게 끝이 났죠. 그녀와 가족을 이룰 수 있기를 꿈꿨는데, 저의 꿈은 망가져버렸죠. 매우 실망감이 컸고 거절 당했다는 상한 마음까지 들었어요."

미카엘은 그렇게 그 때를 추억했다.

가브리엘라와의 관계가 그렇게 끝난 후, 미카엘은 스위스 출신인 비르지타(Birjitta)를 알게 되었다. 그녀는 상심한 그에게 좋은 친구가 되었지만, 그 이상의 관계로 발전하지는 않았다. 하지만 미카엘과 비르지타는 많은 시간을 함께 보냈다.

"저에게는 이미 피아트500이 있었어요. 키 작은 남자에게 어울리는 작은 차였죠."

미카엘은 장난스럽게 말했다.

"주말에 우리는 교외로 놀러갔어요. 심신을 상쾌하게 하고 기분도 좋아졌죠. 시에나 주변에는 오크 나무와 해바라기 들판으로 둘러싸인 아름다운 포도원 밭들이 있었고 언덕 위에는 마을들이 있었어요. 우리는 오래된 이탈리아 영화도 많이 봤어요. 물론 대부분은 코미디였어요. 그녀와 함께 한 드라이브와 피크닉 그리고 영화 덕분에 제 기분은 매우 좋아졌어요."

비르지타는 시에나 시내의 어학원 위쪽으로 이사 왔다. 미카엘은 비르지타와 한 아파트를 공유했다. 그 덕에 그녀는 많은 외국인 학생들을 알게 되었고, 미카엘 역시 친구 관계가 국제적으로 더 확장되었다. 의학부 친구들은 대부분 오로지 그들의 공부에만 열중했지만 다른 과 학생들은 주로 즐거운 시간을 누리길 원했다.

이윽고, 비르지타와의 우정도 점차 희미해져갔다.

그리고 그녀와 함께하던 아파트 생활도 아쉽게 끝나고 말았다. 이후 미카엘은 주로 그가 돌보아주어야 하는 나이든 사람들과 함께 살았다. 그 사람들과 공간을 공유하는 것은 그의 아파트 임대 계약의 일부였다. 대신 그는 월삭을 적게 지불할 수 있었다. 한번은 매우 특이한 남자와 함께 살게 되었다. 그는 문을 난폭하게 쾅 닫고는 며칠이고 미카엘에게 아무 말도 하지 않았다.

미카엘은 시험을 치러 갈 때면 항상 유대인의 구약성서를 가지고 갔다. 그는 또한 시험보기 전이면 시험을 잘 치르게 해달라고 기도하곤 했다.

미카엘의 학업에는 필수 교육과정의 일부로서 의학적 조사를 해야 하는 일들이 있었다. 학업초기부터 그의 전공은 일반내과였음에도 불구하고 그는 정신의학에 관심을 가져왔다. 미카엘은 로마에 정신신경병학으로 유명하고 탁월한 재능을 가진 유대인 교수가 있다는 이야기를 들었다. 그리고 그 교수가 미카엘의 마지막 논문 지도를 해주기로 했다.

"그래서 저는 제 공부를 계속하기 위해 로마로 가기로 결심했어요. 시에나에서의 시간이 때로 힘들기도 했지만, 그곳에서의 시간은 제 인생 최고의 시간들 중 하나였다고 생각해요. 제가 기대했던 것보다 훨씬 더 좋았었던 건 분명해요."

미카엘은 시에나에 대한 추억을 떠올리며 즐겁게 이야기했다.

04

로마와 독일, 새로운 시작

미카엘은 이탈리아제 '피아트500' 지붕에까지 짐을 가득 싣고 로마로 향했다. 로마는 전에도 몇 번 가본 적이 있었다. 그가 살기로 한 곳은 소위 '로마의 유대인 거리'라고 불리는 곳으로, 유대인 구역 중심부에 있는 유명한 유대인 회당 주변에 있었다. 그는 그곳에 위치한 '유대인 어린이들의 집(Jewish Children's House)'에 방 하나를 얻었다. 그 보육원에서 숙식을 공짜로 제공받는 대신 그 집의 이러저러한 일들을 도와주기로 했다. 물론 미카엘이 해야 할 일은 아이들을 위해 일하는 것이었다. 아이들의 식사 기도를 이끌고, 아이들이 하교하는 것과 각기 다른 여가 활동을 잘 하도록 도와주는 일도 했다. 매일 오후 즈음 그 집에는 약 15명 정도의 아이들이 있었고, 방과후 학원을 다니는 다른 아이들이 돌아오는 저녁이면 그보다 더 많은 아이들이 미카엘 주변으로 모여들었다. 이외에도 미카엘은 그 유대인 보육원에 머무는 이유로 규칙적으로 회당에 참석하고 일반 종교 모임에도 참여해야했다.

'어린이들의 집'에서의 모든 일은 약속된 대로 잘 이행되었다. 그 동안 미카엘은 부지불식간 다가오는 공허함을 채워주실 하나님을 이곳에서 찾을 수 있을 것이라고 생각했다. 그것이 그가 유대인 공동체를 찾아온 주된 이유였으니 해답을 얻는 것은 시간 문제였다. 미카엘은 다른 신실한 유대인들처럼 하나님을 섬긴다면, 거기서 그는 하나님의 만져주심을 느낄 것이라고 확신했다. 그는 곧 주변의 다른 유대인들처럼 행동하기 시작했다. 그리고 과연 미카엘답게, 그는 재빨리 유명한 최고위의 랍비를 포함하여 공동체의 많은 멤버들과 친해졌다.

하지만,

얼마의 시간이 지나고 나자 미카엘은 그의 종교적 행위들과 선한 행위들을 실천하는 것들 대해 다소간 실망감을 느꼈다. 그것들은 정작 그가 하나님을 찾는 일에 아무 도움이 되지 않았던 것이다.

"한 사람이 겉으로 선한 일을 시도하더라도 그것이 그의 속마음마저 꼭 바꾸는 것은 아니라는 걸 깨닫게 되었죠. 변화는 안에서부터, 마음으로부터 시작되어야만 하더라고요. 저는 로마의 그 숙소에 머무는 사이 독일에 있는 그 요양소에 여러 번 다녀왔어요. 그리고 그곳에서 진심으로 애정을 들여 행동하는 직원들을 보았죠."

그 어느 날, 그가 받았던 유대식의 교육 중 특별히 말씀 한 구절이 그의 가슴을 때렸다. "너희가 온 마음으로 나를 구하면 나를 찾을 것이요 나를 만나리라 이것은 여호와의 말씀이니라"(렘 29:13~14). 미카엘은 성경을 읽으며 하나님께 기도했다. "이런 종교적인 행위들조차 성공하지 못하는데, 도대체 어떻게 제가 당신을 찾을 수 있습니까?"

"저의 학업은 아주 성공적이었어요. 그것은 저의 삶의 한 부분을 멋지게 이루고 있었던 반면, 다른 한쪽에서는 불안감을 떨쳐버릴 수가 없었어요. 저는 어둠속을 살았죠. 저는 하나님을 찾고 있었고, 또 진정한 제 자신을 찾고 있었어요. 제 삶의 의미에 대해서, 이 지구상에서 내가 존재하는 이유에 대해서 의문이 들었어요. 저는 밤이면 로마의 거리를 배회했어요. 부모님을 잃은 상실감으로 야기된 깊은 슬픔과 홀로코스트로 친족들을 잃었다는 경험으로부터 오는 증오감이 수면 위로 떠올랐어요. 사실, 제가 느끼는 그 감정들은 홀로코스트 생존자 자녀들에게는 전형적인 것이었어요. 저의 경우 고아가 되었기 때문에, 저는 그 깊은 상심의 골짜기에서 더더욱 어찌할 도리가 없었죠. 죄책감, 수치심과 외로움이 저의 내면과 삶을 파고들었어요. 그러나 저는 동시에 강한 의지와 생존 능력을 할아버지로부터 유산으로 받은 것 같아요. 무엇보다 저는 여전히 하나님을 믿었죠."

내면의 방황을 경험하던 미카엘은 그의 동생이 보고 싶었다. 둘은 아주 가끔 서로 연락할 뿐이었다. 그렇게 한번은 그의 동생과 동생의 아내

가 로마로 와 그를 방문했다. 로마에 홀로 선 미카엘이 작으나마 안정감
을 느낄 수 있었던 시간이었다.

미카엘은 바트 나우하임의 요양소에 할아버지가 오시면 할아버지를
만나러 독일로 갔다. 미카엘은 그곳에서 기도회에 참석했다. 거기 직원
들은 때때로 그에게 예수님에 대해서 이야기하려고 했지만, 미카엘은
그 어느 것도 이해하지 못했다. 물론 그들은 미카엘을 다그치지 않았다.
미카엘에게 그 곳 분위기는 매우 친근했다. 그 곳의 사람들은 미카엘이
그 때까지 만났던 여느 사람들과는 다르게 느껴졌다. 그러나 정확히 무
엇이 다른지는 이해되지 않았다.

특히 위르겐(Jürgen)이라는 사람은 미카엘에게 좋은 친구가 되었다.
그의 직업은 목수였다. 그러나 그는 바트 나누하임에서 그의 손을 필요
로 하는 모든 종류의 일들을 도맡았다. 위르겐은 삼십 세 정도 나이에 중
간 정도의 키와 검정 머리카락을 소유한, 그래서 전혀 독일인처럼 생기
지 않은 사람이었다. 그는 한 눈에 보기에도 다정다감한 사람이었다. 미
카엘은 요양소에 가게 되면 늘 위르겐과 대화를 나누곤 했는데 둘은 주
로 영어로 이야기했다. 당연한 것이겠지만 미카엘은 독일어를 몰랐기
때문이다.

"위르겐과 많은 시간을 함께 하면 할수록, 저는 그를 향한 반감을 많
이 느끼게 되었어요. 그의 나라가 우리 유대인들을 핍박했다는 사실
이 저를 압도한 것이죠. 마음속에서 저는 독일인에 대한 증오를 품고

있었어요. 얼마 지나지 않아 저는 그를 공격하기 시작했죠. 그를 비난했고, 그에게 상처주려고 노력했죠. 하지만 그는 항상 상냥했어요. 어떻게 그가 그렇게 인내심을 가지고 다정다감할 수 있었는지 저는 의아했어요."

미카엘은 그 때 위르겐의 모습을 생각하며 고개를 흔들었다.

한번은 약간의 돈이 필요했다. 그래서 미카엘은 위르겐에게도 돈이 없다는 걸 알면서도 그에게서 상당한 돈을 빌렸다. 그 다음날 바로 갚기로 약속했지만 미카엘은 위르겐이 화가 나도록 계획을 세웠다. 미카엘은 그에게 가서 빌린 돈을 갚을 준비가 되지 않았다고 말했다. 그러나 위르겐은 차분함을 잃지 않았다. 그토록 심술궂게 구는데도 차분함을 잃지 않는 위르겐의 모습에 미카엘은 짜증이 났다. 발을 동동 구르는 미카엘에 비해 위르겐은 여전히 차분했고 오히려 미카엘에게 그가 마음대로 쓸 수 있는 선에서 또 다른 큰 액수의 돈을 주었다. 그것은 위르겐이 가진 것의 전부였다. 그 때 위르겐은 부드럽게 미카엘에게 말했다. "이건 돌려주지 않아도 돼."

상황이 이렇게 되자 미카엘은 격분했다.

"제가 아주 나쁘게 행동했는데도 그는 여전히 친절했어요. 마침내, 저는 그에게 직접 물어봤죠. '당신은 어떻게 그렇게 항상 인내심이 많지?'

미카엘은 몹시 화가 났던 그 때를 회상했다.

그 대답으로, 위르겐은 몇 년 전 그가 마약 남용으로 매우 아프고 어려워져 결국 우울증까지 겪었던 이야기를 들려주었다. 그 당시 어느 것도 그에게 도움이 되지 않았는데, 어느 날 한나(Hanna)라는 사람을 만나게 되었다. 한나는 위르겐에게 그녀의 믿음에 대해 이야기를 들려주고 그를 위해 기도해주었다. 그 후로 위르겐은 구원의 길을 찾았고, 완전히 치료되어 일상으로 돌아갈 수 있게 되었다. 자기 믿음에 대해 이야기하는 도중, 위르겐은 이렇게 말을 이었다. "나는 너의 하나님을 알아, 이스라엘의 하나님!"

이런 식의 대화는 미카엘의 화를 더욱 북돋았다. '나는 이스라엘 사람이고 구약성서를 공부했는데. 이 남자는 박식하지도 않고, 그것도 독일인이기까지한데, 그런데 감히 나보다 이스라엘의 하나님을 더 잘 안다고 말하고 있어.' 미카엘은 화가 나서 씩씩거렸다. 위르겐은 미카엘에게 영어로 된 신약성경을 주었다. 그러나 미카엘은 분노와 경멸의 표현으로 그것을 집어던져버렸다.

미카엘은 모순된 감정을 가득 품은 채 이탈리아에 돌아왔다. 그는 위르겐으로부터 들은 모든 것에 대해 저항했다. 그러나 위르겐의 하나님 말씀으로 가득 찬 인생 간증은 생기가 가득 차보였다.

"저는 위르겐 안에 있는 무언가. 저를 잡아끄는 무언가를 보았고 그것을 질투했죠. 어떻게 유대인도 아니고 그것도 독일 사람인 그가 나보다 더 하나님을 잘 안다고 할 수 있는 건지 이해할 수 없었죠. 그 때 저는 하나님의 말씀을 읽지 않았어요. 하지만 위르겐이 저에게 하나님의 말씀이었죠. 이전에는 제가 한 번도 가져보지 못했던 그 말씀. 저는 제가 온 마음으로 찾고 있었던 평화를 그 사람 안에서 읽었던 것이었어요. 제가 그토록 갈망했던 흔들림 없는 사랑, 제가 그 전에는 한 번도 알지 못했던 종류의 기쁨을 그 사람 안에서 보았던 것입니다. 그는 저에게 살아있는 편지였어요. 대부분 이스라엘 사람들처럼, 저는 날카로운 가시로 가득한 선인장 '짜브라(sabra, 이스라엘 태생의 사람을 뜻하는 속어-역자 주)'였어요. 짜브라를 먹으려면 장갑을 끼고 날카로운 칼로 껍질을 조심스럽게 벗겨야하죠. 시간과 노력이 들지만 마지막엔 그속의 부드럽고 달콤한 과육에 도달하게 돼요. 위르겐이 저에게 그와 같은 일을 한 것 같아요. 저는 제가 가진 모든 가시들을 동원하여 그를 찌르려고 했음에도, 그는 사랑과 인내로 저를 대했어요. 하나님께서는 그를 만나도록 준비시키신 후 제 마음을 부드럽게 하시고 결국 제 마음에 변화를 일으키셨어요."

미카엘은 여전히 설레는 듯 말을 이었다.

미카엘은 메시아에 대해 들어봤지만 예수님이 메시아라는 것 혹은 예수님이 하나님 자신이시라는 것은 들어보지 못했다. 그것은 질문할 여지도 없이 사기였고 거짓이었기 때문이다.

위르겐은 미카엘이 첫 번째 신약성경을 버린 것을 알지 못했다. 그러나 미카엘이 다시 그에게 왔을 때 그가 아직 그것을 읽지 않았다는 것은 충분히 느낄 수 있었다. 위르겐의 하나님은 이미 미카엘을 당신의 눈으로 읽도록 이끌고 계셨다. 위르겐은 주저 없이 다시 한 번 미카엘에게 신약성경을 주었다. 위르겐은 포기하지 않고 미카엘에게 그것을 꼭 읽어보도록 격려했다. 이번에는 미카엘도 책을 받아들었다. 버리지 않았다. 그리고 진짜로 그 책을 읽었다. 메시아를 찾기 위해서보다는, 신약성경이 진리가 아니라는 것을 증명하려는 마음에서 읽었다.

그런데,

놀랍게도 그 책은 그의 눈을 열어주었다. 마태복음을 읽고 있는 동안 그는 선한 일을 이루신 예수님을 만나게 되었다. 예수님은 아픈 자를 고치고 사랑을 말씀하셨다. 이스라엘에서 들었던 그 나쁜 예수는 어디에도 찾을 수 없었다. 그는 십자군 원정기간 동안 그리고 2차 세계대전 동안 예수의 이름으로 유대인들이 핍박받고 죽임 당했다는 것을 알았다. 미카엘은 마음을 가다듬었다. 책 후반부로 가면 예수의 악한 면모가 드러날 것이라 생각했다. 그리고 마침내 미카엘은 신약성경 전체를 다 읽어버렸다.

미카엘은 위르겐에게서 그가 오랫동안 찾고 있었던 사랑을 보았다. 그러나 그의 자존심은 독일인 따위가 말하는 하나님, 미카엘 스스로도 역시 존재한다고 믿는 하나님을 말하는 것을 인정하지 않았다. 그러면 하나님은 도대체 어떤 분이란 말인가? 그는 무언가 모호하다는 생각만 들었다. 미카엘은 위르겐이 말한 것에서 그가 평생 찾고 소망했던 것을 얻을 수 있을 것 같다는 막연한 생각이 들었다. 어쨌든 신약성경의 구절들은 그에게 어떤 형태로든 영향을 끼쳤다. 그는 일단 위르겐에게 용서를 구했다.

위르겐이 보여준 하나님 사랑의 증거 때문에라도 미카엘은 방학이 되면 독일의 요양소로 갔다. 그의 할아버지가 그 곳에 없을 때마저도 미카엘의 독일행은 계속되었다.

어느 크리스마스에 미카엘은 위르겐과 함께 한 크리스천 가정을 방문했다. 그 곳에서 그는 일단의 기독교적 분위기 때문에 소외감을 느껴졌지만, 그곳 사람들이 풍기는 굉장히 편안하고 안정적인 분위기에 마음이 크게 끌렸다.

그렇게 크리스마스를 보낸 후 새해가 되어 그가 여전히 독일에 있을 때, 미카엘은 젊은 사람들이 많이 있을 법한 곳으로 가서 새해를 맞이하려고 계획했다. 그러나 위르겐에게는 다른 계획이 있었다. 그는 미케엘에게 뮌헨(München) 근처의 작은 마을에 가서 함께 새해를 맞이하자고 했다. 위르겐은 미카엘이 가겠다고 할 때까지 여러 번에 걸쳐 그의 의지를 물어야 했다. 미카엘은 위르겐이 말한 그곳에도 젊은 사람들이 많이 있기를 바랐다. 그리고 둘은 뮌헨으로 떠났다. 뮌헨으로 가는 길은 멀었다. 게다가 눈 때문에 몹시 힘들었다.

도착한 날 오후에 기독교인들의 모임이 시작됐다. 미카엘이 교회 안에 들어섰을 때, 그곳은 오로지 나이가 지긋한 사람들밖에 없었다. 그 곳에서 젊은 미카엘이 할 수 있는 거라곤 그저 앉아있는 것이었다. 그는 나이 많은 사람들 사이에서 빈자리를 하나 찾았다. 프로그램이 시작됐다. 독일어로 진행되었지만, 예수님의 이름을 반복적으로 들을 수 있었다.

위르겐이 통역해주기 위해 노력했지만 미카엘은 아무것도 들을 수 없었다. 그는 점점 더 짜증이 났다. 그리고 얼마 지나지 않아 그는 벌떡 일어났다. 그리고 교회 밖으로 나갔다. 위르겐이 그를 좇아왔다.

"화가 나서 위르겐에게 물었죠. '이 새해에 왜 나를 이런 곳에 데려온 거야? 바로 기차를 탈 수 있도록 해줘. 내가 여기서 빠져나갈 수 있게!' 저는 늘 제 감정을 드러냈고, 그 때는 정말 화가 나있었죠."

미카엘이 말했다.

언젠가 위르겐에게 도움을 주었던 한나가 거기 있었다. 그녀가 그들에게 다가왔다. 한나는 칠십 세 정도 되어보였고 누구든 그녀 안에 평화가 있다는 것을 충분히 느낄 수 있는 분위기의 품격있어 보이는 여성이었다. 그녀의 존재감은 곧 미카엘이 차분해질 수 있도록 했다. 한나는 눈보라 때문에 길들이 통제됐다고 설명해 주었다. 저녁때 날씨가 좀 잠잠해지면 그녀가 직접 미카엘이 기차를 탈 수 있도록 해주겠다고 말했다. 한나는 영어를 몰랐기 때문에 위르겐이 그들의 대화를 통역해주어야만 했다.

결국 미카엘은 머무르기로 했지만 그 교회의 미팅에는 참석하지 않았다. 저녁이 되자, 젊은이들이 기타와 하프를 들고 나타나기 시작했다. 미카엘은 그제야 새해를 맞이하기 위해 그 밤을 거기서 머무르기로 했다. 하지만 그는 여전히 불편했다. 그는 "아침에 당신이 나를 꼭 기차에 태워주셔야 해요!" 미카엘은 한나에게 강하게 말했다. 한나는 "물론이야, 물론."이라고 차분하게 대답했다.

둘이 그렇게 대화를 나누고 있을 그 때 거기에는 백 명 정도의 사람들이 모여들어 있었다. 무엇보다 나이든 사람과 젊은이들이 함께 있는 것에 미카엘은 강한 인상을 받았다. 그 자리 모든 사람들이 성경구절이 쓰인 종이를 받았다. 그들은 각자 받은 성경구절을 소리 내어 읽고 본인을 소개했다.

"그 때 제가 받은 성경구절에 감동받았어요."

미카엘은 회상한다.

사람들은 곧 식탁에 둘러앉아 저녁 식사를 나눴다. 기도도 있었고, 음악도 많았다. 위르겐은 기타를 치며 노래를 불렀고, 어떤 사람은 하프를 연주했으며, 전자오르간의 일종인 해먼드 오르간 연주자도 있었다. 분위기에 이끌린 미카엘도 직접 전자 오르간을 연주하며 히브리어 노래들을 불렀다. 새해맞이 행사는 그렇게 자정이 넘어 끝이 났다. 한나, 위르겐 그리고 미카엘은 미카엘의 방으로 갔다. 그 곳에서 한나는 그림을 그려가며 복음을 설명했다. 그녀는 인간과 하나님 사이에 십자가를 그렸다. 영원히 지옥에 떨어지는 길 대신 영원한 생명으로 들어갈 수 있는 길은 오직 예수님만을 통해서이다. 한나의 이야기는 미카엘에게 복음을 향한 마음이 열리도록 도와주었다. 그들은 새벽 4시가 다 되도록 이야기를 나누었다. 너무 진지한 둘 사이에서 위르겐은 계속 통역을 해야 했기 때문에 굉장히 피곤해 했다.

다음 날 아침 사람들은 누군가의 오르간 연주 소리를 들으며 잠에서 깨었다. 그 노래의 영어 가사는 이랬다. "나가세, 나가세, 축제에 참여하세, 온 열방으로부터 사람들이 와 있네. 하나님께서 햇살 아래 춤추는 우리를 찾으시네. 마을 광장에 모여 춤추세." [5] 미카엘은 더 이상 그 곳을 떠나고 싶은 마음을 갖지 않게 되었다. 그는 그곳에서 참 평안과 안정을 누리고 있었다.

곧 요양소로 돌아갈 시간이 다 되었다. 이제 위르겐은 용기가 생겼다. 그래서 미카엘을 교회 예배에 초대했다. 처음에 미카엘은 그의 요청을 거절했다. '재미없을 거야. 나는 거기서 지루해 할 것'이라고 생각했지만 결국 미카엘은 마음을 고쳐먹었다. '예배 중간에 들어가서 뒤에 앉아있지 뭐. 그렇게 하면 그 곳에서 빠져나오기 쉬울 테니까. 어쩌면 거기서 착하고 좋은 독일 여자를 만날 수 있을지도 몰라.' 그는 애써 마음을 다스렸다.

예배 때 사람들은 가스펠을 부르고 또 찬송가들을 불렀다. 물론 설교도 있었다. '아 진짜…지루하구나.' 미카엘은 생각했다.

교제가 진행되던 중 미카엘은 갑자기 '이스라엘' 이라는 단어를 듣게 됐다. 위르겐은 미카엘을 위한 것일지도 모른다며 잘 들어보는 것이 좋을 것 같다고 속삭였다.

그 여인은 예언을 했는데 이런 식이었다. "여기에 이스라엘에서 온 사람이 있다. 내가 너를 이스라엘에서부터 원수의 나라로 데리고 왔다. 네 안에 증오심이 가득하지만 나는 네 안에서 나의 일을 이루기를 원한다. 내가 이제 증오와 쓴 뿌리로 가득한 너의 마음을 나와 동일한 마음으로 바꿀 것이다. 너의 마음은 돌덩어리와 같이 딱딱한 마음에서 부드러운 마음으로 바뀔 것이다. 너는 아직 나를 잘 모르지만 나는 너를 통해 내 아들 예수를 영화롭게 할 것이다. 그리고 너는 너의 온 마음으로 그를 알게 될 것이다. 네가 준비가 되면 나는 너를 다시 너의 나라로 돌려보낼 것이다. 너는 너의 민족에게 나를 선포할 것이고, 나의 능력을 보여줄 것이다. 그리고 믿는 자들은 모두 구원을 얻을 것이다."

그 예배는 녹음되었다. 훗날 위르겐은 미카엘을 향해 선포된 예언을 번역해 전해주었다. 그 글을 읽는 순간 미카엘은 예언에 딱 들어맞는 이탈리아 속담을 생각했다. '그것들이 장미라면, 그것은 활짝 필거야.' 그 말 뜻은 말하자면 이렇다. '그 예언이 진리라면, 그것들은 다 이루어질 것이다.'

미카엘은 이탈리아로 되돌아갔다가 그 다음 봄, 부활절에 독일로 돌아왔다. 이제 그의 영적 갈급함은 더욱 커졌다. 어찌 된 것인지 알 수 없지만 어느 날 아침 그가 일어났을 때, 그는 마음으로부터 예수님이 유대인 메시아라는 것을 깨닫게 되었다.

"나중에야 깨닫게 되었죠. 예수님이 나의 죄를 위해 죽으시고 죽음에서 부활하셨다는 것은 하나님의 영이 그렇게 알려주셔야만 알 수 있다는 것을 말이에요. 하나님의 영이 없이는 그런 계시를 알지 못하죠. 오직 예수님의 십자가 사건으로만, 하나님 아버지와 내가 연결될 수 있고 영원히 지옥에 떨어지는 대신 영원한 생명을 가질 수 있다는 것을 알게 되었어요. 이런 이야기들을 신약성경 읽기를 통해 이미 배

이탈리아에서의 의학 공부를 마치고 학위를 받는 미카엘 야론

바트나우하임, 독일 프랑크푸르트 인근의 작은 도시이다. 미카엘은 이곳 기독교 공동체에서 예슈아를 만나 인생의 중요한 변화를 경험하게 된다.

웠지만, 그 새해 한나가 그린 구원에 대한 그림은 그 영적 실제를 제대로 이해하도록 도와주었어요."

미카엘이 말했다.

위르겐은 미카엘에게 부활절 수련회에 같이 가자고 했다. 새해를 함께 맞았던 그 교회에서 여는 수련회였다. 미카엘은 흔쾌히 가겠다고 했다. 두 번 물어볼 필요가 없었다. 1983년 4월 2일, 토요일은 미카엘의 스물여섯 번째 생일이었다. 그 부활절 전 날 덴마크인 목사 울프 올덴버그(Ulf Oldenberg)는 수련회 예배에서 말씀을 전했다.

"울프 올덴버그는 매우 겸손한 사람이었어요."

미카엘은 과감히 평가했다.

"무릎 꿇고 있는 그를 여러 번 봤죠. 한 번은 그가 저와 대화나누기를 원했고, 내게 말씀 구절을 주고 싶다고 했어요. 그 말씀은 예수님이 나다나엘에게 하셨던 말씀이었어요. '보라 이는 참으로 이스라엘 사람이라 그 속에 간사한 것이 없도다'(요 1:47). 올덴버그는 내가 나다나엘같이 느껴진다고 했어요. 그건 제게 위로가 되었죠."

울프 올덴버그 목사는 이야기를 계속 하면서 미카엘에게 혹시 예수님을 위해 삶을 드리기를 원하는지 물었다. 그는 미카엘이 하나님 앞에서 온전히 정직하기를 권면했다. 물프 올덴버그 목사는 지금이야 말로 다른 사람의 의견에 신경 쓸 때가 아니라고 강하게 권면했다.

"저는 그 방에서 도망치고 싶었지만, 위르겐이 문 앞에 서 있었어요."

미카엘이 웃으며 그러나 진지하게 말했다.

"저는 예수님의 중요성에 대해 제대로 이해하고 있었고 이제 내가 어떻게 해야 할지 잘 생각해야만 했죠. 그 상황은 매우 불안했어요. 제가 만약 '크리스천'이 된다면 사람들이 뭐라고 할까 생각하니 너무 두려웠어요. 저는 또 예수님을 나의 하나님으로 고백하는 것에 대해 두려웠어요. 왜냐하면 예수님을 메시아로 믿는다는 것이 하나님께 죄를 짓는 건 아닌지 확신이 사지 않았기 때문이에요. 예수님이 메시아가 아니라면 그렇게 하는 게 죄가 되는 거잖아요. 그렇게 내면의 갈등이 있었지만, 그럼에도 예수님을 얻기 위해 모든 것을 기쁘게 포기할 수 있을 것 같은 기분이 들었어요."

미카엘은 그 자리에서 무릎을 꿇고 말했다. "하나님, 예수님이 메시아인지 아닌지 확실히 알지는 못합니다. 만약에 예수님이 메시아가 아니라면 저를 용서해주세요. 만약 그가 약속된 메시아라면 저를 온전히 고치시어 저에게 그 모든 영적 실제를 보여주세요. 그리고 예수님, 제게 구세주가 되어주세요." 당시 미카엘은 건강이 약화된 상태였기 때문에 치유를 위해서도 간구했다. 사실 그의 몸에 나타난 것들은 감정의 문제들로 신체적 증상들이 이곳저곳에 나타나는 심신상관(心身相關)의 증상들이었다. 미카엘은 치유의 기적이 일어나거나, 종소리가 들리고 천사들이 방으로 내려오는 것과 같은, 무언가 굉장한 일이 벌어지길 기다렸지만, 그 어떠한 특별한 일도 일어나지 않았다. 울프와 위르겐은 기뻐했다. 그러나 미카엘은 '아주 큰 물음표'를 찍은 채 의심을 품었다. '어쩌면 이것은 아무것도 아닐지도 몰라. 어쩌면 예수는 진짜가 아닐지도 몰라.'라고 생각했다. 그는 확신이 들지 않은 상태로 남겨졌다. 울프와 위르겐은 미카엘에게 예수님을 믿는다는 것은 느낌이나 기분이 아닌 믿음에 기초한다고 설명해주었다.

엄숙한 선택의 순간이었다. 미카엘은 이 기독교 신자들에게 강요를 당하지는 않았다. 그는 스스로 죄인이었고, 구세주가 필요하다는 것을 너무나 잘 알았다.

흥미롭게도,

그 다음날 이탈리아로 돌아갈 때, 일들이 벌어지기 시작했다.

"굉장한 평안이 제 마음 한 가운데 생겼어요. 정신과 몸의 질환들이 치유되는 것을 경험했습니다. 예를 들면, 저는 아주 극심한 복통으로 고통 받고 있었는데, 그 복통이 사라졌죠. 처음으로, 이 신체적 증상들이 내가 예수님을 따르는 자가 된 것과 관련이 있는 건지 궁금하다는 생각이 들었어요. 그 증상들은 다시 돌아오지 않았고, 저는 예수님이 그것들을 제거해주신 것이라고 확신했어요."

미카엘이 약간 흥분해서 말을 이었다.

"그리고 평안이 저에게 머물러 있었죠. 모든 염려가 저를 떠났고 제가
수 년 동안 가지고 있었던 고통, 슬픔, 무거운 느낌들이 온통 사라졌
어요. 기쁨과 행복감이 그 모든 부정적인 감정들을 대신했죠. 이것
또한 영원한 변화였어요."

미카엘은 그 때를 회상하며 즐거워했다.

"저는 이사야서 61장 3절의 말씀 '기쁨의 기름으로, 그 슬픔을 대신
하며 찬송의 옷으로 그 근심을 대신하시고'라는 은혜를 실제로 받
았어요."

물론 미카엘은 이런 식의 하나님과의 개인적인 만남과 그가 다시 태
어난 것이 그의 인생 새로운 계절의 시작에 불과할 뿐이었다고 말했다.
큰 기쁨과 깊은 평안, 온전한 믿음 안에서의 안전하다는 생각이 점차 그
의 내면으로부터 일어났다. 그는 이제 예수를 믿는 자로 새 삶을 시작했
다. 그리고 그 믿음 안에서 성장하기 시작했다. 믿는 자가 된다는 것은
영과 마음의 성장의 길로 들어섰음을 말하는 것이었다.

"이 전까지 하나님은 그냥 신이고, 거룩하며, 멀리 있고 비인격적인
존재였어요. 그런데 이때로부터 그 분은 인격적으로 매우 가까운 아

버지가 되셨어요. 저는 아이가 그 아버지 품에 있을 때 느끼는 것처럼 제 스스로 하나님 아버지의 품 안에 있다는 것을 느끼기 시작했어요. 이제 그 아이는 떨어지지 않을 겁니다. 하나님은 제가 안전하다 믿을 수 있는 피난처와 같았죠. 그리고 또 하나님은 저를 위로하시며 저와 대화하시고 특별한 관계를 가진 친구처럼 느껴지기 시작했어요. 하나님을 향한 저의 마음과 그 관계가 명백하게 변화된 거죠."

미카엘이 확신에 찬 어조로 말을 이었다.

"예수님을 따르는 자로 아직 새내기 때, 위르겐은 저를 '레퉁스아케 (Rettungsarche, 구원의 방주)'라는 곳에 데려갔어요. 그가 막 예수님을 영접했을 때 살았던 곳이었어요. 그 곳은 예수님을 찾는 사람들이나, 예수님을 따르기로 한 믿음의 새내기들이 모여 사는 공동체 생활센터였어요. 좀 더 성숙한 신자들이 기도와 상담으로 도움을 주었고 자연에 둘러 쌓여있었으며, 하나님의 임재를 추구하며 기도할 수 있는 별도의 공간도 마련된 곳이었어요. 하루에 두 번 사람들은 '안다흐트(Andacht, 예배 시간)'을 가졌어요. 저는 제가 이 시간들을 열정적으로 기다린다는 게 지금까지도 놀라워요. 각 안다흐트는 한 시간 반가량 진행되었고, 독일어로 진행되는 설교시간이 포함되어 있었죠. 독일어라 이해는 못했지만, 저는 매번 기쁨 가득한 채로 예배를 드렸어요. 그것이 하나님을 향한 저의 첫사랑이었어요."

미카엘은 언젠가 매해 독일에서 열리는 이스라엘 컨퍼런스에 참석했다. 매일 독일어로 진행되는 모임이었다.

"무슨 말을 하는지 전혀 이해하지 못했지만, 예수님을 향한 제 사랑이 무척 컸기 때문에 그저 주님의 임재 안에 거하고 싶다는 마음으로 그곳에 갔어요. 컨퍼런스에서 저는 처음으로 히브리어를 말하는 크리스천을 만났어요. 그는 하얗고 긴 수염을 갖고 있었어요. 저는 속으로 그가 모세같이 생겼다고 생각했어요. 그의 이름은 데이비드 로덴(David Loden)이었어요. 그는 이스라엘에서 온 메시아닉 유대인(Messianic Jew)이었죠. 그 사람에게서 이스라엘에도 예수님을 믿는 유대인들이 있고 그들은 예수님을 '예슈아(Yeshua)'라고 부른다는 것을 알게 되었어요. 그는 제게 적은 숫자이기는 하지만 '메시아닉 유대인들'이 있는 이스라엘로 돌아오라고 격려해줬어요."

라고 미카엘은 회상했다.

그 컨퍼런스에서는 여러 가지 상품들이 팔리고 있었다. 미카엘은 비싼 이스라엘 식의 일곱 나뭇가지 모양 큰 메노라(menorah)를 사고 싶었다. 돈은 얼마 없었지만, 그는 그것을 사기로 결심했다.

컨퍼런스 후에, 아주 멀리서 온 방문객 한 사람이 미카엘을 늘 머무는 바트 나우하임 요양소까지 태워다주기로 했다. 위르겐도 함께 갔다. 그런데 미카엘이 차에서 내려 숙소로 갔을 때 그는 메노라를 찾을 수 없었다. 메노라를 그 차에 두고 내렸던 것이다. 여러 사람들이 그 비싼 메노라를 잃어버린 미카엘의 안타까운 마음을 위로해 주었다. 그 방문객은 아마도 그 요양소로 돌아오지는 않을 것이었다. 다른 사람들 사이에서 미카엘은 무릎을 꿇고 하나님께 그의 메노라를 되찾게 해달라고 기도했다.

그 때 갑자기 위르겐이 메노라를 들고 나타났다. 그리고 그것을 미카엘에게 전해주었다. 위르겐이 자초지종을 사람들에게 들려주었다. "그 차가 떠나는 순간, 수백 킬로미터를 운전해 가야하는 그 분 차의 뒷좌석 문이 열려 있는 것을 보았어요. 그래서 저는 그 분 뒤를 따라 고속도로로 운전해 가며 그에게 멈추라는 신호를 보냈어요. 하지만 운전을 너무 빨리하는 바람에 알아차리지 못하더라고요. 그러다 차에 기름을 넣으려고 휴게소에 멈췄을 때 비로소 그 분에게 가 뒷문이 열려있다고 말할 수 있었어요. 그런데, 차 뒷좌석에 미카엘의 메노라가 있는 것이 보이더라고요. 허허." 이렇게 하나님의 보호하심이 미카엘에게 큰 위로와 격려가 되었다.

미카엘이 예수님을 따르는 자가 된지 이제 6개월이 되었다. 독일의 친구들은 미카엘에게 신자의 세례, 물속으로 들어가는 침례에 대해 가르쳐주기 시작했다.

"그들은 빌립이 에티오피아 관리에게 복음을 설명하고 침례를 주었다는 구절을 내게 읽어줬어요. 물론 저도 그 구절이 중요하다고 생각했어요. 사도행전 8장 36-38절에 '그들이 길을 가다가 물 있는 곳에

이르렀을 때 그 환관이 여기 물이 있는데 나도 세례를 받을 수 있겠
느냐'고 물었죠. 그때 빌립은 그 사람에게 '당신이 진심으로 믿는다
면 받을 수 있다'고 하자 그는 '예수 그리스도가 하나님의 아들이라
는 것을 내가 믿는다.'고 말했죠(37절이 있는 한글 현대인의 성경 참
조-역자 주). 그래서 에티오피아의 관리는 가던 마차를 멈추게 하고
빌립과 함께 물로 내려가 세례를 받았죠."

미카엘은 그 때 읽었던 성경의 이야기를 되새겼다.

세례에 관해 이야기를 나눌 때 미카엘과 그의 친구들은 밖에 있었고
친구들은 미카엘에게 "지금 침례를 할 수도 있어!"라고 격려했다. 한참
눈이 내리는 상황이었다. 그 때 미카엘은 이스라엘의 요단강에서 침례
를 받으면 좋겠다고 생각했다. 그러나 친구들은 사도행전의 이야기에
등장하는 에티오피아 관리처럼 바로 침례를 받을 것을 청했다. 미카엘
은 겸손하게 친구들의 요청을 받아들였다. 그리고 주변 누군가의 집으
로 가서 하얀색 옷으로 갈아입고 친구들 앞에서 그의 믿음을 고백했다.
그리고 그 집 욕조에서 침례를 받았다. 이삼십 명되는 신실한 성도들은
그 모든 광경을 기도하며 지켜보았다.

"간증하면서 저는 하나님께 용서받은 죄인이라고 말했어요. 제가 한
간증은 녹음되었죠. 거기 있던 사람들 중에 한 명이 아마도 뭔가 좋
은 일을 하고 싶다는 마음에 제게 묻지 않고 제 외할아버지께 그 녹
음테이프를 보냈어요. 결국 그 테이프는 저와 할아버지 사이에 불화

를 초래했죠. 할아버지는 제가 어떤 이단에 희생양이 되어 타락했다고 생각하셨고, 제가 저의 공부를 계속하지 않을 것이라고 의심하셨어요."

미카엘이 고개를 저으며 말했다.

그 때까지는 외할아버지가 학비를 대주었지만, 그 때부터 그는 스스로 모든 것을 감당해야만했다.

"물론 저는 제 신앙을 할아버지에게 말씀드릴 작정이었지만, 그런 방식은 아니었어요. 저는 개인적으로 직접 제 신앙을 할아버지께 말씀드리고 싶었죠. 그렇게 할아버지와 갈라서는 순간, 저는 메시아닉 유대인들이 신앙 때문에 그들의 가족들 가운데서 치러야하는 대가를 잘 이해할 수 있게 되었죠. 누가복음 14장 26~27절에 예수님께서 말씀하세요. '무릇 내게 오는 자가 자기 부모와 처자와 형제와 자매와 더욱이 자기 목숨까지 미워하지 아니하면 능히 내 제자가 되지 못하고 누구든지 자기 십자가를 지고 나를 따르지 않는 자도 능히 내 제자가 되지 못하리라.'"

미카엘이 말을 이었다.

"당연히 저는 침례를 받고 싶어 했었어요. 실제로 침례를 받은 이후 제 삶과 영혼은 엄청나게 큰 기쁨으로 가득 차게 되었어요. 저는 저의 '옛 사람(저의 죄성)'이 그 물에 다 씻겨나간 것을 느꼈어요. 이전에 저는 제가 거의 완벽하다고 생각했어요. 그런데 예수님을 알게 된 후 저는 제가 완벽과는 거리가 멀다는 것을 알아차렸죠. 저는 심지어 음란함에서조차 벗어나지 못했어요. 저의 용서받아야할 죄인이었습니다. 그런데 신자가 되고 침례를 받은 후 저에게는 온전한 그리스도인으로서 삶의 길이 열리게 되었어요. 하나님께서는 제가 신자가 된 이후로 결혼 외에는 어떤 연애 관계도 맺지 못하도록 하는 방법으로 저를 지켜주셨어요. 그래요. 우리가 비록 우리 안에 성령이 살도록 받았지만, 예전의 습관들로부터 자유해지는 것과 온전해지는 것은 시간이 걸리죠."

미카엘이 인정했다.

그가 유대인이라는 것 때문에 독일 친구들은 그를 신앙 공동체 안에서 중요한 위치에 서도록 해 주었다. 그들은 말했다. "너는 유대인이면서 예수님을 믿기 때문에 넌 주님께 두 배로 사랑을 받을 거야. 너는 이제 혈통으로도, 믿음으로도 모두 아브라함의 자손이야!" 그들은 늘 청중 앞에서 미카엘이 간증할 수 있도록 기회를 주었다.

"저는 하나님이 절 사랑하시는 것을 알았어요. 하지만 메시아닉 유대인으로서 저는 하나님이 다른 사람들을 사랑하는 것보다 더 많이 저를 사랑하신다고 생각하기 시작했죠."

미카엘은 두 손을 모은 채 기도하듯 회고했다.

05

믿음 안에서의 생활과 학업

미카엘은 로마에 계속 살면서 꾸준히 독일을 방문했다. 신자가 되어 로마에 돌아왔을 때, 그는 더 이상 그 '유대인 어린이의 집'에 머물고 싶지 않았다. 종교적인 유대인들 속에 끼어 사는 것은 더 이상 옳은 것이라 느껴지지 않았다. 그 때 마치 기적처럼 한 할머니로부터 그녀의 집에서 지내지 않겠냐는 제안을 받았다. 독일 신자들의 집으로부터 돌아온 얼마 후였다. 미카엘은 당장 그 집으로 이사 갔다. 미카엘은 그녀에게 자신의 예수님에 대한 믿음을 고백 했고 그녀는 기뻐하며 미카엘의 말을 들어주었다.

"저는 진심으로 예수님을 믿는 사람은 온 이탈리아에 저 밖에 없다고 생각했었는데, 이제 믿음을 가진 동료를 만나게 됐어요. 그녀는 남편과 함께 기독교 출판사를 경영하고 있었죠. 그들은 한편으로 이스라엘을 사랑했어요. 그들은 저를 200명 정도 모이는 한 교회에 데리고 갔어요. 오래된 극장이었죠. 고급스러운 곳은 아니었어요. 한 때 마약 중독자들이었거나 노숙자였던 사람들이 그 생활을 청산하고 신앙을 위해 모이는 곳이었죠. 저는 그 예배에 참석하기 시작했어요. 하지만 학업과 일에 몰두하다 보니 언제나 예배가 거의 끝날 때쯤에나 그곳에 도착하곤 했어요. 그 분들의 예배의 끝에는 언제나 성찬식이 있었어요."

미카엘은 그 때를 그렇게 기억했다.

그 예배에 가기 위해서 미카엘은 지하철을 두 번 갈아타고 다시 한 번 버스를 타야 했다. 그럼에도 불구하고 마지막 10분이라도 참석하기 위해 그는 애를 써서 그 모임에 계속 참석했다. 미카엘은 예수님께서 제자들과 나누신 마지막 만찬, 그것을 기념하는 성찬식에 기쁨으로 참여할 수 있었다. 그는 또한 그곳 사람들을 향한 진짜 사랑의 마음을 느낄 수 있었다. 그들은 서로 다른 언어권의 사람들이었지만, 서로 같은 믿음을 공유했기 때문에, 신앙 안에서 "같은 언어를 말했다."

"하나님의 사랑이 저를 그 큰 은혜의 자리로 이끌었어요. 그 공동체를 방문하는 것은 한 주를 살아가는 힘이 되었고 일상생활을 행복하게 만들기에 충분한 에너지를 전해 주었죠. 그 공동체의 낯선 사람들이 완전히 이방인인 저에게 평안을 빌며 이탈리아의 사람들이 서로 나누듯 볼에 키스를 해주는 것은 완전히 새로운 것이었어요. 그들은 저를 '형제님'이라고 부르기 시작했어요. 그것이 얼마나 중요한지를 다 이해하는 것은 아니었지만, 기분은 좋았어요."

미카엘은 그 때 감정을 되살렸다.

"특히 한 커플과 스테파니아(Stefania)는 자매가 저를 잘 챙겨주셨어요. 그녀는 이스라엘을 굉장히 사랑했어요. 그녀는 예수님이 메시아일 뿐 아니라 유대인이기도 했다는 의미를 잘 이해할 수 있도록 저를 도와준 첫 번째 사람이었어요."

미카엘이 말을 이었다.

"제가 예수님을 메시아라고 믿기 시작했을 때, 심지어 제 마음 가운데 그분을 받아들인 후에도, 저는 저의 유대인 정체성을 포기하는 것에 대해 두려움이 있었어요. 그러다 제가 메시아를 믿는 메시아닉 유대인이라는 것을 이해하게 되었죠. 제가 메시아 되신 예수를 믿는 일은 그저 마음의 변화를 받아들이는 것이었는데, 그런데 그 마음의 변화 이후에도 저는 여전히 유대인이라는 사실을 이해하게 된 거에요. 저는 이제 어쩌면 이전의 누구보다 더 제대로 된 유대인인거에요. 왜냐하면 저는 메시아가 누군지 완벽한 계시를 얻게 된 것이고, 그래서 예레미야 선지자가 묘사했던 것처럼 '이스라엘 집과 유다의 집에 새 언약을 맺은'(렘31:31) 의미를 제대로 알게 된 것이니까요."

미카엘은 이 부분에서 마치 설교를 하듯 매우 열정적으로 말했다.

"메시아의 원래 이름은 기독교식으로 말하는 예수(Jesus)가 아니라 유대식으로 메시아 '예슈아(Jeshua)'입니다. 그의 히브리어 이름이 '구원'을 의미한다는 것 또한 알게 됐어요. 사실 오늘날 유대인들 사이에서 예슈아라는 이름은 랍비들이 그를 마치 히틀러나 아이히만인 것처럼 저주하기 위해 부르는 이름입니다. 하나님을 찬양합니다. 예슈아라는 바른 이름은 메시아닉 유대인들의 숫자가 늘어나면서 자연스레 많은 곳에서 확장적으로 사용되고 있어요. 예수아의 이름은 정말 많은 곳에서 점점 많이 사용되고 있습니다. 매체에서도 그 사용이 늘고 있지요, 심지어 영화 자막도 더 이상 예수라고 하지 않고 예슈아라고 씁니다."

유대인 그리스도인으로서 미카엘은 이 부분을 더욱 힘주어 말했다.

그 공동체의 성찬식에 참여하는 동안, 미카엘은 그의 동료 신자들과 더불어 그리고 하나님과 더불어 나누는 영적 교제를 경험했다. 미카엘은 몇 가지 이유로 그 공동체가 베풀고 나누는 성찬식에 참여할 가치를 잘 느끼지 못할 때도 있었다. 그러나 그는 주께서 베푸시는 성찬 자체에 대해서는 귀하게 여기는 마음을 가졌다.

그러나 시공간 속, 그리고 역사속 교회 공동체는 언제고 한계가 있게 마련이다. 미카엘은 언젠가부터 그 공동체 가운데 마음에 들지 않는 것들이 보이기 시작했다. 그럼에도 그는 최선을 다하여 공동체에 신실하려 했다. 그리고 자신이 최선을 다했다고 여길 즈음 그 교회보다는 더 작지만 집에서 더 가까운 다른 교회를 찾았다.

"새 교회는 집처럼 느껴졌어요. 그 교회를 다니던 한 가정의 가장이 제게 영적 아버지처럼 되었어요. 전 심지어 사람들을 향해 사랑과 긍휼도 느끼기 시작했어요."

미카엘은 놀라워하는 표정으로 그 때를 회상했다.

그가 얼마나 변했는지를 보여주는 사건이 하나 있었다. 전에 그는 그 누구에게도 자기가 가진 물질을 나누지 않았다. 그러다 언젠가 누군가 그에게 기차표 값을 좀 보태달라고 요청했을 때, 그 사람이 진정으로 그것을 필요로 한다는 것을 느끼고서, 미카엘은 그에게 자기가 가진 돈을 주었다. 그 경험은 그를 매우 놀라게 했다. 왜냐하면 그는 언제나 본인을 이기적인 사람이라고 생각해왔기 때문이었다.

그 즈음해서 미카엘은 그의 집 근처에서 일어난 한 흥미로운 사건에 대해 들었다. 그리고 그 사건은 그의 마음을 크게 감동시켰다. 이야기에 의하면, 교회에 다니기 시작한지 얼마 안 된 한 남자가 주유소에서 일을 시작했다. 근무 첫날, 사장은 그에게 밥을 먹으러 간다고 말하고서 열쇠를 주면서 본인이 나가있는 동안 주유소를 잘 봐달라고 부탁했다. 그런데 사장이 나가고 얼마 후, 두 남자가 손에 권총을 들고 나타났다. 그들은 그 남자를 위협했다. "금고를 열고 들어있는 돈을 다 내놔!" 위협을 당한 남자는 처음 겁을 먹었다. 그러나 그는 곧 이렇게 말했다. "아, 그래서 당신들이 날 쏘겠다고요? 어서 쏘세요! 전 그저 하늘에 가서 주님과 함께 있게 될테니까요!" 너무 확신에 찬 그의 말을 들은 강도들은 그 자리를 떠났다.

미카엘은 그 남자의 용기에 감탄했다. 미카엘은 이후 예수님을 더욱 사랑했고 사람들에게 그것을 이야기하는데 자기 최선을 다했다. 그는 어디를 가든지 기회가 생길 때마다 그의 간증을 나눴다. 심지어 '예슈아'에 대해 말하기 위해 사람들과 사귀었다.

미카엘은 성경을 특히 신약을 많이 읽었다. 그는 또한 카세트로 히브리어 성경을 듣기 시작했다. 그가 들은 말씀 가운데 중심이 되는 주제는 예슈아가 직접 보여주신 용서였다. 하나님 말씀의 능력은 미카엘이 여러 다른 사역들을 할 수 있도록 힘이 되어 주었다. 특별히 미카엘의 예슈아는 아픈 사람들을 위해 기도할 수 있는 마음과 힘을 주셨다. 그는 언제나 마가복음 16장 18절을 "(믿는 자들이) 병든 사람에게 손을 얹은즉 나으리라 하시더라"는 말씀에 기대어 기도했다.

"저는 늘 기도하는 가운데 주님을 경배했어요. 기도에서는 늘 저의 문제점들이 목록의 우선이었지만, 저희 교회 사람들 또한 제 기도의 중요한 자리에 있었어요. 저는 또한 믿지 않는 사람들, 당연히 제 동생과 그의 아내, 그리고 저희 할아버지들 또한 기억하고 그들을 위해 기도했죠."

미카엘은 새로 출석하기 시작한 교회를 통해 예수님을 아는 지식 안에서 온전히 자랄 수 있을 것 같은 느낌을 가졌다. 그러나 그 교회에서의 배움과 나눔은 그의 오랜 믿음의 여정의 시작일 뿐이었다.

"예슈아는 처음 아이가 보호받는 것처럼 초신자를 보호하시죠. 그 어린 시절, 그 분은 원수의 공격을 많이 허락하지 않으세요."

미카엘은 말했다.

"사실 그 공동체에서 저는 마치 따뜻한 품에 안긴 아기처럼 애지중지 보호를 받으며 컸어요. 믿음의 형제, 자매들은 제가 메시아닉 유대인이라는 것 때문에 많은 사랑을 주었어요. 이탈리아에서 예슈아를 믿는 유대인은 정말 놀라운 일이었으니까요."

미카엘은 한편으로 그가 용서받은 것을 기뻐했지만 다른 한편으로 그 안에서 죄가 지속되는 것을 느꼈다.

"신자의 삶에는 처음부터 끝까지 언제나 전투가 있죠."

미카엘은 큰 숨을 내쉬며 말했다.

교회에서는 그를 더 이상 유대인이 아니라 복음주의자라고 말했다.

그런데 어느 순간부터 그는 자신의 믿음에 대해 의심을 품기 시작했다. '내가 무언가 잘못한 것이 아닐까?' '내가 신자가 되지 않았다면 나는 과연 어땠을까?' 이런 식의 의구심들이 그의 머릿속을 찾아들어 그를 괴롭혔다. 그가 예슈아를 그의 삶 가운데 받아들인 것 자체가 죄 짓는 일이 아니었을까하는 헛된 생각이 들기도 했다.

"우리가 처음 믿을 때 성령께서 우리 마음가운데 들어오심에도 불구하고, 마음의 변화는 시간이 걸리죠."

미카엘이 다니던 집 근처 작은 교회에는 감동적인 이야기들이 있었다. 한번은 최근 믿기 시작한 어린 소년이 기도 모임에 늦게 왔다. 그 때 목사님은 성도들에게 각자 자기 기도를 드리라고 격려하고 있었다. 모두들 아름답고 잘 구성된 기도문들을 이용하여 자기 기도를 시작했다. 그 한 가운데서 소년은 두서없이 이렇게 말했다. "주님, 저는 어떻게 기도해야하는지 잘 알지 못해요. 그러나 제가 엄청 목말랐을 때 제가 물 한잔을 마실 수 있게 해주셔서 주님께 감사하고 싶습니다." 그러자 목사님은 이렇게 말했다. "우리는 우리가 배운 기도문을 얼마나 잘 암송하는지 알고 있어요. 그러나 이 소년은 암송해야할 기도문 대신 그가 겪은 실제적인 삶의 문제를 가지고 진심으로 자발적으로 기도했어요!"

미카엘은 때때로 '그리스도가 답이다(Christ is the Answer)'라는 단체가 모임을 열곤 했던 큰 회합 장소를 방문했다. 큰 텐트에서 벌어지는 모임이었다. 그 단체는 이탈리아 전역 모든 종류의 사람들에게 다가가 강력하게 예수아의 도를 전했다. 모임은 종종 미국에서 온 메시아닉 유대인을 강사로 세웠다. 한번 미카엘이 방문했을 때 신학자이며 카리스마 있는 연설가이고 동시에 메시아닉 유대인이 강사로 왔다.

"그 때 저는 완전 초신자였어요. 저는 제가 초신자로서 주목받지 않는 것에 익숙하지 않았죠. 독일에서는 성도들이 항상 저를 감탄하며 소개해주셨거든요. '이분은 메시아닉 유대인이에요.' 그 텐트에서 저는 그저 강의를 듣기 위해 초대된 것일 뿐이었어요. 그러나 저는 가만히 있지 않았어요. 저는 외쳤죠. '누가 이 모임의 책임자인가요?' 그곳의 대표 목사님께 찾아가 저를 소개했어요. '저는 메시아닉 유대인입니다.' 저는 그분이 펄쩍 뛰며 좋아하실 줄 알았어요. 그런데 그 목사님은 그런 저를 쳐다보며 이렇게 말하셨어요. '저는 예수님을 믿는 이탈리아인 입니다.'"

그 목사님은 이후 자기 일을 계속 했다. 목사님이 바쁜 것을 봤음에도 미카엘은 계속 말했다. "저에게는 굉장한 간증이 있어요. 재밌게 해드릴 수도 있죠." 그 목사님은 여전히 반응하지 않았어요. 미카엘은 말했다. "원하신다면 제가 히브리어 노래를 연주할 수도 있어요." 그 목사님은 그들의 찬양팀도 히브리어 노래들을 연주할 수 있다고 대답했다. 그러나 이번에는 마침내 미카엘이 회중을 위해 무언가 하는 것을 허락해주었다. 드디어 미카엘의 차례가 다가왔다. 그는 피아노로 C코드를 눌렀다고 생각했다. 그런데 그의 귀에는 D코드 소리가 들렸다.

"갑자기 제 손이 떨리기 시작했고, 심지어 건반을 제대로 누르지도 못하겠더군요. 그 음악팀은 저를 불쌍하게 여겨주었어요. 제 주변으로 와서는 잘 알려진 히브리어 노래를 연주하며 부르기 시작했죠. 목사님을 바라보는데 저는 너무 부끄러웠어요. 게다가 그 행사는 라이브로 라디오와 텔레비전에 방송되고 있었어요. 저는 홀로 물었어요. '주님, 왜 제게 이런 일이 일어나게 하셨나요?' 그 때 제 마음 가운데 하나님께서 답해주시는 것 같았어요. '난 너를 그곳에 보내지 않았다. 네가 뿌린 것을 스스로 거두거라.' 그 후에 저는 그 목사님께 사과 편지를 썼어요. 제 자만심만으로 무대 위에 서고 싶어 했던 것을 고백하는 내용이었어요. 사실 그 목사님으로부터 답은 못 들었어요."

미카엘은 담담하게 말했다.

대학에서 미카엘은 릴리아나(Liliana, 가명)라는 여인을 만났다. 신앙을 가진 여인이었다. 몇 명의 다른 신앙인들과 함께 그녀는 기독교 문학서적이 놓인 테이블에 앉아있었다. 그리고 누구든지 관심 있는 사람들에게 예수의 복음을 전했다. 미카엘, 릴리아나와 다른 한 명의 여인은 곧 릴리아나의 집에서 만남을 시작했다. 미카엘은 여전히 그의 집 가까운 곳에 있는 교회에 출석하고 있었다. 한번은 그 교회가 다른 여러 교회와 함께 특별히 마약중독자들을 대상으로 한 연극을 무대에 올렸다. 큰 극장이었다.

그 연극은 이탈리아에서 있었던 실제 사건에 기초한 것이었다. 이야기는 이렇다. 한 가정의 아버지가 마약을 하게 되면서 가족 전체의 삶은 혼돈 속으로 빠지게 된다. 이어서 다리오라는 아들 또한 마약을 하게 된다. 그러다 다리오는 우연히 그의 아버지와 함께 교회 예배에 나가게 된다. 아버지는 예배가 끝나기 전에 교회를 떠난다. 다리오는 계속 교회를 다녔다. 그런데 놀라운 일이 일어났다. 교회를 다니더라도 마리오는 여전히 마약 중독자이다. 그는 어느 때 마약에 젖은 채로 교회에 가기도 한다. 그런데 그가 교회에서 예배를 드리고 설교를 듣는 중에는 그 마약이 어떤 효과도 미치지 못한다. 그럴수록 그는 더 마약을 찾는다. 그러나 여전히 주일에는 효과가 없다. 그가 사기를 당해 제대로 된 마약이 아닌 구입한 것이라 의심하기 시작한다. 그러다 어느 순간 다리오는 그것이 하나님이 하시는 일이라 깨닫게 된다. 그 깨달음이 있던 다음 주 예배에서 그는 드디어 신앙을 받아들이고, 펄쩍펄쩍 뛰며 큰 소리로 소리친다. '그는 살아있어, 그는 살아있어!' 예슈아가 살아있다는 의미였다.

그 공연을 위한 준비는 꽤 오랜 시간이 걸렸다. 미카엘은 다리오 역을 맡았다. 그는 머리를 기르고 빈 주사기를 사서 매일 배역 연습을 했다. 목사 역할은 이탈리아 사람이 아니며 이름이 스프레도스(Spredos, 가명)인 진짜 목사님이 맡았다. 나머지 배역들은 이전에 마약중개인이였거나, 마약중독자였던 사람들이 맡았다.

리허설 시간이 되었다. 모두가 긴장하고 떨려했다. 그러다 갑자기 큰 싸움이 벌어지기 시작했다. 연기를 맡은 배역들이 충분한 소품들을 가져오지 않았다는 둥, 사람들을 차에 태워주지 않았다는 둥에 대해 서로 비난했다. 배우들은 결국 서로 주먹싸움까지 했다. 오직 미카엘과 스프레도스 목사 만 그 싸움에 끼어들지 않았다. 그러다 스프레도스 목사가 나서서 말했다. "예슈아의 이름으로 모든 불화의 영을 묶는다!" 즉시 기적이 벌어졌다. 배우들이 서로 안아주고 서로에게 사과하기 시작한 것이다.

"저는 그 전에 그렇게 놀라운 일을 경험해보지 못했어요."

미카엘이 이야기했다.

"저는 어둠의 힘이 존재하고 있으리라는 것을 조금이나마 알게 되었어요. 그 날 저는 하나님의 권능과 능력에 경탄을 금치 못했죠."

공연이 진행될 때, 그 때 극장은 마약 중독자들과, 마술을 하는 사람들 그리고 어두침침한 삶을 살고 있는 사람들로 가득 찼어요. 공연이 끝나자 세 명의 마약중독자들이 미카엘에게 와서 소리쳤다. "다리오, 우리도 신자가 되고 싶어요!" 그들은 모두 미카엘과 스프레도스 목사님 그리고 교회의 지도자들에게 기도를 받았다.

"그것은 저의 메시아를 위한 저의 첫 열매였어요."

미카엘은 기뻐했다.

미카엘과 스프레도스 목사의 관계는 거기에서 끝나지 않았다. 미카엘은 스프레도스에게 말했다. "저는 당신이 저의 목사님이 되셨으면 좋겠어요!" 스프레도스 목사는 그의 말을 듣고 릴리아나의 집에서 열리는 작은 모임에 참석하기 시작했다.

스프레도스 목사는 세계적으로 알려진 성경 선생 '데렉 프린스'를 알았다. 어떤 면에서 스프레도스 목사는 데렉 프린스의 '제자'였고 그 스스로 이스라엘을 향한 비전과 사랑이 있었다. 그는 하나님의 구원 계획 가운데 이스라엘이 가진 위치를 이해했다. 그는 메시아닉 유대인의 의미에 대해서도 많은 것을 알았다. 데릭 프린스의 가르침은 그가 이스라엘을 향한 비전을 품도록 하는 원인을 제공했다. 그래서 프린스는 미카엘에게도 선생이 되었다.

데렉 프린스(Derek Prince, 1915~2003)는 영국의 성경 선생이었다. 그는 이스라엘에 살았는데, 그 시절 이스라엘은 영국령으로서 팔레스타인이라고 불렸다. 이스라엘이라는 국가가 설립되기 전의 일이었다. 그 후로, 그는 그의 가족과 많은 나라를 돌아다니며 살았다. 그는 또한 미국에서도 목사 생활을 했다. 그렇지만 프린스 가족은 정기적으로 이스라엘에 살았다. 데렉 프린스는 수백 개의 강의 테이프들과 대략 40권정도의 책을 발행했다.[6]

미카엘은 성경을 잘 가르치는 훌륭한 목사님들은 많이 알았지만, 그들이 성령에 대해서는 많이 언급하지 않았던 것을 회고한다. 그들은 영적인 은사들을 강조하며 기적과 이사에 대해서도 여러 말을 하지만 그에 관해 깊이 있는 성경적 지식을 갖지는 못했다. 그런데, 미카엘의 평가로, 프린스는 은사들을 사용하는 것과 성경 가르침을 적절히 잘 결합했다. 그는 또한 실제 생활에서 말씀을 실전적으로 살아냈다. 그는 영적인 능력의 실제를 잘 알았으며 잘못된 영들로부터 사람들을 구했다.

"그분은 균형 있는 방식으로 성령의 능력에 그의 건전한 교훈을 잘 결합시키셨어요."

미카엘은 분명히 말했다.

"저는 그분의 강의를 카세트테이프로 듣고 그의 책을 읽었어요. 저는 그 분과 편지를 주고받기도 했어요. 그 분은 편지에, 제가 어떤 책을 읽어야할 지 조언도 해주셨죠. 프린스는 유대인은 아니었지만 이스라엘을 향한 명확한 비전을 가지고 있었어요. 이스라엘에 오래 사셨기 때문에, 거룩한 땅 이스라엘에 대해 가르치실 때 본인이 무엇을 가르치고 있는지 잘 알고 계셨죠. 이탈리아에서 크리스천들에 둘러싸여있었지만, 데렉 프린스는 단연 제게 중요한 분이셨어요. 왜냐하면 그 분이 이스라엘과의 연결, 그리고 그 곳에서의 메시아닉 유대인으로서 삶을 잘 일러주었기 때문이에요. 그 분을 통해서 제 건강하고 단단한 신앙의 기초를 형성할 수 있었습니다."

릴리아나의 집에서 갖던 그 교제에는 몇몇 외부인들 또한 참여했다. 한 번은 대략 열 명 정도가 모였었는데 대부분이 여자들이었다. 미카엘은 간증을 나누었고 아직 예슈아를 모르던 사람들은 그들의 삶 가운데 예슈아를 받아들였다. 훗날 그들의 배우자들 역시 신자가 되었고 그 단체는 조금씩 자라기 시작했다. 그러자 출석하던 교회가 여전히 집과 같이 느껴졌음에도 불구하고 미카엘은 그 교회를 떠날 때가 왔다고 느꼈다. 왜냐하면 그 교회는 자발적 모임이 매우 적었기 때문에, 미카엘은 그저 앉아 목사님의 말씀만 들을 수는 없었다. 그가 생각하기에 신앙은 각자 활동적인 역할을 맡아야했다. 미카엘은 모임에 사람들을 초대하고 사람들을 위해 기도하며 그가 가진 은사로 그들을 섬겼다.

미카엘은 스프레도스 목사님에게 성령세례를 받고 싶다고 말했다. 그의 대답은 "네가 하나님을 갈급해하면 하나님께 구해라. 하나님께서 네게 은혜를 주어질 거야!" 그는 예슈아의 말씀으로 권했다. "구하라 그리하면 너희에게 주실 것이요"라는 마태복음 7장 7절의 말씀이었다.

"그래서 전 구했고 믿음으로 성령세례를 받았습니다. 신약성경 사도 행전 2장에 묘사된 것처럼 성령세례는 독특한 경험이었어요. 예슈아를 믿고 그를 나의 구세주로 고백한 후에, 성령께서는 우리 마음 가운데 오셔서 거하십니다. 그리고 우리가 믿음으로 구할 때, 하나님은 그의 영을 넘칠 때까지 더 부어주시고, 힘을 더 주셔서 우리의 은사를 사용할 수 있게 되죠. 그것은 컵이 넘칠 때까지 물을 채우는 것과 매우 비슷해요. 이윽고 저는 제 삶에 일어난 제대로 된 변화를 보았어요."

미카엘은 힘주어 말했다.

미카엘의 집주인 여자는 미카엘을 통해 진정한 신자가 되었다. 한번은 그녀가 흔들의자에서 성경을 읽다가 굴러 떨어져 그녀의 이마에 상처를 입었다. 그녀는 스프레도스 목사님께 기도해달라고 요청했다. 그런데 그 때 스프레도스 목사가 갈 수가 없어 미카엘이 그를 대신해 가서 그녀를 위해 기도해주었다.

"그 때 하나님께서 뭔가 큰일을 하시길 원하신다는 걸 느꼈어요."

미카엘이 회고했다.

"심지어 저는 그녀에게 전화해서 하나님께서 그 분을 드러내시길 원하시니 준비하라고 말했죠. 그녀가 잘 듣지 못하는 것에 대해 마음에 감동이 왔지만, 그 당시에는 그녀에게 아무 말도 하지 않았어요."

그녀는 태어날 때부터 한 쪽 귀에 청각 장애가 있었고 다른 한 쪽 역시 잘 듣지 못했다. 그 나마 듣기가 가능한 귀에는 보청기가 있었다. 안경에 부착되는 방식의 보청기였다.

"그분은 예배를 사랑했어요. 제가 그녀의 집에 도착했을 때 찬양 카세트를 틀고 자연스럽게 무릎을 꿇고 그녀를 위해 기도했죠. 제가 마음으로 준비한 생각들에 대해서는 전혀 나누지 않고서 말이죠, 그녀에게 손을 올리지도 않았어요. 그 때 갑자기 그녀가 카세트에 맞춰 노래하고 있다는 걸 알았죠. 제가 그녀를 바라보았을 때, 그녀의 안경과 보청기가 탁자 위에 놓여 있는 걸 볼 수 있었어요. 저는 그녀를 데리고 가서 청각테스트를 했고 그녀가 실제로 그 잘 안 들렸던 귀로듣는 것과 더 이상 보청기를 사용하지 않아도 된다는 것을 알게 되었죠. 후에, 그녀의 의사는 이것은 진짜 놀라운 기적이라고 말했어요."

미카엘이 그 기억을 기뻐하며 말했다.

스프레도스 목사는 곧 교회를 시작했고 그들 스스로를 '니케아 그룹(Nicea Group)'이라고 부르기 시작했다. 누군가 자기 이름을 스스로 짓지 않는다면, 다른 사람이 그들이 좋아하지 않을 이름으로 그들을 부를지도 모른다고 말한 것에 부응한 것이었다. 그 이름은 니케아 신경(Nicene Creed)을 인용한 것이었다. 성직자들은 그것이 무엇에 관련된 것인지 즉시 알아차렸지만, 다른 이들은 부연 설명을 필요로 했다. 니케아 신경은 기독교 초기에 채택된 것이었다. 니케아 신경은 모든 기독교 교파와 단체들이 참여한 모든 교리의 가장 기본적인 것들을 말한다.

문제는 이탈리아라는 상황이었다. 이탈리아는 가톨릭의 종주국이었다. 이탈리아에서는 스스로를 복음주의자(Evangelical)라고 부르면 그들은 더 이상 가톨릭에 접근할 수 없었다. 이탈리아에서 복음주의라는 것은 비가톨릭 기독교인이 되는 것을 뜻했다.

"저는 복음을 전파하고 싶었어요."

미카엘이 말했다.

"물론 저는 메시아닉 유대인이었죠. 하지만, 하나님께서는 여러 서로 다른 교회들과 회중들을 통해서 저에게 새로운 것들을 가르쳐주시는 것처럼 느껴졌어요. 우리 니케아 그룹은 로마인들과 로마에 살고 있는 유대인들을 주님께로 데리고 오고자 하는 비전이 있었어요. 가톨릭 교인들을 가정예배에 데려오는 것은 굉장히 어려웠죠. 그래서 우리는 성공회 건물에서 모임을 갖기 시작했습니다. 성공회 교리는 가톨릭의 것과 비슷해서 집으로 데려오는 것보다는 쉬웠거든요."

미카엘이 회상했다.

니케아 그룹은 그들의 모임을 성공회 '미사'라고 불러서 사람들이 꺼리지 않도록 했다. 가톨릭 교리에 따른 것은 아니지만, 그들에게는 일정한 방식의 예식(liturgy)이 있었다. 마리아를 경배하는 것과 성인들을 위한 기도문은 모두 빼버렸다. 그리고 가톨릭의 성령 쇄신 운동(카톨릭 카리스마 운동)의 찬양들과 복음주의자들이 부르는 동일한 종류의 찬양들을 불렀다. 설교 시간에는 스프레도스 목사님이 말씀을 전했고 그것은 대부분 복음주의자들 식의 말씀이었다.

'미사' 마지막에는 결단하기를 원하는 사람들을 강단으로 이끌기도 했다. 미국 복음주의 진영에서 '알타 콜(altar call, 제단 앞으로 부르심-역자 주)'이라고 부르는 것이었다. 사람들을 기도해주는 동안 성령의 은사와 또한 치유의 은사도 나타났다. 사람들은 '미사'에 왔다가 곧 신자가 되었다. 새로 회심한 사람들은 그들의 가족들도 데리고 왔고 복음은 널리 전파되었다. 미카엘은 이런 방식이 긍정적이라고 느꼈다. 설교는 그 행사의 주인공들이었던 사람들의 관습과 스타일에 잘 들어맞는 방식으로 전달되었다. 회중들의 별도 가정 모임도 만들어졌다. 그 모임에 참여하는 것과 스프레도스 목사님의 설교를 듣는 것은 미카엘에게 큰 기쁨이었고, 그의 마음에는 하나님께로부터 임한 평안이 함께 했다. 교회의 회중 모임은 처음 미카엘의 하숙 주인의 집에서 열렸다. 그런데 모임이 커지자 새로운 가정예배들이 만들어졌다. 나중에는 20~30명의 신자들이 예배에 참석했고 그들은 로마 외교의 회관으로 이동하게 됐다.

그 사이 미카엘은 대학 근처로 이사하여 이탈리아계 유대인 커플과 함께 살았다. 그 아내는 휠체어를 타고 다녔다. 그녀의 남편은 너무 늙어서 더 이상 그의 아내를 돌볼 수 없었다. 미카엘이 그녀를 도와주며, 밖에도 데리고 나가주기도 했다. 그 외에 다른 부분들도 돌봐주었다.

스프레도스 목사는 정말 이스라엘을 사랑했다. 그는 메시아닉 유대인들의 삶이 어떠해야하는지에 대한 비전도 가지고 있었다. 그는 예수아를 믿는 미카엘이 그의 유대인 됨을 잊어야한다는 조언을 마주하는 것을 보면서 미카엘이 잘못된 방향으로 가는 것이라고 느꼈다. "이제 당신은 진짜 유대인인거요!" 스프레도스는 말했다. 그는 미카엘에게 그의 뿌리에 대해 좀 더 배우도록 회당에 나가기를 조언했다. 미카엘은 그의 조언을 받아들여 회당에 가기 시작했다. 그는 이것이야말로 그의 믿음 가운데서 진정 부족했던 부분이라고 느꼈다. 예수아를 믿기 시작한 이 래 그는 유대인 절기들이나 코셔의 음식 율법들이 그를 더 이상 묶을 수 없고 그는 모든 유대인 됨으로부터 자유하게 되었다는 말을 들어왔다. 그러나 스프레도스 목사님은 그가 유대인 관습을 지키는 것은 아직 그 들의 메시아를 알지 못하는 유대인들에게 좋은 간증이 될 것이라고 말 했다.

로마에서 미카엘은 이스라엘 사람을 단 한명도 알지 못했다. 그 전 시에나에서는 유대인 공동체가 꽤 작아서 이스라엘 사람들은 서로를 다 알았다. 미카엘은 이탈리아계 유대인들을 알았지만, 메시아닉 유대인은 한 명도 알지 못했다. 그는 로마의 회당에 갔고 주님께서 문을 열어주셔 서 이탈리아계 유대인들에게 복음을 전할 수 있게 됐다.

"저는 그들을 히브리어로 가르쳤고, 그들 아이들을 위한 바르 미쯔바 기념식을 준비했어요. 그리고 로마 외곽의 라디스폴리(Radispoli) 안 내소에 오던 러시아계 유대인들도 알 수 있는 기회가 생겼어요. 그들 과 제 신앙을 나눌 수 있었고, 나중에 제게 매우 중요해진 그들의 문 화에 대해서 많이 배울 수 있었어요."

미카엘은 설명했다.

이제 그의 역할은 니케아 그룹에 이스라엘 비전을 전하는 것이었다. 한 달에 한 번씩 이스라엘을 사랑하는 사람들은 스프레도스 목사의 그 룹이 '미사'를 드리는 같은 성공회 교회에 모여 이스라엘을 위해 기도했다. '이 이스라엘의 친구들'은 이스라엘로부터 기도편지를 받아서 안내 지침서로 사용했다. 미카엘은 이 예배모임에서 이따금씩 이스라엘에 관한 강의를 했다. 니케아 그룹은 또한 유대인 절기들을 기념하기 시작했는데 은혜롭게도 그 절기들 가운데서 그들은 메시아를 발견할 수 있었다. 그들은 가끔 자기들의 모임에 유대인들을 초대했고 그들이 초대에 응해 왔지만 그 당시까지는 초대받은 이들 가운데 아무도 예슈아를 만나지 못했다.

미카엘과 스프레도스 목사는 더욱 친해졌다. 둘 다 서로의 과거에 대해서 알게 되었다. 스프레도스 목사는 미카엘에게 그들이 만나기 전 있었던 이들에 대해서 이야기해 주었다. 스프레도스는 오랜 시간 싱글이었고 배우자를 갈망했다. 그는 하나님께 말했다. "전 이제 더 이상 혼자 살 수 없어요! 제발 제 인생에 딱 맞는 여인을 인도해주세요!" 그러던 어느 날 그는 어떤 교회에 꼭 방문해야겠다고 느꼈다. 교회 좌석은 딱 한자리만 빼고 꽉 차 있었다. 그 바로 옆자리에는 금발의 여인이 앉아있었다. 스프레도스는 하나님께 말했다. "아마도 저 여인 때문에 저를 오늘 이 곳에 데리고 오셨나 보군요. 그럼 제게 징표를 주세요. 저기 딱 한자리가 비어있는데 그녀 옆자리에요. 아마도 저를 위한 자리일 수도 있겠죠. 만약 저 아가씨가 그 옆자리로 이동한다면 저를 위한 징표로 알고 그녀와 데이트를 시작하겠어요."

예배 후에 그녀는 원래 그녀가 앉아있던 자리 옆자리로 이동했다. 스프레도스는 그 빈자리를 향해서 직행했다. 그는 그녀가 신자인지 물어보았다. 그녀는 신자라고 대답했고 스프레도스는 용감하게 이야기했다.

"저는 하나님께서 저를 이곳에 데리고 오셨다고 믿습니다." 그리고 그는 그의 기도에 대해서 설명하고 계속 말을 이어갔다. "저는 하나님께서 오늘 이 일에 관여하고 계신다고 믿습니다. 그 분은 우리가 함께 하길 원하실 거예요." 그녀는 인내심을 가지고 들어주었다. 그리곤 스프레도스가 물었다. "어떻게 생각하시나요?" 그러자 그녀가 대답했다. "제 남편의 생각이 어떤지 그에게 먼저 물어보시는 게 좋을 거 같네요. 그는 찬양팀에서 클라리넷을 불고 있어요!" 미카엘은 이 이야기는 때때로 우리가 함정에 빠지기 쉬운 슈퍼-영성(super-spirituality)의 좋은 예라고 생각했다.

결국 그 후 스프레도스 목사는 다른 아름다운 여성과 '안전하게' 결혼했다. 미카엘은 스프레도스 뿐 아니라, 그의 사모로부터도 많은 것을 배웠다. 한 번은 이런 이야기도 있었다.

스프레도스의 사모는 그녀의 회계 사무소에 같이 일하는 동료에게 예수님을 전해야한다는 마음이 있었다. 그 동료는 아름답고 성공한 여인이었다. 스프레도스 사모가 예슈아에 대해 전했을 때, 그녀의 동료는 비웃으며 거만하게 말했다. "잘 들어요. 내 인생에 부족한 거라곤 없어요. 난 예쁜데다, 페라리를 가진 부자 남자친구도 있다고요. 그 신앙이라는 게 내 인생에, 내가 가지지 못한 걸 더할 수 있는 게 과연 있겠어요?" 스프레도스 사모는 목사 아내로서의 삶이 항상 쉬운 건 아니고, 그녀의 남편의 봉급은 그리 많지 않다고 사실대로 말했다. 그 동료와의 대화는 거기에서 끝이 났다. 얼마 후, 그녀의 동료는 그녀의 남자친구와 휴가를 떠났고, 거기서 그만 사고가나고 말았다. 운전 중에 트럭이 충돌하여 둘 다

사망하고 만 것이다.

"우리의 마지막 순간이 언제 올지 우리는 결코 알 수 없다는 교훈을
　얻었죠."

미카엘이 덧붙였다.

니케아 그룹의 성도들은 다양한 종류의 인생 이야기들을 가지고 있
었다. 그 그룹의 한 여성에게 마씨모(Massimo)라는 믿음 없는 남편이 있
었다. 그는 예배모임에 왔지만, 항상 설교까지 머물러 있을 수 없는 변
명들을 늘어놓았다. 그는 축구팬이었고 늘 경기를 보러 가야한다고 말
했다. 그래서 그의 아내는 그와 함께 예배를 떠나야했다. "아, 이런 예배
들과 모임들이란!" 교회를 나서면서 그는 신음하듯 떠들어댔다. 그런데
상황이 변했다. 스프레도스 목사님은 시실리인 목사님과 아는 사이였
다. 스프레도스는 마씨모에게 시실리 섬의 항구도시 팔레르모에 큰 교
회를 담임하는 그 목사님을 만나러 가자고 제안했다. 마씨모는 원치 않
았지만 결국 동의했다. 펠레르모에 가기 위해서는 배를 타야했다. 그는
그 배에서 하나님께서는 그를 만져주셨고 그는 마음에 예슈아를 받아들
였다. 이제 그는 목사가 되었고 15년째 사역 중이다.

교회의 다른 여성도에게는 예배에 나오기를 절대로 원하지 않는 남
편이 있었다. 그는 오토바이 타는 것을 매우 좋아했고, 어느 날 그 역시

오토바이 사고가 났다. 그리 나쁜 정도는 아니었지만 다리가 부러져서 깁스를 해야만 했다. 사고가 나고 2주가 지난 후 교회는 일주일 동안 수련회를 떠났다. 그 아내는 이미 수련회비를 냈고 수련회 참석을 무척이나 원했다. 그러자 남자가 말했다. "당신이 가면 누가 나를 간호해주지? 그냥 내가 당신과 함께 가겠어. 깁스한 다리를 하고 나 혼자 집에 있을 순 없어." 하나님께서는 그 수련회에서 남자의 마음 가운데 일하셨고 그는 예슈아를 받아들이고 제자로서 살기 시작했다.

그 즈음 미카엘은 하나님께서 그에게 목회의 은사를 주셨다고 느꼈다. 그는 신자들을 모이도록 하고, 그들이 어떻게 지내는지 묻기도 했다. 그는 또한 전도도 했다. 얼마의 시간이 흐르고, 스프레도스 목사는 로마를 떠났다. 사람들은 그를 이어 누가 그들의 목사가 되어야하는지 하나님께 물었다. 마씨모가 선택되었다. 그는 초신자였고 나이 역시 어렸지만 하나님께서는 그를 사용하기 시작하셨다.

"마씨모는 겸손했어요. 하나님께서 그를 영예롭게 하시는 걸 우리도 볼 수 있었죠."

마씨모는 잠시나마 미카엘을 의심스러워했다. 그러나 얼마 지나지 않아 그 역시 이스라엘에 대해, 또 몇 가지 다른 주제들에 대해 가르치는 미카엘을 신뢰했다.

하나님은 여러 경험들을 통해 미카엘이 하나님의 자녀로서 가치 있는 삶을 살도록 인도해주셨다. 예를 들면, 학교까지 가는 길은 짧았음에도 미카엘은 버스를 타고 다녔다. 그는 항상 돈이 있었던 것은 아니었기 때문에 무임으로 승차하기도 했었다. 그러나 그는 곧 신앙인으로서 그런 행동은 하나님을 기쁘게 해드리지 못한다는 것을 배웠다. 그리고 어떻게든 정직하게 버스를 이용하기 시작했다. 얼마 후 비자를 갱신해야할 시간이 되었다. 그는 공식 서류를 위해 증명사진이 필요했다. 그때 로마에는 자동사진현상부스가 있었다.

"저는 정말 다급했어요. 바로 다음날 제출할 서류에 사진이 꼭 필요했거든요. 그 당시엔 화폐단위가 유로가 아니었고 이탈리아 리라였어요. 사진 값은 2000리라 정도였죠. 저는 그때 5000리라가 있었고 그 기계는 저에게 잔돈을 줘야 했어요. 그런데 그 기계가 잔돈은커녕 사진도 주지 않는 거예요. 똑같은 일이 세 번이나 일어났어요. 매번 새 기계였는데, 계속 똑같이 고장인거에요. 그 어떤 기계에서도 저의 돈도, 사진도 받지 못했죠. 그리곤 네 번째 기계에 들어섰어요. 제가 돈을 집어넣는데, 제 마음 가운데 주님이 말씀하시는 것 같았어요. '네가 버스에서 내야했던 값을 내가 가져갔다.' 그리고, 네 번째 기계에서는 모든 것이 잘 되어서 사진을 뽑을 수 있었죠. 때때로 하나님은 이런 식의 방법을 사용하셔서 그의 자녀들을 가르치세요."

미카엘은 그 사건을 되돌아보며 말했다.

크리스천의 삶이라는 것이 믿는 성도들과 살아가며 예배를 드리는 것이 다는 아니다. 미카엘에게 학업은 줄곧 어려운 일이었다. 그는 하루에 열네 시간씩 공부했다. 그는 집중하는데 어려움이 있었고, 다른 사람이 한 시간이면 될 것을 두 시간씩 걸려 해결하곤 했다.

"그때 사전(dictionary)은 정말 저의 좋은 친구가 되었죠."

미카엘은 웃으며 말했다.

특히 세밀한 항목들은 외우기가 정말 어려웠다. 그러나 그 어려운 학업 도중에도 미카엘은 예슈아를 전하려고 노력했고 때때로 그것 때문에 불합격하기도 했다.

그는 정신의학에 관심이 있었고, 그 분야를 전공하여 졸업하길 원했다. 시에나로 돌아온 뒤 그의 계획은 로마의 아동 신경정신병학의 권위자인 유대인 교수 밑에서 공부를 시작하는 것이었다. 그러나 그는 다른 교수 아래에서 성인 정신 의학으로 공부 분야를 바꿨다. 그 과정의 요구 조건에는 연구도 포함되어있었고 그의 주제는 '프로이트 학설에서의 해몽'이었다.

미카엘은 관찰자실에서 그의 교수와 젊은 여자의 대화를 보고 들을 수 있도록 허락을 받았다. 그녀는 거울 벽 뒤의 관찰자에 대해서는 전혀 알지 못했다. 그녀는 교수에게 불평했다. "저는 수 년 동안 치료를 받아 왔는데 전혀 도움이 되지 않아요. 아마 전 그저 하나님께 기도나 해야 할 거 같아요." 그 교수는 대답했다. "하나님에 대한 건 전부 잊는 것이 더 도움이 될 거에요!"

미카엘은 그녀에게 마음 깊은 상처가 있는 것을 보았다. 그는 스프레도스 목사가 그녀를 그녀의 속박으로부터 빼내줄 수 있을 것이라고 생각했다. 학생으로서 미카엘은 환자 기록부를 볼 수 있었고, 그녀의 전화번호를 찾았다. 그는 그녀에게 전화해서 그녀의 상황을 어떻게 알게 됐는지 설명했다.

"그녀에게 말했죠. '저는 하나님께서 당신을 치유하실 수 있을 거라고 믿어요! 당신을 자유롭게 해줄 목사님을 알고 있어요. 그가 당신을 위해 기도해줄 수 있을 거예요!' 그녀의 엄마가 그 전화 내용을 들었던 거 같고, 교수에게 전화했죠."

미카엘이 그 다음 날 학교에 왔을 때, 그 교수는 매우 화가 나서 말했다. "어떻게 네가 감히 이런 일을 할 수 있지? 네가 사탄 숭배자에게, 퇴마사에게 악마를 내쫓아달라고 내 환자를 보내겠다니! 그렇게 해서는 내 밑에서 그 어떤 연구도 할 수 없어! 앞으로 그 어떤 실제 연구 없이 그냥 이론으로만 연구해."

"교수의 환자에게 전화했던 건 제가 잘못한 거라고 인정해요. 하지만, 반면에, 그녀를 도울 수 있는 건 오직 하나님이라는 것을 보게 되었죠. 저는 그 일이 제게 벌어지도록 하나님이 허락하신 것 같았어요. 그래서 제가 프로이트의 정신분석학이 그녀를 도와줄 수 없다는 걸 볼 수 있게 말이죠. 그 일은 제가 정신 분석학에 너무 깊게 빠지지 않도록 막아줬어요. 또한 처음으로 예슈아를 따르는 자가 된다는 것은 대가를 치러야 한다는 의미도 알게 되었어요."

미카엘이 회상했다.

미카엘은 다시 지도교수를 바꿨다. 그의 다음 지도교수는 신경 정신병학 교수였고 리서치 주제는 '우울증과 그것의 심신 증상들'이었다. 그아이디어는 사람들이 신체적인 증상들로 고통을 토로하지만, 그것들 뒤의 진짜 원인은 우울증이라는 것이었다. 그 주제는 미카엘이 예수아를 믿기 전에 경험했던 것과 관련되어 있었다. 그 리서치에는 충분히 이론적인 면이 있었고 방대한 수의 책들로부터 필요한 자료들을 얻었다. 물론 그 연구는 실용적인 측면도 있었다. 미카엘은 400명의 의사들에게 설문지를 보냈다. 그 질문들은 대체로 이런 식이었다. "환자가 극심한 두통으로 찾아올 때, 당신은 또한 우울증의 증상들을 발견한 적이 있나요?"

"저의 학업에서도 저는 하나님과 그 분의 힘에 의존했던 것 같아요. 그분의 은혜로 저는 그 모든 것을 잘 진행시켰어요."

미카엘이 말하며 하나님께 영광을 돌렸다.

그는 또한 리서치 지도교수를 통해서 하나님의 사랑을 경험하기도 했다고 말했다. 그 교수는 이해심이 많았고 학생들을 잘 챙겨주었다. 학업에는 병원에서의 실기 시간도 포함하고 있었다. 그 교수는 학생들을 심장병동으로 데려갔다. 그는 학생들이 심장 박동을 듣는 법을 배우길 원했다.

그는 여자환자 한 명을 학생들 그룹으로 데리고 와 각자 한 번씩 그녀의 심장소리를 듣게 했다. 첫 번째 학생은 청진기로 들었다. 그는 그녀의 심장박동수가 보통보다 높다고 말했다. 그 다음 학생은 무언가 다른 소리도 들린다고 했다. 그렇게 저렇게 미카엘의 차례가 되었다. 그는 들어보고 또 들어봤지만 결국 "죄송합니다만 교수님, 제가 완전히 틀릴 수도 있겠지만, 저는 평범한 보통의 심장소리만 들립니다. 이 심장에 무엇이 잘못 되었는지 전혀 알아차리지 못하겠어요." 라고 말했다.

그러자 교수가 소리쳤다. "최소한 누군가는 진실을 말하는구나! 난 너희들을 시험해 보고 싶어서 건강한 사람을 데려와서 그 사람의 심장소리를 검사해보라고 한 거야!"

"그것은 제게 무엇이든지 있는 그대로 말하는 것이 중요하다는 것을 가르쳐준 교훈이었어요. 과거에 저는 그 부분에 있어 문제가 있었거든요. 제가 진실하지 못할지라도, 들키지 않기 위해서 순진한 척 해왔거든요. 이제 하나님께서 저를 도와주셔서 매번 용기를 가지고 질문한 사람에게 바로 가서 진실 되게 고백할 수 있기를 기도했어요. 그러기 위해선 제 스스로 겸손해져야했습니다. 제가 가져온 것이 빛 가운데로 드러나도록 해야 하는데, 원수가 그 부분에 있어 더 이상 힘을 가지지 못하게 되어야 제가 자유해질 수 있다는 것을 느꼈어요."

미카엘은 병리해부학 구술시험에 대해서 이야기해주었다. 이 분야는 매우 방대한 분량의 내용을 알아야만 했다. 그 학생들은 그들의 단기 기억력을 최대한 활용하여 밤을 새워 그 내용을 읽어서, 공부한 시간부터 시험까지 그들의 기억력의 수명이 가능한 유지 되도록 했다. 미카엘 또한 시험을 위해 밤을 새워 공부했다. 그는 본인이 진정 시험을 치를 수 있을지 의구심이 들며 두려워졌다. "저는 공부하고 공부했지만 여전히 제가 아는 건 하나도 없는 것처럼 느껴져요." 그는 하나님께 그를 도와 달라고 기도했다.

그리고 나자 갑자기 그는 자신이 지난 밤 소리를 내어 읽었던 책의 내용을 그대로 들었다. 자기 목소리로 들리는 책의 내용의 재현은 6시간동안이나 계속되었다. 시험 본 후, 시험관은 말했다. "네가 여기서 내 대신 가르쳐도 되겠구나. 정말 모든 걸 잘 알고 있구나!" 미카엘은 도대체 무슨 일이 일어난 건지 여전히 이해할 수 없다. 그것은 진짜 기적이었다.

"하나님께서는 제게 어마어마한 도움을 주셨어요! 결과적으로, 저는 제 성적표 전반에서 훌륭한 점수를 받았어요."

그는 기쁘게 덧붙였다.

"리서치의 점수도 가장 높은 점수를 받았고요. 저는 최우등생(summa cum laude)으로 졸업했어요. 외국어를 쓰는 학생으로서 그렇게 잘 할 수 있는 것이 가능하다고 생각하지 않았어요. 하나님은 제가 그

분을 신뢰한다면, 실제로 도와주신다는 것을 제게 보여주셨어요. 성경의 말씀 '내게 능력 주시는 자 안에서 내가 모든 것을 할 수 있느니라'(빌 4:13)는 구절처럼 말이에요."

졸업장을 받은 후에는 드디어 미래에 대해 생각할 시간이 되었다. 미카엘이 신자가 되기도 전에 받았던 예언의 말씀에 따르면, 그는 언젠가 이스라엘에 돌아가게 될 것이었다. 스프레도스 목사 또한 미카엘이 이스라엘로 돌아가 메시아닉 유대인으로서 삶을 계속해야한다는 생각을 전폭 지지하였다. 반면, 미카엘은 이탈리아가 집처럼 느껴졌고, 그 곳에서 의사로서 직업을 구할 수도 있었다. 이스라엘에서 의료업에 종사하기 위해서 그는 아주 큰 시험을 치러야했다. 그는 이스라엘에 머물 곳도 없었고 그를 기다려주는 친구들도 없었다.

미카엘은 그의 할아버지께 그의 졸업장을 보여드리려고 이스라엘에 방문했고, 그는 매우 기뻐하셨다. 그의 모국에 방문하는 동안, 그는 몇몇 메시아닉 유대인들을 알게 되었다.

"저는 고향을 잠시 방문했어요. 그러나 지도 교수님께서 제안하신 것처럼 저는 로마의 병원에서 일하기 위해 돌아올 것이라고 생각했어요. 저는 공원묘지에 가서 기도했어요. 하나님께서 제게 하신 모든 일로 인해 감사드렸죠. 저는 특별히 환상들을 보거나, 음성을 듣는 사람이 아니에요. 그러나 그 때 하나님의 음성을 들었어요. '너의 장소는 이 곳이다. 너는 돌아와야 한다.' 그것은 제게 아주 특이한 경험이었어요. 하나님의 그 말씀은 저의 태도에 극적인 변화를 일으켰죠. 그 전 모든 계획들과 반대로, 이스라엘은 이제 저의 단 하나의 목적지가 되었어요. 동시에 하나님께서는 제 마음 가운데서 일하셨어요. 저의 장소는 이스라엘이라는 것이 수긍이 되었어요.”

이스라엘 방문동안 그는 복싱선수 무하마드 알리(Muhammad Ali)처럼 그 스스로를 찬란한 아이디어들로 가득 채웠다. 이 아이디어들은 그가 독일에서 받았던 예언과 관련이 되어있었다. 그는 그가 만나는 모든 신자들에게 그 예언을 보여주며 그 자신이 새로운 모세라고 말했다.

“그들은 아마도 제가 예루살렘 콤플렉스(강박관념의 일종) 때문에 고통 받는 줄 알았을 거에요.”

미카엘은 웃었다.

그는 이탈리아로 돌아가서 그가 이스라엘로 다시 돌아갈 계획이라고 말했다. 그의 친구들은 놀라워했다. 14년 전, 그는 슬픈 기억들과 무거운 생각들을 가득 짊어지고 유학길에 올랐었다. 이제, 1993년이 되어 미카엘은 성공적으로 학업을 마치고, 구원받은 자로, 치유 받은 자로, 그의 고향으로 돌아가는 것이다. 그렇게 모든 것이 괜찮아보였지만, 이스라엘로 떠나기 두 달 전, 예기치 못한 일이 벌어졌다. 이전에 미카엘을 사로잡았던 무거운 기억들과 증상들이 돌아왔고 미카엘은 다시 주저앉아 그 땅으로 다시 돌아갈 수 없다고 생각했다.

"원수는 아무것도 변한 게 없다고 저를 설득했죠. 그 곳을 떠나올 때와 똑같이 이스라엘로 돌아가는 거라고 말이죠. 하지만 저는 그것을 받아들이는 대신 선포했어요. "아니! 나는 그 전의 똑같은 나로 돌아가는 게 아니야!""

미카엘은 마씨모 목사님에게 그를 위해 기도해달라고 부탁했다. 그는 또한 매일 밤 11시나 12시에 두 시간 산책을 나가 힘을 달라고 하나님께 간구했다.

"그 당시의 제 마음에는 이런 생각들이 있었죠. '이 모든 것들의 의미가 대체 뭐지?' 그러나 저는 덫에 걸리진 않았어요. 저는 종종 제 자신에게 시편 118편 17절을 말해주었어요. '내가 죽지 않고 살아서 여호와께서 하시는 일을 선포하리로다.' 이탈리아에서 저는 종종 복음주의 라디오 채널을 듣곤 했어요. 저는 또한 히브리어로 된 신약성경 카세트테이프를 들었어요. 저는 모든 방법으로 주님을 찾았어요."

미카엘의 추구는 헛된 일이 아니었다. 떠나기 일주일 전, 미카엘은 드디어 자유하게 되었고 건강한 마음, 육체, 영적인 상태로 이스라엘로 돌아갔다.

그는 이탈리아에서 살았던 신자로서의 삶을 이렇게 기억한다.

"주님을 향한 첫 사랑의 실제적인 시간이었으며 그 이후로 그와 같던 때는 없었어요. 제 기도 생활은 매우 격렬했으며 저는 주님께 가까이 살았죠. 그분은 저를 거두어드리시고, 저의 학업까지 수행해주셨어요."

06

약속의 땅으로 돌아가다

미카엘이 비행기로 이스라엘에 돌아갈 때, 그에게는 허용 가능한 최대치의 짐들이 있었다. 그것만이 아니다. 그는 이미 박스 세 개의 짐을 배로 보냈다. 그 박스들에는 크리스천 자료들이 들어 있었고, 대부분 카세트테이프였다. 사실 크리스천 관련 자료들은 매우 위험하게 여겨지는 것이었다. 이스라엘에서는 어떻게 해서든 금기시 하는 자료들이었다. 만일 박스 안의 내용물들이 발각되면, 물건의 주인 스스로 큰 위험에 빠질 수 있었다.

미카엘이 이스라엘로 건너온 지 반 년 정도가 지난 뒤 그 박스들이 이스라엘에 도착했다. 미카엘은 친구와 함께 세관으로 그것들을 가지러 갔다. 기다리는 내내 그들은 조용히 하나님께 기도하고 있었다. 왜냐하면 거기 유대인 세관원은 십중팔구 그 모든 박스들을 열어볼 것이 때문이었다. 그는 이미 엄격한 자세로 상자들 안에 무엇이 있는지 질문했다. 미카엘이 채 다 말하기도 전에, 그는 미카엘을 보며 말했다. "좋아요. 당신은 정직한 청년 같군요. 첫 번째 박스를 열어서 뭐가 있는지 좀 보죠!"

미카엘이 보는 앞에서 세관원이 칼로 박스를 뜯어 열었다. 거기에는 유대인이 기도할 때 착용하는 숄과 의사들이 사용하는 청진기가 맨 위에 있었다. "아, 당신은 의사인데다가 종교인이군요. 이것들을 더 이상 검사하지 않아도 되겠어요." 세관원이 진지하게 말했다.

"그것은 진정으로 기적이었고, 그 남자가 나머지 박스들에서 예슈아에 관련된 것들을 보지 않은 것은 하나님의 은혜였어요."

미카엘은 그 사건을 기억하며 눈을 반짝였다.

한편, 이스라엘로 돌아온 미카엘은 잠시 동안 그의 동생과 함께 살 수 있었다.

"저는 이스라엘로 돌아오고 싶지 않았지만, 주님께서 저를 고향으로 부르시는 것을 느꼈어요. 그 상황은 쉽지 않았죠. 저는 저의 모국의 집으로 돌아오는 것이었음에도, 거의 이민을 떠나는 것 같은 기분이었어요. 어느 정도 시간 아무것도 없는 상태에서 인생을 완전히 새롭게 시작해야만 했죠. 저는 종종 질문을 받았어요. '당신은 어떻게 그렇게 히브리어를 잘 하게 되었나요?' 제 히브리어에 이탈리아어 악센트가 들렸기 때문에 외국인으로 오해 받았던 것이에요."

미카엘이 웃었다.

동생의 집에서 어느 정도 시간을 보낸 뒤 미카엘은 예루살렘으로 이사를 했다. 거기서 임대아파트를 구했는데 어느 이탈리아 남자와 함께 공간을 나누는 방식이었다. 미카엘은 지금 텔아비브로 가고 싶지 않은 마음에 예루살렘으로 도망을 친 것이었다. 예루살렘에는 그를 알아보는 사람이 없어 관광객인척 할 수 있을 것이었다. 그의 부모님이 모두 돌아가신 텔아비브에는 슬픈 기억들이 너무 많았다. 같이 사는 이탈리아인은 유대인이 되는 일에 관심이 많았다. 미카엘은 그에게 예슈아에 대해서 말하기 위해 노력했지만 그는 결국 유대인 랍비가 되었다. 예루살렘에서 미카엘은 메시아닉 유대인 가수이며 복음전도자이며 부부인 배리(Barry)와 바트야 세갈(Batya Segal)을 알게 되었다. 그는 곧 그들의 교회에 출석하기 시작했다. 어떤 형제들을 통해서 또 다른 메시아닉 유대인 그룹도 알게 되었고, 그곳은 그의 두 번째 '모교회'가 되었다. 미카엘은 그 교회들 가운데 만들어진 가정예배들에도 참석했다. 보는 바와 같이 미카엘은 이스라엘로 돌아와 어느 정도 시간이 지난 뒤 바로 그가 정착할만한 공동체를 찾았다. 이탈리아에서 그는 신자의 성장에 있어 정기적인 예배모임 참석은 매우 중요하다고 배웠다. 그가 다니기 시작한 공동체들은 그가 꾸준히 신앙을 성장할 수 있도록 돕는 좋은 기반이 되어주었다.

그 당시 데렉 프린스는 이스라엘에 살고 있었다. 그는 미카엘을 개인적으로 만나고 싶어 킹 데이비드 호텔로 그를 초대했다. 그 곳은 대부분 외국 정치가들 혹은 정치적으로 중요한 사람들이 머무는 장소였다.

이후에도 미카엘은 여러 번에 걸쳐 데렉의 집에 방문할 수 있었다. 데렉 프린스는 매번 방문과 대화가 끝날 무렵 그의 방문객 미카엘을 위해 기도해 주었다. 그런데 어느 순간이 되자 그는 기도를 멈추었다.

"처음에는 더 이상 기도해주시지 않자 서운하더군요."

미카엘이 말했다.

"그러나 곧 프린스가 지혜롭게 행동했다는 것을 알게 되었어요. 그는 제가 한 사람, 유명한 성경교사와의 지나친 우정에 묶여있기를 원치 않았던 거죠. 제 마음의 우선순위는 하나님이어야만 했고, 저는 오직 그 분과의 교제에만 온전히 소속되어야했으니까요."

한번은, 프린스가 메시아닉 유대인 신자들을 갈릴리로 초대했다.

"우리는 거기서 하루 종일 그의 강의를 들었어요. 같은 장소에서 제자들을 가르치신 예슈아가 생각나는 그런 장소였어요."

미카엘에 따르면, 그 세미나는 이스라엘의 모든 메시아닉 유대인 공동체에게 중요했다.

"그때 저는 테드(Ted)와 그의 가족을 알게 되었어요. 저는 예루살렘에 있는 그의 큰 저택에 방문하곤 했는데, 그 곳엔 방문객들을 위한 게스트 룸들이 늘 준비되어 있었어요. 저도 언젠가 그와 같은 집이 있어서 사람들이 와서 머무를 수 있기를 꿈꿨죠. 얼마 전 테드(Ted)와 그의 아내 린다(Linda)는 그런 비슷한 집을 갈릴 리가 보이는 곳에 열고 '축복의 집'이라고 부르며 방문객들을 맞이하고 있어요."

미카엘은 바로 예루살렘 중심지에 살아서 메시아닉 유대인의 교회에 방문하기가 쉬웠다. 그는 메시아닉 유대인 교회가 진짜 무엇인지 배웠고 거기서 많은 동료 신자들을 알게 되었다. 그 즈음 미카엘은 그렇게 저녁에는 크리스천으로서 바쁜 일상을 보내면서, 낮 시간에는 이스라엘과 미국의 의료 활동에 어울리는 추가적인 수업을 하닷사 병원에서 들었다. 미카엘은 이탈리아에서 이미 유럽 기준에 맞는 의사가 될 수 있는 공부를 했었다. 하닷사 병원의 수업에 참여하는 대부분의 참가자들은 러시아인들이었다. 어떤 사람들은 그가 태어난 텔아비브 근처 도시 페타 티크바(Petah Tikva)에 있는 병원에서 수업을 들으면 좋을 것이라고 추천해주었다.

미카엘은 바로 페타 티크바로 이사했다. 동시에 그가 거주하며 공부하는 근처에 교회가 있고 목사님은 이탈리아 출신이라는 이야기를 들었다. 그 그룹은 미국 침례교가 소유하고 있는 '침례교인들의 마을(Baptist

Village)' 센터에서 모였다. 그는 그 교회에 출석하기 시작했고, 그 선택 역시 그에게 아주 좋은 결과를 가져왔다.

미카엘이 '침례교인들의 마을' 예배에 처음으로 갔을 때, 한 여성이 그에게 다가와 그녀의 딸을 위해 기도해달라고 부탁했다. 얼마 후 다른 사람들도 그에게 와서 그들을 위해 기도해달라고 부탁했다.

"저는 하나님께서 그들의 문제에 간섭해주시길 열렬히 간구했어요. 나는 그때 구도자를 위한 사역도 함께 했습니다. 그곳 목사 토니 (Tony)와 프레드(Fred)라는 장로는 누군지도 모르는 젊은 청년이 그들 교회의 지도자인 것처럼 행동하기 시작한 것에 대해 의아해하셨어요. 저는 그 분들께 잘못 했다고 고백했습니다. 그리고 장로들의 리더십 아래 들어가게 되기를 원한다고 말했어요."

미카엘이 그 때의 경험을 말했다.

처음 그는 그 교회에 소속되어 있는 한 부부와 함께 지냈다. 그러다 곧 그의 임대아파트를 구해 그 집을 나왔다. 그러나 교회의 소그룹 모임은 그 부부의 집에서 모였고, 미카엘은 그 모임에 적극적으로 참가했다. 아마도 거기에서부터, 미카엘이 성경에 대해 훌륭한 식견을 가지고 있다는 소문이 퍼진 듯했다. 어느 날 토니 목사가 미카엘에게 와서 말했다. "내가 보기에 당신은 가르치는 은사가 있어요. 우리에게는 텔아비브 중심지에 두깃(Dugit)이라는 메시아닉 전도 센터가 있습니다. 그곳에서 우리는 아비(Avi)라는 복음전도자와 함께 성경 수업을 시작하려고 해요.

당신도 그곳의 강사로 오시면 어떻겠습니까?" 미카엘은 두깃이 본인이 어린 시절을 보냈던 그 임대아파트 바로 옆에 있다는 사실은 전혀 모른 채 그의 제안에 동의했다.

"텔아비브 시내 중심에 그 복음전도센터가 서 있는 것을 본 순간, 하나님께서 이 모든 것을 계획하셨음이 틀림없다는 것을 알아차렸죠. 주님께서는 제가 저의 과거를 받아들이고 어린 시절과 청소년 시절 겪었던 고통과 기억들로부터 치유되기를 원하셨던 것이어요. 과연 자신의 과거를 마주대하는 것은 좋은 것이라는 게 증명되었죠. 그 후 제 속에 있던 상처들이 치유되는 것을 경험하기 시작했어요. 두깃은 사람들이 와서 차나 커피를 마실 수 있는 복지센터였어요. 저는 그곳에 오는 사람들을 성경 수업에 초대했어요. 사역은 성공적이었구요. 신자가 된 사람들 중에는 극단적 유대교도였던 젊은 남자도 있었어요. 그는 이제 이스라엘의 목사입니다."

토니 목사는 미카엘이 두깃 사역에 참여하며 잘 지내는 것을 보자 그에게 교회 안에서 더 많은 책임을 맡기기 시작했다. 미카엘은 가르치고, 설교하고 또 사람들을 위해 사역하기 시작했다. 그는 더불어 소그룹의 리더가 되었고, 그들을 위한 심방을 다니기 시작했다. 그 때 '궁핍한 자들에게 사랑'이라는 비영리 단체는 그 교회와 밀접하게 연결되어있었다. 그 단체는 물질적 필요가 있는 사람들에게 도움을 제공했다. 미카엘은 그 역할을 적극적으로 맡아 헌신했고 나중에는 그 단체의 회장이 되었다.

얼마 후 미카엘은 홀로코스트 생존자인 벨라(Bella)의 집으로 이사해 갔다. 벨라는 독일과 관계가 있었고, 심지어 미카엘이 예슈아에게로 가는 길에 매우 중요한 역할을 했던 위르겐을 잘 알고 있었다. 벨라를 통해 미카엘은 그녀가 참여하고 있는 '핑거 의사의 프로그램(Doctor Finger's Programme)'이라 불리는 사업을 알게 되었다. 그 프로그램 중에는 특정한 지침에 따라 수행하는 금식도 포함되었다. 핑거 의사는 미카엘이 의사로서 자신이 주도하는 치료 프로그램의 스텝으로 와 주기를 소망했다. 미카엘은 동참했지만, 곧 그의 길은 아니라고 느꼈다.

페타 티크바로 이사 온 후, 미카엘은 이스라엘에서 의료업에 종사할 수 있는 자격시험을 볼 수 있도록 학점을 주는 6개월 과정에 등록했다. 그는 더 많은 학점을 주는 상급자 과정에는 참여하지 않았다. 대신 그는 혼자 공부했다. 그 시험은 매우 어려운 시험이었다. 그래서 상급자 과정을 수료해서 얻은 여유분의 학점 없이 그 시험을 통과하는 사람은 거의 없을 정도였다. 시험을 본 후, 미카엘은 시험을 통과하기에는 1점이 부족하다는 걸 알게 되었다. 그는 하나님께 그가 의사로 종사하길 원하시는 것인지 보여 달라고 간구했다. 그러자 그는 하나님께서 "너는 시험에 통과할 수도 있었을 것이다. 그러나 나는 너를 위해 다른 계획들을 가지고 있다"고 말씀하시는 것 같은 응답을 받았다.

미카엘은 아예 '침례교인의 마을'로 이사했다. 그는 거기서 아침마다 자원봉사 일을 하고 대신 무상의 숙소를 제공 받았다. 오후에는 크파르 싸바(Kfar Saba)에 있는 메이르 병원에서 일했다. '침례교인의 마을'에서 꽤 가까운 거리였다. 병원에서 그가 한 일은 보통 이제 막 훈련을 받기 시작하는 신참들이 하는 일들이었다. 한편, '침례교인의 마을'에서 그가 사용하는 방은 조금 불편했다. 벽은 얇은 양철 판으로 만들어진 것이라서 매우 더웠다. 때때로 그는 생쥐들의 방문도 감내해야 했다. 얼마의 시간이 흐르고, 더 나은 장소가 가능해져서 그는 그곳으로 이사 갔다. 오늘날 '침례교인의 마을'은 많이 발전해서 손님들과 거주자들에게 안락한 방들을 제공해준다.

그러다, 미카엘은 직업을 바꿨다. 그는 이제 베이트 레빈스텐 재활의학 센터에서 일하게 되었다. 그곳에는 환자들은 심각한 부상을 입었고 어떤 환자들은 뇌손상도 있었다. 부상당한 군인들과 교통사고로 심각하게 장애를 입은 사람들이 있었다. 이곳의 모든 환자들은 재활 중이었다. 미카엘은 그가 이 일을 그리 오랫동안 하지 않을 것임을 알았다. 일은 힘들었지만, 그는 성실하고 열심히 하기를 원했다.

때때로, 환자들은 주말에 집으로 돌아갔는데 그들은 그 곳에서도 역시 도움이 필요했다. 미카엘에게 정규적인 일에 더해 근무시간외 수당이 나오는 주말 근무 요청이 들어왔다. 그런데 그 일을 한다는 것은 예배를 드릴 수 없게 됨을 의미했다. 이스라엘에서 예배는 그들의 안식일인 토요일에 드려졌다. 그가 만일에 그 요청을 수락하면 단순히 예배를 드리지 못하게 될 뿐 아니라 교회의 여러 직책들을 계속하기도 어려워질 것이었다.

하지만 미카엘은 그 근무시간외 업무를 하기로 결정했다. 주중에는 병원에서 일하고, 주말에는 상처 입은 환자들을 돌보는 것이었다. 그는 때로 환자의 집에서 잠을 자기도 했다.

　그러던 한 안식일에 불행한 사고가 일어났다. 그 날 아침, 미카엘은 돌보던 환자의 집에서 잠에서 깼다. 침대에서 일어나다 그만 열린 창문틀에 머리를 심하게 부딪쳤다. 그 충격은 너무 심해서 세상이 빙글빙글 도는 것 같았다. 엑스레이 촬영을 위해 병원에도 가야만했다. 그의 목은 일주일 내내 뻣뻣해 있었고 메스꺼움도 계속되었다. 매 월요일마다 미카엘은 교회의 기도 모임에 가곤 했다. 그런데 그가 나타나지 않자 친구들과 동료들은 그가 어디에 있는지 궁금해 했다. 그들은 모임 중간에 예레미야 17장 21-23절의 말씀이 미카엘을 위한 말씀이라고 감동을 받았다. 말씀은 이랬다. "여호와께서 이와 같이 말씀하시되 너희는 스스로 삼가서 안식일에 짐을 지고 예루살렘 문으로 들어오지 말며 안식일에 너희 집에서 짐을 내지 말며 어떤 일이라도 하지 말고 내가 너희 조상들에게 명령함 같이 안식일을 거룩히 할지어다 그들은 순종하지 아니하며 귀를 기울이지 아니하며 그 목을 곧게 하여 듣지 아니하며 교훈을 받지 아니하였느니라." 프레드는 그 다음 주 월요일이 되어 그의 뻣뻣한 목에 대해서는 전혀 모른 채 그 말씀 나눔을 미카엘에게 전해주었다. 결과적으로 미카엘은 안식일에 환자 돌보는 일을 그만 두고 교회에 참석하는 쪽으로 돌아섰다. 하지만, 그는 안식일 저녁에는 일했다. 유대인들이 저녁은 하루가 끝나고 새 날이 시작된다고 생각하기 때문에 그 시간에는 그에게 들어온 일을 감당했다.

"이 사건 후에, 저는 안식일 낮에는 절대 일하지 않았어요."

미카엘이 말했다.

"지체가 불편한 분들을 돌본다는 것은 무척 힘든 일이었어요. 장애가 큰 사람들과 함께 살아가는 것과 그들을 돕는 것을 배워야한다는 것을 깨달았어요. 저는 그 때 지금의 일에 성실하고 난 후에야 하나님께서 저를 당신의 일을 위해 부르실 수 있으시다는 걸 알았어요."

미카엘의 교회는 '침례교인의 마을'에서 6년째 모이고 있었고 그들이 기도하는 동안 몇몇 성도들이 교회의 새 장소에 대한 비전을 받았다. 그들은 크파르 싸바에 있는 공업단지의 아직 공사 중인 빌딩에서 적합한 장소를 찾았다. 드디어 그 장소가 완공되자 모든 것이 순조롭게 진행되는 것 같았다. 교회가 그 토지와 건물을 살 수도 있는 상황이었다. 그들은 다음 해에 헌당예배를 드릴 수 있겠다고 믿었다. 곧 헌당예배 초대장이 발송되었고 심지어 그것은 외국으로도 보내졌다. 재정의 상당 부분이 채워지긴 했지만 여전히 많이 부족한 상황이었다. 새해가 시작되기 2주일 전 쯤 건축자는 나머지 금액 지불을 요구했다. 그래야 교회는 진정한 그 땅의 소유자가 될 수 있었다. 그 건축자는 모든 금액이 지불되기 전까지는 전기도 설치하지 않을 것이고 열쇠도 주지 않을 것이라고 했다.

누구도 어떻게 해야 할지 몰랐다. 후원을 받을 수 있지 않을까 하는 소

페타 티크바의 침례교도의 마을은 미카엘이 메시아닉 유대인으로서 이스라엘에 정착하여 살 수 있도록 도왔다.

침례교 마을에서의 미카엘. 옆에 서 있는 사람은 미카엘의 네덜란 드 친구 안드레이다.

망을 가지고 토니 목사가 한국으로 떠났지만 결과는 여전히 그리고 굉장히 부족했다.

마침내, 교회의 책임자들이 기도하며 예배드리기 위해 이샤이(Ishai)와 아낫(Anat)의 집에 모였다. 미카엘도 참석했고, 프레드 장로와 그 당시 청년부를 담당하고 있는 카린(Karin)도 함께 하고 있었다. 그들은 주님께서 당신의 자녀들을 돌보신다고 약속하신 것에 대해 먼저 감사드렸다. "주님께서 신실하게 공급하실 것을 믿음으로 주님을 찬양하기를 원합니다." 그들은 기도했다. 그들은 새해가 되어 새 교회를 봉헌할 수 있을 것이라는 생각은 반드시 이루어지리라 확신했다. 그들은 주님 안에서 승리를 선포했다.

그 모임은 긍정적인 분위기 속에서 끝났다. 참석자 모두에게는 하나님의 응답에 대한 확신이 있었다. 지도자들이 그 집 복도에서 나갈 채비를 하고 있을 때, 전화벨이 울렸다. 뒤이어 기쁨의 비명소리가 들렸다.

그 전화는 프레드 장로의 아내 에바(Eva)로부터 온 것이었다. 프레드와 에바의 미국 친구가 그들의 재정이 부족하다는 것을 전혀 알지 못한 채 하나님께서 그를 강력히 권고하시는 음성을 들었다는 것이었다. "이 금액을 프레드가 장로로 섬기고 있는 교회에 주어라." 그 금액은 정확하게 교회가 필요로 하는 금액이었다. 그들은 기쁨에 차 헌당 예배를 드릴 수 있게 되었다.

미카엘은 또 다시 새 교회당 근처에 사는 친구 야론(Yaron)의 집으로 이사했다. 적은 돈으로 생활해야했기 때문에 그는 친구와 집을 함께 써야했다. 세간에는 '방황하는 유대인'이라는 말이 있다.

"제가 바로 그 방황하는 유대인 같이 느껴졌어요. 이 말의 뿌리는 유대인들이 나라에서 나라로, 이곳에서 저곳으로 방황해야만 했던 때로 거슬러 올라가죠. 어느 곳에서도 환영받지 못했고, 거절을 당했으며, 계속 떠돌아야만 했습니다. 저 또한 집을 매우 자주 옮겨야했어요."

미카엘은 늘 자연 근처에 살기를 꿈꿔왔다. 그러던 중, 그에게 사마리아에 있는 알페이 므낫세 정착촌(Alfei Menashe settlement)으로 이사할 수 있는 기회가 생겼다. 그 곳은 이스라엘에게 있어 전략적으로 중요한 곳이었다. 그 정착촌은 예루살렘으로 가는 길이 보이는 아름다운 언덕 위에 있었다. 바로 예슈아가 사마리아 여인을 만났던 사마리아 야곱의 우물이 있는 곳이었다.

"집주인이 일 년 동안 집을 비워야 해서 저는 그 집에 머무를 수 있었습니다. 그곳에서 저는 아름다운 자연을 벗 삼아 산책도 했고 걸으며 기도도 많이 했죠. 큰 도시들을 떠나 시골에 있을 때 자유를 느꼈어요. 저를 위해 이상적인 곳이라는 걸 깨달았죠. 제가 그 곳에 살았던 해를 아직 기억합니다. 이츠하크 라빈(Yitzhak Rabin) 총리가 그 같은 해에 총에 맞았거든요. 1995년이었어요."

미카엘은 토니 목사사를 찾아가 자신의 미래에 대해 어떻게 생각하는지 물었다. 미카엘은 이제 겨우 시험에 통과했고, 동시에 그는 교회를 위한 전임 사역자로서 부르심을 강하게 느꼈다. 언젠가는 아마도 목사가 되지 않을까하는 생각을 했다. 토니가 대답했다. "의사가 되는 것과 목사가 되는 것 모두 사명감이 필요해요. 그것들을 동시에 실행할 수는 없습니다. 금식하고 기도하며 하나님께서 어떻게 인도하시는지 보십시오."

미카엘은 꼭 의사가 목표가 될 필요는 없다는 권고를 받아들이고 토니 목사가 말해준대로 했다. 그는 목사가 되기 위해 시험을 치렀다. 미카엘이 목사로서의 부르심을 나눴을 때, 토니는 미카엘을 신학적으로, 그리고 실질적으로 이끌어주기로 동의했다. 토니가 미카엘을 훈련시키는 동안 그들은 함께 많은 사역을 수행했다.

"예를 들면 우리는 심방과 상담을 함께 했어요. 토니 목사님의 은사는 저의 은사와 비슷했던 것 같아요. 그런 부분에서 하나님의 인도하심을 느꼈어요. 토니 목사님은 제게 목자이시며 아버지셨어요. 목사들은 모두 다른 은사들을 가지고 있죠. 복음전도자일 수도 있고, 선생일수도 있어요. 그 옛날 독일에서 저와 관련해서 받았던 예언, 제가 이스라엘 사람들의 목자 혹은 목사가 될 거라는 예언을 저는 믿었습니다. 2년이 걸리든지 10년이 걸리든지, 하나님께서 저를 그 사역의 자리로 이동시키실 시간은 완전히 하나님께 달려있었어요."

일반적으로 사람들 사이에는 긴장감이 있기 마련인데 교회에서도 그랬다.

"사람들은 모두 다른 성격들을 가지고 있습니다. 그렇기 때문에 그들은 항상 서로 잘 지내지만은 않죠. 저희들 그룹에는 격한 분쟁이 있지는 않았어요. 목회 훈련 중의 일부는 예슈아의 모델에 비추어 용서를 기반해 불일치를 다루는 것을 배우곤 했죠. 일반적으로 그 교회에서 저는 사랑받고 있음을 느꼈어요. 토니 목사님이 저를 훈련시켜주었던 3년의 시간은 매우 결정적인 시간이었어요. 서로 다른 사람들과 사는 것 또한 하나님의 훈련의 일부였습니다."

토니와 함께 미카엘은 4년을 신학교에 다니며 전업 목사로서 적합한 삶을 위해 준비했다. 열 명도 안 되는 학생들이 4년 과정의 신학교에 다녔다. 잘 알려진 메시아닉 유대인 성경 선생인 노암 헨드렌(Noam Hendren)이 학교의 지도자였다. 책들과 다른 자료들은 미국으로부터 온 것들이었다. 학생들은 구약과 신약 모두 조직적으로 또한 실천적으로 배웠고, 목사가 되는 것에 관련하여 여러 관점들을 공부했다. 수업들은 이론적으로 날카로웠다. 그러나 미카엘은 헨드렌의 지도 아래 나눴던 각 주제와 관련된 대화들이 매우 긍정적이었던 것으로 기억한다. 미래 목사 지망생들과 이미 현장에 있던 목사들 사이에 영적으로 건설적인 상호작용 또한 많았다. 미카엘은 그 과정이 매우 유용했다고 생각했다.

신학교 과정 후에 미카엘은 심리 성서 상담학 관련 3년 석사 과정을 이수했다. 주로 심리학의 여러 가지 이론들, 성격 장애, 우울증, 공포와 손실 등을 다루었다. 상담 치료 과정 후 미카엘과 다른 학생들은 그 과정을 가르친 사람들과 정기적으로 만났다. 그 모임에서 그들은 사역에서 각자가 마주치게 되는 어려운 사례들을 다루었다. 그 모임은 지금까지도 계속되고 있다.

"신학 세미나와 상담 과정 모두 제게 이미 익숙한 것들이었지만, 새로운 것들 역시 접할 수 있었어요."

미카엘이 신학과정을 시작하기 전 언젠가 한 가족을 알게 되었다. 그들은 곧 가까운 사이가 되었다. 엄마의 이름은 할렐(Hallel)이었다. 그 이름은 '찬양'이라는 뜻인데 친구들은 그 이름이 그녀에게 정말 잘 어울린다고 생각했다. 할렐은 이스라엘에서 태어났다. 이후 그녀는 남아공에 사는 유대인을 만나 그와 결혼해 남아공으로 갔다. 그 부부에게는 세 딸이 있었다. 그리고 남아공에 사는 동안 할렐은 예슈아를 믿게 되었다. 그런데 그녀의 믿음은 남편과의 불화를 야기시켰고, 결국 그는 할렐과 십대도 채 되지 않은 딸들을 떠났다.

할렐은 딸들과 함께 이스라엘로 돌아왔다. 그녀는 미카엘이 다니던 교회에 합류했다. 딸들도 차례로 신자가 되었다. 그 딸들은 재능이 있는 친구들로 공동체에게 진정한 기쁨이었다. 그들은 교회에 광채를 더하는 존재들이었다. 그 어여쁜 딸들은 자라 복음전도 캠페인에 참석했다. 그때 둘째 딸 갈리아는 아일랜드 출신의 기독교인 데이비드를 만났고 그들은 아일랜드에서 결혼했다. 큰 딸 또한 결혼하게 됐고 막내딸은 군대에 입대했다. 그녀가 군대에서 제대한 후에 엄마와 함께 살지 않을 것은 분명했다.

할렐은 그 즈음 스코틀랜드에서 열리는 예수전도단의 상담 과정에 대해 듣게 되었다. 그녀는 상담에 관심이 있었기 때문에 그녀의 꿈을 이루고자 그 7개월 과정에 들어가기로 결정했다. 그녀가 떠나기 전, 그녀는 자신이 소유하고 있던 가구를 포함한 모든 소유물들을 팔아 주위에 나누어주었다. 교회 성도들은 그녀의 행동을 지켜보며 놀라워했다. 그녀는 주님께서 그녀에게 분명히 말씀하셨다고 했다. "때가 되면 내가 너에게 새 집을 줄 것이다!" 할렐은 가구 또한 그 새 집에 포함되어 있을 거라고 결론 내렸다.

할렐이 떠나기 전에 미카엘은 교회에서 마지막으로 그녀를 만났다. 그는 진정으로 바라마지 않는 듯 말했다. "그럼 7개월 후에 봐요!" 할렐역시 손을 흔들며 말했다. "그래요, 그 전에 휴거가 일어나서 주님의 사랑하는 자들이 하늘로 들려올라가지 않는다면. 그러나 아무리 늦어도 영원한 세상에서 봐요!"

할렐은 스코틀랜드로 떠났다. 그녀는 출산을 앞둔 임신한 딸 갈리아를 만나려고 아일랜드에도 갔다. 곧 출산할 때가 다가왔기 때문에 아기의 이름도 이미 지어둔 상태였다. 그들은 드라이브하러 나갔다. 갈리아가 운전했고, 데이비드는 그녀의 옆에 앉았으며 할렐은 뒷자리에 앉아 있었다. 그 때 갑자기 할렐이 "갈리아!"라며 비명을 지른 뒤 시끄러운 소리가 났다고 나중에 데이비드는 회상했다. 트럭과의 충돌이었다. 할렐과 갈리아는 그 자리에서 사망했지만 데이비드는 경상조차 입지 않고 멀쩡했다.

할렐과 갈리아의 슬픈 사망 소식이 교회에 전해졌을 때, 사람들은 계속 물었다. "왜?" 그 후 얼마 지나지 않아 그들은 주님께서 이 사건을 위해 비밀스럽게 할렐을 준비시키셨다는 결론에 이르게 되었다. 예슈아께서 할렐에게 새 집을 갖게 될 것이라고 말씀하셨지만 그 누구도 그 집이 이 땅 위가 아닌 하늘에 있을 것이라고는 예상하지 못했다. 미카엘 역시 천국에서 다시 만나게 될 그 행복한 날을 기다려야만했다. 그 슬픈 사건은 미카엘에게 하늘에 대한 갈망을 남겨 주었다. 할렐 가족은 미카엘에게 매우 소중했다. 그들은 심지어 알페이 므낫세 정착촌에서 1년 동안 이웃으로 살았기 때문이었다.

"남은 두 딸을 잘 보살펴주고 계신 하나님께 감사드립니다."

미카엘이 두 손을 모으고 말했다.

할렐만 떠난 것은 아니었다. 미카엘과 매우 친했던 교회의 장로, 프레드와 그의 아내 에바 역시 처음에는 다른 동네로, 그리고 후에는 그들의 고향 미국으로 떠나갔다. 이것은 미카엘의 삶과 관계에 있어 한 시기가 끝나고 새로운 장이 시작될 전조였다.

07

사랑과 로맨스

결국 미카엘은 여러 면에서 배우자를 찾아야하는 압박과 마주했다. 미카엘이 아직 젊었을 때조차, 그의 할아버지는 그에게 젊은 여자 의사들과 부유한 아가씨들을 소개해주려고 노력했다. 할아버지는 자기 스스로 '미카엘 결혼 계획'을 세우시고는 두 젊은이가 자연스럽게 만나도록 유인했었다. 미카엘이 크리스천이 된 후에 교회 성도들도 미카엘이 적당한 아내를 찾도록 격려하며 적합한 후보자들을 제안했다. 후보자들 가운데에는 외국인들도 있었다. 그러나 미카엘은 마음이 달랐다. 그는 하나님께서 그 분의 때에 자기에게 어울리는 사람을 데리고 오실 것이라고 믿었다.

미카엘은 항상 이렇게 기도했다. "제게 잘 어울리는 여인이라면 그 분이 먼저 저를 좋아하게 하지마시고 제가 그분을 먼저 사랑하도록 해주세요. 저는 제가 먼저 그녀에게 구애하기를 원합니다. 하나님, 저는 반대 상황을 원하지 않아요. 우리가 처음 만났을 때 그녀가 저에게 관심조차 없어도 좋습니다." 미카엘이 이스라엘로 돌아온 이후로, 그는 그 어떤 여인에게도 특별한 감정이 생기지 않았다.

"저는 제가 데이트를 해야 할 여자가 생기면 하나님께서 제게 완전한 확신을 주실 거라고 믿었어요."

미카엘이 웃으며 말했다.

그러다 언제부턴가 교회는 한 달에 한 번씩 이성교제와 결혼에 관련된 수업을 포함한 '싱글들의 밤'을 개최하기 시작했다. 어느 날 밤 텔아비브에서 온 한 학생 그룹이 그 모임에 참여했다. 그 중에는 마리안 (Marianne)도 있었다. 미카엘이 그녀의 이름을 알아낸 것이 아니다. 그는 나중에서야 그녀의 이름을 알았다.

"저는 단 일 초 만에 그녀를 알아차렸지만 우리는 서로에게 말을 걸지 않았어요."

미카엘은 회상했다.

그때 프레드 장로는 그가 만난 한 여인에 대해 미카엘에게 말하기 시작했다. 그녀는 하나님의 사랑으로 눈빛이 밝게 빛나는 마리안이라는 이름을 가졌는데 미카엘에게 잘 어울릴 것 같다고도 말했다. 같은 시기에, 미카엘의 친구 유벤투스(Jubentus) 역시 미카엘에게 딱 어울릴 아름다운 여인에 대해서 이야기하기 시작했다. 흥미로운 사건들이었다.

그 싱글들의 밤 이후 시간이 좀 흘렀다. 미카엘에 대해서 좀 더 알고 싶었던 어떤 젊은 자매가 미카엘에게 텔아비브 해변가에서 있을 학생들 모임에 오지 않겠냐고 물어봤다. 미카엘은 그 모임에, 프레드 장로와 유벤투스가 "추천해주었던" 스위스 출신의 마리안 역시 온다는 것을 들었다. 그래서 그는 그 학생모임에 갔다.

그 모임에는 미카엘이 아는 사람들이 많았고 마리안도 있었다. 그녀는 텔아비브에 있는 교회에 다니고 있었고, 미카엘은 크파르 싸바에 있는 교회에 다니고 있었다. 교회에서 그녀는 예배팀으로 섬기고 있었다.

"저는 그 곳에 도착해서 마리안을 보자마자 그녀에게 다가갔고, 우리는 대화하기 시작했어요. 조금 후에 보니 우리 둘만 걷고 있었고, 제 인생 이야기를 조금 나누고 있었어요. 그녀는 모든 사람들에게 열려 있었고 매우 친근했기 때문에, 제 이야기를 경청해주었고 그녀 역시 자기 이야기도 많이 했죠. 하지만, 그녀가 제게 관심이 있다는 특별한 징후는 없었어요."

미카엘은 회상했다.

"그 밤에 제가 그녀를 다시 만나거나 어느 행사에 그녀를 초대할 기회를 엿보며 기다리던 중에 그녀가 말했어요. '저는 이제 서둘러서 가야해요. 예배팀 찬양 연습에 늦지 않으려면 말이죠.' 그리곤 그녀는 떠났어요. 전 생각했죠. '그 어떤 일도 일어나지 않겠구나. 그렇지만 혹시 하나님께서 뭔가를 하실지 모르지...' 그 후로 저는 마리안을 2년 동안 보지 못했어요."

그 후 토니 목사는 미카엘을 어느 지도자 컨퍼런스에 초대했다. 그때 불행히도 미카엘의 차가 고장이 나고 어디도 가지 못하게 된 상황이 되었다. 토니는 기다리다 못해 강력하게 주장했다. "하지만, 당신은 꼭 와야만 합니다!"

"마지막 순간 하나님께서 직접 해결해주셔서 제가 갈 수 있게 되었어요."

그 큰 집회장은 사람들로 가득 차 있었다. 미카엘의 친구 유벤투스와 토니가 알아차렸다. "어, 저기에 마리안이 있어요. 이제 가서 그녀에게 커피를 마시자고 해봐요!" 쉬는 시간에 미카엘은 그들의 제안을 따라 마리안과 커피를 마셨다. 그 친구들은 다른 테이블에서 지지하는 몸짓을 보였다.

미카엘은 둘이 나눈 대화들 중 몇 가지를 기억했다. 마리안은 그녀가 성경 읽는 것을 매우 좋아한다고 했다. 그녀는 또한 교회에서 번역자로,

통역자로 섬기고 있다고도 말했다. 그녀는 독일어, 영어 그리고 히브리어에 능통했다. 그 사실들은 미카엘이 후에 그녀를 다시 만날 핑계가 되었다. 그는 예루살렘 근처 성경 번역가들의 집에서 일하는 자원봉사자들 몇 명을 안다고 말했다. 그 곳은 할보르 로닝(Halvor Ronning)과 그의 아내이자 필란드 출신의 카를로 시반토(Kaarlo Syavnto)의 딸인 미르자(Mirja)에 의해 운영되는 곳이었다. 이 번역가들의 모임은 매주 금요일 저녁 안식일 만찬을 함께 하기 위해 모였다. 당연히 마리안은 이런 종류의 번역에 관심이 있을 것이었다.

그것이 다가 아니었다. 마리안은 아직 대학에 다니는 학생이었고, 그녀는 기숙사에 살고 있었다. 미카엘이 말했다. "의사로서 제가 의학 서적이나 자료들을 읽어야 해서 거기 대학 도서관에 갈 일이 있어요. 제가 그 곳에 가면 가끔 함께 커피 한잔 할래요?" 마리안은 흔쾌히 승낙했다. 그래서 그들은 대학교에서 서로 몇 번 만나 시간을 함께 보냈다.

어느 안식일 전 날, 금요일 저녁, 둘은 함께 성경 번역가들의 집으로 가고 있었다. 그들이 집 근처의 아름다운 길을 걷고 있을 때 미카엘은 마리안에게 미래 자신의 아내가 유대인이어야만 한다는 생각을 하곤 했다고 말했다. 유대인들의 종교 체계에서는 오직 엄마가 유대인이어야지만 아이들이 유대인이라고 여겨지기 때문이었다. 그리고 그가 덧붙였다. "최근에 하나님께서 분명하게 제게 보여주시는 것은 내 아내가 유대인이어야 하는지 아닌지는 별로 중요하지 않다는 것이에요. 아, 오히려 정반대에요. 룻의 경우처럼 되어도 아주 괜찮다는 거죠. 그녀는 유대인이 아니었지만 보아스와 결혼한 후에 유대인의 일부가 되었잖아요." 유대인이 아닌 여자와 결혼할 경우, 종종 남자는 그 여자가 유대교로 개종하기를 기대한다. 그때까지 미카엘은 마리안과 그 자신에 대한 언급은 하지 않은 채 서로의 일반적인 관심사만으로 이야기했다. "게다가 저는 비유대인이 유대교로 개종해야한다고 생각하지 않아요. 심지어 사도 바울도 사람들에게 그들이 신자가 되었을 때 유대교도가 되지 말고 그냥 그 지위에 남아있으라고 말했잖아요." 미카엘은 그녀를 의식해 분명히 말했다.

훗날 마리안은 그 때 그의 말은 그녀를 향한 격려의 말처럼 느껴졌다고 했다. 미카엘은 부부에게 있어 가장 중요한 것은 예슈아 안에서 믿음을 나누는 것이라고 생각했다. 유대인과 비유대인 사이의 연합은 좋은 간증이 될 터였다.

그 날 저녁, 둘은 그 성경 번역가들의 집에서 좋은 시간을 보냈다. 그 전, 여러 해 동안 미카엘은 그 누구에게도 특별한 감정을 느끼지 않았지만, 이제 그는 사랑에 빠졌다.

마리안은 미카엘의 의도에 대해 혼란스러웠다. 그녀는 그저 학생이었고, 미카엘은 목사 준비생이었다. "미카엘이 나에게 무엇을 원하는 거지?" 그녀는 생각했다. 그 즈음, 그는 그녀에게 문자를 보냈다. "저는 사람 감정을 가지고 장난치지 않는다는 걸 당신이 꼭 알아주면 좋겠어요. 제가 만약 진지하다면 그건 정말 진지한 겁니다."

마리안은 잠시 스위스로 돌아가려는 참이었다. 그녀는 미카엘이 그녀에 대해 뭔가를 결심한 것이 틀림없다고 알아차렸다. 왜냐하면 그가 그녀를 텔아비브 해변 근처에 있는 괜찮은 이탈리아 레스토랑으로 저녁 초대를 했기 때문이었다.

그 초대가 있기 전에 미카엘은 그의 친구들에게 데이트에 대해 이야기했고, 그 친구들은 미카엘이 무슨 말을 해야 할지 조언을 쏟아냈다. 어떤 친구들은 미카엘이 그의 나이를 그녀에게 즉시 알려야한다고 했고, 다른 친구들은 나중에 하는 것이 좋겠다고 제안하기도 했다. 심지어 몇몇은 그가 그의 나이를 결혼할 때까지 비밀로 유지해야한다고까지 조언했다. 사실은, 미카엘은 마리안보다 열여섯 살이 더 많았다.

마리안과 레스토랑으로 가기 전 해변에서, 미카엘은 마리안에게 그의 인생에 대해 이야기해주었다. 물가 가까이에 있던 미카엘이 마리안에게 말했다. "많은 여자들이 저와 데이트하길 원했고, 그들은 제가 그녀들의 배우자감이라고 확신했어요. 하지만, 그들 가운데 그 누구도 하나님께서 저를 위해 보낸 사람이 아니라는 것을 알았죠. 저는 당신이 바로 그 사람이라고 믿어요. 저는 당신에게 저의 온 마음을 드리고 싶습니다."

침묵이 잠시 흐르고, 마리안이 대답했다. "...저는 그 마음을 받고 싶습니다!" 마리안이 미카엘을 보며 '예'라고 승낙했을 때, 미카엘은 말 그대로 실신할 만큼 긴장하고 있었기 때문에 곧바로 긴장이 풀려 주저앉을 뻔했다. 그는 결국 큰 돌에 걸려 물속으로 넘어졌다. 그의 바지는 찢겨졌고, 그의 다리도 찢어져 피가 났다. 마리안은 너무나 놀랐다. 홀딱 젖은 데다 피까지 흘리고 있던 미카엘은 본인의 나이를 그녀에게 아직 말하지 않았다는 걸 기억하곤 조금은 우스꽝스런 상황을 애써 이기며 말을 이었다. "그리고...당신에게 꼭 이야기해야할 더 심각한 사실이 있습니다. 저는 마흔 다섯 살이에요."

마리안은 조금도 당황하지 않고 한마디 했다. "제 아버지는 엄마보다 열다섯 살이 더 많으세요." 그때 마리안은 스물아홉이었다. 그 후 그 둘은 자기들에게 매우 실제적인 문제가 발생했음을 알게 되었다. 흠뻑 젖어 피 흘리는 모습으로 어떻게 레스토랑에 들어갈 것인지가 문제였던 것이다. 그러나 그들은 그대로 레스토랑으로 들어갔다. 가는 길에 꽃을 파는 사람을 발견하고 미카엘은 마리안에게 꽃을 선물했다.

스위스에서 마리안은 그녀의 부모님에게 미카엘에 대해 이야기했다. 이스라엘을 사랑하던 어머니는, 딸인 마리안이 그녀 가까이 살지 못하고 이스라엘에서 살아야하는 것을 알았음에도 너무나 즐거워했다. 다른 사람들은 사위될 사람의 나이, 직업을 물어보고서 힘들게 의학을 공부하고 의사가 되지 않고 대신 목사가 되려고 하는지 잘 이해하지 못할 것이었다. 그러나 마리안은 미카엘에 대한 확신이 있었다. 그녀의 부모를 포함하여 사람들이 미카엘을 만나게 되는 순간, 그들이 가졌던 의심들이 모조리 사라질 것이란 것을 알았다.

마리안이 이스라엘에 돌아온 후부터, 그녀와 미카엘은 제대로 된 데이트를 시작했다. 때때로 마리안은 미카엘과의 관계 속에서 스트레스를 받았다. 그러면 미카엘은 말해줬다. "이것이 우리를 향한 하나님의 계획이라면, 온전한 때에 모든 것이 분명해질 거예요. 이런 일로 스트레스 받지 말아요. 그저 서로를 알아가며, 서로를 생각하고 서로를 위해 기도하는 데에만 집중해 시간을 보내요!" 그럴 때마다 마리안은 매우 편안해했고 자유함을 느꼈다. 미카엘은 사랑하는 미리안이 마음대로 할 수 있도록 자유를 주었고, 미카엘의 그런 점은 마리안으로 하여금 그에게 더욱 가까이 끌리게 하였다.

마음 가운데에는 주님께서 그들을 만나게 하셨다는 확신이 있었고 그래서 그 만남을 보다 더 강하게 이끌어가고 싶었지만, 미카엘은 마리안에게 어떠한 압력도 가하지 않았다. 어느 순간, 마리안과 미카엘은 유대교로 개종하는 것에 대해 다시 대화했다. 마리안은 미카엘에게 그녀가 유대교로 개종하기를 원하는지에 대해 물어봤다. 마리안은 이스라엘 목사님의 아내들 중 유대인이 아니었다가 결혼하면서 유대교로 개종한 몇몇을 알고 있었기 때문에 질문했던 것이다. 그녀는 개종은 절대 하지 않을 것이었고, 결혼을 진행하는 어느 시점에 미카엘이 그녀에게 압박을 가하지 않기를 바라며, 이 문제를 확실히 해두기 위해서였다. 미카엘은 이런 식으로 대답했다. "당신이 개종할 계획이 혹시라도 있다면, 나는 도시락을 싸들고 다니며 당신이 개종하지 못하도록 말릴 겁니다!"

미카엘은 종종 대학에 있는 마리안을 만나러 갔다. 이스라엘 교회들은 약혼한 커플들에게 강좌를 듣게 하는 것이 관례였다. 그 강좌의 이름은 '네! 라고 말하기 전에(Before I say I do!, 결혼식 중 선언-역자 주)'였다. 토니 목사와 만나는 시간에 더해, 그 강좌에는 연습교재가 포함되어 있었다. 미카엘과 마리안은 매주 수업시간에 카페에서 그 교재의 질문

마리안과 미카엘의 이스라엘 결혼사진이다. 두 사람은 지금껏 하나님 안에서 건강하고 행복한
결혼생활을 이어가고 있다.

미카엘의 40세 생일을 축하하는 낙타 행렬이다. 그는 이 낙타타기를 마리안과의 결혼식에도
활용했다.

들에 답을 달았다.

그 당시 미카엘의 목사 훈련 과정은 거의 끝나가는 시점이었다. 미카엘은 이미 공식적으로 목회자로 청빙을 받았다. 목회자가 될 때 일반적으로 선배 목사는 목사가 되는 후배에게 안수례를 진행한다. 미카엘은 본인이 미혼 상태에서 목회자가 되는 것을 좋게 여기지 않았다. 그런데 미리안과의 연애는 아직 완성단계로 여겨지지도 않았다. 결국 그는 마리안과 좀 더 연애 기간을 갖고 서로를 더 알기 위해, 목사가 되고 청빙 받는 것을 정중하게 거절했다.

어느 날, 미카엘은 어느 하루 종일 같이 시간을 보내자고 마리안에게 부탁했다. 그날 아침이 되자, 그는 그녀를 수영장에 데려갔다. 둘 다 오래 수영하며 즐겼다. 그리고 오래된 고 가구로 꾸며진 식당이 있는 키부츠로 그녀를 데려가 점심을 함께 했다. 그들은 지크론 야콥(Zichron Yaakov) 아래 위치한 아름다운 해변에도 가 나머지 하루를 계속 즐겼다.

그 다음 장소는 하이파와 그 주변이었다. 갈멜산 기슭에 말 두 마리가 기다리고 있었다. 그들은 가이드를 따라 언덕 꼭대기까지 말을 탔다. 가이드는 그 곳에 그 둘을 남겨두고 떠났다. 해가 지려하고 있었다. 꼭대기에는, 각종 치즈들과 다른 음식들로 차려진 저녁 식탁이 준비되어 있었다. 식탁 중앙에, 반지가 들어있는 작은 상자가 있었다. 미카엘은 마리안에게 청혼했고, 그녀는 승낙했다. 그들은 이제 약혼한 커플이 되어 말을 타고 갈멜산을 내려갔다.

그들은 교회 샤부옷 축제(Shavuot celebration, 부록 참조) 때 약혼을 발표하기로 계획했다. 그 절기의 관습에 따라, 미카엘은 룻기에 관련된 설교를 했다. 그는 어떻게 유대인 보아스가 모압 여인 룻을 아내로 맞이 했는지 묘사했다. 설교 중간에, 그는 복도 중간에 서서 마이크에 대고 말 했다. "어제 반지를 받아준, 저의 룻을 여러분에게 소개하겠습니다." 마리안은 청중들 사이에서 일어났다. 교회 식구들은 모두 너무 기뻐 난 리였다. 사람들은 점프하고, 뛰고, 박수쳤다. 그리고 모든 사람들이 미 카엘에게 다가와 그들의 약혼을 축복해주었다. 이 날은, 2003년 6월 7 일이었다.

마리안은 여전히 텔아비브의 교회를 섬기고 있었다. 이스라엘에서 공 동체의 일부가 되는 것은 매우 중요한 문제였다. 미카엘은 마리안의 담 임 목사에게 그녀가 크파르 싸바 교회 공동체로 옮겨도 되는지 물어봤 다. 그 목사는 마리안이 떠나고 그들이 헤어지는 것을 경험해야한다는 것은 매우 유감이지만, 미카엘을 따라가는 것에 대해 당연하게 동의했 고 축복해주었다. 그래서 마리안은 미카엘이 섬기고 있는 크파르 싸바 교회로 옮겼다.

커플은 그해 안에 결혼하기로 결정했다. 약혼 커플들을 위한 "'네! 라 고 말하기 전에" 강좌에도 지속적으로 참석했다.

"약혼 기간이라는 것은 서로에 대해 더 깊이 알게 된다는 거죠. 또한 더 이상 다른 이성을 쳐다보지 않겠다는 뜻도 됩니다. 우리 둘 모두 에게는 매우 친한 친구들이 있었지만, 그 때부터 우리는 서로에게 가장 친밀한 친구가 되어야한다는 것을 이해하게 되었어요."

할아버지는 마리안을 매우 흡족해하셨고, 그녀를 만나는 것을 무척 좋아하셨다.

결혼식이 가까워졌을 때, 커플은 광야에서 예식을 치르기로 결정했다. 미카엘은 늘 광야를 사랑해왔다. 그러나 그는 자신이 그 장소를 좋아하는 것 때문에만 광야 결혼식을 결정한 것은 아니었다.

"광야는 상징적인 장소입니다. 그때까지 아내 없이 광야와 같은 곳에 서 살았지만, 이제는 모든 것이 변하리라는 것을 의미했죠."

결혼식 장소는 아주 큰 베두인 장막이었다. 결혼식 준비를 위해 교회에서 한 팀이 왔다. 그곳을 매우 더웠는데, 섭씨 40도 정도 되었다. 예식 준비의 총지휘를 맡고 있던 사람이 더위에 쓰러지기도 했다. 장막 안 사람들은 등받이가 없는 낮은 좌석에 앉아있었다. 밖에는 웨딩 캐노피, 후파(huppah)가 있었다.

2004년 5월 6일, 결혼식이 다가왔다. 미카엘의 동생과 그의 가족들을 포함하여 이백 명 정도의 하객들이 도착했다. 할아버지는 너무 아파 참석하지 못했다. '일곱 가지 축복'이라고 불리는 것이 식의 필수적인 부분이다. 일곱 명의 증인들이나 친구들 혹은 가까운 지인들이 각각 축복의 말을 전해주는 것이다.

　그 중 한명은 핀란드 출신의 릴리(Lyyli)였는데, 그 당시 여든 정도의 고령이었다. 미카엘에게는 핀란드 할머니로 불리는 여성이었다. 많은 지병들에도 불구하고, 릴리는 결혼식에 함께 했다. 이탈리아와 영국에서 온 하객들도 있었다. 스위스에서는 마리안의 절친 세 명만 왔다. 스위스에서는 결혼식을 한 번 더 치룰 예정이었다.

　미카엘은 사실 그의 결혼식에서 낙타를 타려고 했다. 그러나 약속된 시간과 장소에 낙타가 없었다. "이제 어쩌지?" 미카엘은 고민했다. 그는 근처에 집 한 채를 보고 들어가서 그곳 베두인에게 혹시 그에게 낙타를 빌려줄 수 있는지 물어봤다. 그 베두인은 허락해 주었고, 모든 것은 계획대로 진행되었다. 미카엘이 완벽하게 베두인 복장으로 낙타를 타고 나타났을 때, 사람들은 그를 알아보지 못했다. 그가 낙타에서 내릴 때, 속에 입고 있던 어두운 색의 양복이 드러났다. 마리안은 그녀의 신부들러리들과 준비되어 있었고, 음악이 연주되기 시작하자 들러리들의 뒤를 따라 마리안이 후파 밑으로 들어갔다. 연주되고 있던 노래 구절은 성경 아가서 2장 10절~13절이었다. "나의 사랑하는 자가 내게 말하여 이르기를 나의 사랑, 내 어여쁜 자야 일어나서 함께 가자 겨울도 지나고 비도 그쳤고 지면에는 꽃이 피고 새가 노래할 때가 이르렀는데 비둘기의 소리가 우리 땅에 들리는구나 무화과나무에는 푸른 열매가 익었고 포도나무는 꽃을 피워 향기를 토하는 구나 나의 사랑, 나의 어여쁜 자야 일어나서 함께 가자..."

　캐노피 아래에서 마리안은 미카엘에게 룻이 시어머니에게 했던 고백을 똑같이 읊었다. 룻이 그녀의 시어머니 나오미를 따라 이스라엘에 오던 길에 나오미가 룻에게 모압으로 되돌아가라고 하자 룻이 했던 고백이었다. "당신께서 가시는 곳에 나도 가고 당신께서 머무시는 곳에서 나도 머물겠나이다 당신의 백성이 나의 백성이 되고 당신의 하나님이 나의 하나님이 되시리니 당신께서 죽으시는 곳에서 나도 죽어 거기 묻힐 것이라"(룻 1:16-17)

토니 목사는 여러 마디 말들 가운데 특히 이런 말을 미카엘에게 전해 주었다. "기다릴 수 있는 자가 최고를 얻게 됩니다. 미키, 참으로 인내하며 잘 기다렸기 때문에 이제 가장 최고의 아내를 맞게 되었군요."

결혼식 이후에는 베두인 장막 안에서 멋진 식사가 베풀어졌다. 사실 음료에 약간의 문제가 생겼다. 이스라엘 결혼식에는 와인이 빠지지 않는데 그 장소를 소유한 베두인들이 무슬림이었기 때문에 그들은 자기들의 유리잔에 와인 담는 것을 허락하지 않았다. 그들은 유리잔을 일회용 잔으로 대체했다. 그래서 그 문제점은 쉽사리 해결되었다.

교회 성도들은 미카엘과 마리안의 사랑이야기를 노래로 만드는 등, 여러 가지를 준비해 와서 새로 탄생하는 부부와 고객들을 즐겁게 해주었다. '결혼식 왈츠'를 위해, 미카엘과 마리안은 멋진 춤 공연을 준비했다. 결혼식 피로연은 밤늦게까지 지속되었고, 커플이 춤을 출 때는 보름달이 밝게 빛나고 있었다. 모든 사람들이 함께 이스라엘 음악에 맞춰 춤췄다.

결혼식 하객들은 꽤 늦은 시간까지 남았다가 모두 떠나기 시작했다. 그 다음날, 미카엘과 마리안은 몇몇 친구들과 함께 스위스로 떠났다. 5

월 8일 스위스의 한 호적 등록소에서, 이번에는 엄숙하게 진행된 예식을 통해 둘은 공식적으로 부부가 되었다. 그들의 스위스 결혼식 피로연은 오래된 성에서 열렸고, 그 신혼부부는 마치 왕과 왕비처럼 멋진 마차를 타고 그 곳으로 이동했다. 그 행사는 신부의 가족과 친구들, 특별히 이스라엘 결혼식에 오지 못한 사람들을 위해 열린 것이었다. 무엇보다 독일에서 온 위르겐이 특별 손님이었다. 그렇다 해도 스위스의 결혼식은 이스라엘 결혼식보다는 약간은 조촐한 행사였다.

마리안과 미카엘은 신혼여행으로 스위스 알프스 자락에 있는 마리안 언니가 소유한 별장에 갔다. 이스라엘로 돌아오기 전, 그들은 마리안의 어머니와 많은 시간을 보냈다.

현재 마리안과 미카엘은 11년째 결혼 생활 중이고 미카엘은 그들이 함께 한 시간을 이렇게 묘사한다.

"먼저, 신혼에는 사랑과 행복뿐이었죠. 완벽해 보이는 사람과 사는 거예요. 모든 것이 새롭고 꽃들이 흩날리는 기분이랄까요. 처음 시작할 때는 서로를 기쁘게 해주길 원하지만, 천천히 그들은 서로 완전히 다른 사람들이라는 것을 알아차리기 시작해요. 저는 언제나 내가 원하는 대로 할 수 있는 독신남으로 46년 동안 살아왔다는 게 점점 분명해지기 시작했어요. 이제 저와는 다른 생각들, 필요들, 갈망들을 가진 또 다른 사람이 제 옆에 생긴 거예요."

미카엘은 조심스레 말을 이었다.

"만약 하나님께서 둘의 연합 가운데 계시다면, 이 때 그 분의 눈을 통해 서로를 볼 수 있도록 배우자들을 도와주실 것입니다. 용서가 필요하고, 무엇보다 그 분께서 가르쳐주시는 방식으로 사랑하는 것을 배우는 것이 필요하죠. 특히 상대방을 변화시키려고 애쓰지 않고 오히려 있는 모습 그대로 받아들이는 것이 중요해요. 이런 식으로 관계가 자유롭게 성장해갈 수 있다면, 참 사랑은 시간이 지날수록 더 깊어진답니다."

이것이 바로, 하나님의 은혜로, 미카엘과 마리안이 이룬 사랑 이야기이다. 그들의 사랑은 계속 성장하고 있다. 그들은 가장 힘든 시간들은 이미 지나갔다는 것에 대해 하나님께 감사한다. 그들 관계 가운데 더 이상의 기복이 존재하지 않는다는 뜻이 아니라, 이제 그들은 서로를 그들의 인생 가운데 가장 중요한 존재로서 바라보고 대할 수 있게 되었다는 것이다.

미카엘은 그의 영적인 상태를 이렇게 분석했다.

"제가 독신이며 신앙인이었을 때, 저는 제 자신을 매우 영적이며, 적어도 하나님의 사람이라고 생각했어요. 결혼한 이후로, 저는 제가 얼마나 세속적인지에 대해 보기 시작했습니다. 결혼이란 자아가 죽는 것을 의미해요. 모든 것을 상대방에게 거저 주어야합니다. 그러나 그게 다가 아니죠. 부부로서 이제 우리가 영적 성숙에 도달했다라고 생각했을 때, 그 때 둘에게는 자녀들이 생기게 됩니다. 그때 다시 제가 얼마나 많이 부족한 사람인지에 대해 보게 되었어요. 사도 바울이 했던 말을 이제 더 잘 이해하게 되었죠. '그러므로 감독은 책망할 것이 없으며 한 아내의 남편이 되며 절제하며 신중하며 단정하며 나그네를 대접하며 가르치기를 잘하며 자기 집을 잘 다스려 자녀들로 모든 공손함으로 복종하게 하는 자라야 할지며(딤전 3:2,4)"

그래도 그 가운데 좋은 점은 미카엘이 마리안을 처음부터 생명수가 넘쳐나는 샘과 같은 존재로 보았다는 것이다. 미카엘은 감사하여 말했다.

"마리안은 진실하고 참 좋은 아내입니다. 하나님은 늘 신실하시죠. 저는 배우자에 대해 제가 소망했던 모든 것을 지금 제 아내로부터 찾을 수 있어요. 제가 '그 적절한 배우자'를 기다릴 수 있도록 하나님께서 제게 은혜를 주셨어요. 일찍이 다른 신앙 있는 여인과 정착할 수도 있었던 것은 시험이었던 것 같습니다."

08

성장하는 교회의 목사가 되다

결혼한 지 2년 정도 되었을 때, 미카엘은 교회 개척과 관련된 장기교육을 받기 위해 미국으로 떠났다. 미카엘에 따르면 그 기간은 진정한 기도와 훈련의 시간이었다.

교육과정 동안 아프리카에서 온 한 학생이 미카엘에게 꿈에서 이스라엘 지도를 보았다고 말했다. 꿈에서 그는 지도의 어떤 특정한 지역을 손가락으로 지적하며 말했다고 한다. "이곳에 교회가 세워질 것입니다." 그가 미카엘에게 자기 꿈에 대해 이야기하자 미카엘은 이스라엘 지도를 그에게 가져 갔다. 미카엘이 가져온 지도를 한참 들여다 본 그 아프리카 남자는 본인이 꿈에서 가리켰던 지역을 손가락으로 짚어 보여주었다. 그곳은 텔아비브 근처의 리숀 레찌온(Rishon LeZion)이었다.

미카엘은 그가 미국 교육으로부터 돌아온 지 거의 일 년이 되던, 그 이듬해 유대력 새해를 기억한다. 미카엘이 섬기고 있던 교회의 목회지도 자팀과 토니 목사는 절기를 축하하기 위해 모였다. 각자 '새해'(부록 참고)를 위해 그들이 정한 꿈과 목표들을 나누었다. 미카엘은 다가오는 새해에는 하나님께로부터 임하는 뭔가 새로운 것을 기대한다고 나누었다.

그는 금식하고 기도하며 티베리아스의 갈릴리 해변으로 갔다. 그곳에서 그는 하나님께 무엇을 해야 할 지 어디에서 해야 할 지 그리고 그것이 언제일지에 대해 물었다. 그는 마리안과 함께 여러 가지 가능성들에 대해 계속 대화를 나누었다. 그녀는 갈릴리 호수 변 언덕 같은 시골 쪽으로 가는 것이 어떤지 이야기했다. 그리고 나서야 리숀 레찌온이라는 도시 이름은 미카엘 머릿속으로 다시 들어왔다.

"놀랐죠. 저는 진지하게 그곳으로 가겠다고 생각한 적이 없었거든요.
그러나 그 순간, 하나님께서 제게 말씀하시는 거라는 걸 알았죠."

미카엘이 회상했다.

리숀 레찌온은 '처음으로 시온에게'라는 뜻이다. 그 이름은 이사야서 41장 27절을 근거한다. "내가 비로소(히브리어 원문: 먼저, 처음으로) 시온에게 너희는 이제 그들을 보라 하였노라 내가 기쁜 소식을 전할 자를 예루살렘에 주리라"

리숀 레찌온은 19세기 말경, 성서의 땅에 처음 세워진 정착촌 중 한 곳이다. 이제는 이스라엘에서 네 번째로 큰 도시가 되었다. 러시아에서 이주해 온 이민자들이 인구수의 큰 부분을 차지하고 있기 때문에 종종 '러시안 찌온' 즉, 러시아 도시라고 불리곤 한다.

"전 하나님께서 제게 리숀 레찌온이라는 이름을 기억하게 하신 것처럼 느꼈어요. 그러나 여전히 마리안이 온 마음으로 동의하며 저를 따르기를 소망했죠. 저는 기도했어요. '주님, 만약 이 단어가 주님께로부터 온 것이라면 제게 하신 말씀을 마리안에게도 똑같이 해주세요.'

시간이 조금 흐른 후, 아침 모임에서 리숀 레찌온에 살고 있었던 한 신앙인이 마리안에게 말했다. "미카엘과 당신은 리숀 레찌온으로 와야만 해요!"

마리안은 이 남자의 강권하는 소리가 마치 사도행전 바울이 밤에 본 환상처럼 느껴졌다. "밤에 환상이 바울에게 보이니 마게도냐 사람 하나가 서서 그에게 청하여 이르되 '마게도냐로 건너와서 우리를 도우라 하거늘.'" (행 16:9) 그 순간, 마리안은 그들의 갈 곳이 리숀 레찌온이라고 확신했다.

그 당시 미카엘은 부목사로서 교회로부터 사역비를 받고 있었고, 마리안은 이따금씩 통역 일을 할 때였다. 그들의 수입은 적었지만, 그렇다고 모자라지 않았다. 그것으로 충분했다.

교회의 한 구역 모임은 리숀 레찌온에 있었다. 그 모임의 구성원들은 크파르 싸바에 있는 교회 성도들이었고, 예배가 있는 안식일마다 그들은 30킬로미터를 차를 타고 크파르 씨바로 이동해야했다. 거리가 꽤 있었고, 도시 밖으로 나가야했기 때문에 그들은 오랫동안 리숀 레찌온에 교회가 세워지기를 소망해왔었다.

당연히 그 성도들은 미카엘이 리숀 레찌온의 교회를 개척할 목사로서 적임자라고 느꼈다. 미카엘은 그곳 성도들에게 이 사안에 대해 목회 지도자팀에게 제안하기를 부탁했고, 구역의 지도자들과 토니 목사의 동의하에, 그는 리숀 레찌온의 그 구역 모임을 방문하기 시작했다. 그 때 토니 목사가 미카엘에게 리숀 레찌온으로 장막을 옮기기까지 일 년 정도 기다리라고 부탁했다. 왜냐하면, 미카엘이 크파르 싸바 교회에서 책임지고 있는 일들이 많았기 때문이었다.

리숀 레찌온 구역모임은 성장하기 시작했다. 그 모임은 공간이 더 넓은 한국인 에디 김의 집으로 옮겨갔다. 그리고 미카엘은 두 주에 한 번 안식일마다 예배를 인도하기 시작했다. 20명 정도의 성도들이 모였다. 그 모임에는 예배인도자가 없었다. 그런데 예상치 못하게 하나님께서 하이파 출신의 예배를 인도할 수 있는 한 성도를 보내주셨다. 그 청년은 멀고 힘든 여정임에도 불구하고 그들의 예배에 나오기를 원했다.

그들은 이제 하나님께 모임의 미래에 대해서 묻기 시작했다. 특히 교회를 실제로 개척해야 할지에 대해 기도하기 시작했다. 그들은 주님을 구하며 기도하고 금식했다. 하나님은 그들에게 새 교회가 세워져야한다는 것을 깨닫게 해주셨다.

구성원들은 곧 '하나님께 경배'라는 의미의 '트힐랏 야(Tehilat Yah)'라는 이름도 얻었다. 조금 후에는, 텔 아비브에 있는 한 교회의 러시아 말을 하는 구역 모임이 미카엘의 모임에 참여하기를 원했다. 그들은 모두 리숀 레찌온에 살고 있었다. 그들의 목사님과도 이야기를 끝낸 상태였다. 그리고 마침내 그들의 목사님과 크파르 싸바 교회 목회지도자팀의 축복 기도 속에서 새 교회가 리숀 레찌온에서 시작되었다. 미카엘은 목사의 직을 수행했다. 이윽고 그들은 모일 수 있는 더 큰 장소가 필요했고, 다른 교회로부터 장소를 임대할 수 있었다. 오늘날까지, 트힐랏 야는 여전히 같은 장소에서 모이고 있다.

2008년 1월 12일, 트힐랏 야 교회 개척 예배는 기쁨의 날이었다. 이스라엘 안의 여러 교회 목사님들과 외국에서 온 목사님들이 함께 축복해 주었다. 몇 해 전, 미카엘이 갈릴리 바다에서 기도했을 때 리숀 레찌온을 생각나게 하신 것은 하나님이었다는 것이 이로서 명확해졌다. 이제 그 말씀이 성취된 것이다.

"만약 우리가 자원하는 마음으로 신실하게 기다리고자 한다면, 결국에 가장 최고의 것을 얻게 된다는 것을 다시 배웠죠. 저는 이미 이 교훈을 결혼을 통해 배운 바 있었잖아요."

미카엘은 기쁘게 이야기했다.

교회가 아직 초기였을 때, 미카엘은 서로 다른 사람들 사이에서 연합하는 것에 관한 비전을 받았지만, 현실에서는 다른 사람들이 있는 모습 그대로를 서로 받아들이는 것이 쉽지 않았다.

"우리는 다른 사람들을 그들의 문화, 나이, 배경, 종교적 관점에 따라 비교하고 평가하려는 경향이 있습니다. 저는 여전히 예수아는 우리가 함께 걷기를 원하시며, 우리의 믿음의 걸음 가운데 가장 중요한 것 중 하나가 바로 주님 안에서 하나되는 것임을 강하게 믿고 있습니다. 요한복음 17장, 예수아께서 십자가 고난의 길을 취하시기 전에, 제자들에게 그 분의 마음 가운데 가장 원하는 것 즉, 연합에 대해 말씀하셨어요. 그 때, 주님은 그들에게 기도하라고, 복음을 전하라고 강권하시는 것이 아니라 하나가 되라고 하셨죠. '아버지여, 아버지께서 내 안에, 내가 아버지 안에 있는 것 같이 그들도 다 하나가 되어 우리 안에 있게 하사 세상으로 아버지께서 나를 보내신 것을 믿게 하옵소서.'(요 17:21)."

미카엘은 계속해서 공동체에게 사랑 없이 하나가 된다는 것은 불가능하다고 말했다. 다양성 안에서 연합하는 것에 대한 비전을 트힐랏 야 교회에 주셨을 때, 하나님께서는 미카엘에게 크기, 모양, 기질이 다 다른 돌들로 만들어진 벽을 보여주셨다. 미카엘은 각각 매우 다른 돌들, 그러나 살아있는 돌들로 만들어진 모임을 보살피고 있었다. 사랑은 돌과 돌 사이, 서로를 함께 연결시켜주고 지속시켜주는 모르타르 같다.

"오직 성령님을 통해 우리에게 임하는 하나님의 사랑만이 연합을 가능하게 합니다. 로마서 5장 5절에 '소망이 우리를 부끄럽게 하지 아니함은 우리에게 주신 성령으로 말미암아 하나님의 사랑이 우리 마음에 부은바 됨이니'라고 한 말씀과 같이 말이죠. 말하자면, 하나님의 사랑이 이미 우리 가운데 있고, 우리는 그에 대한 방해물을 사랑이 길로부터 제거해야 한다는 것이겠죠."

미카엘은 신중하게 말을 했다.

"교회 비전 중 하나는 유대인과 비유대인 사이의 벽을 예수아께서 허물어 없애셨다는 것입니다. 에베소서 2장 13~19절에 이르기를 '이제는 전에 멀리 있던 너희가 그리스도 예수 안에서 그리스도의 피로 가까워졌느니라 그는 우리의 화평이신지라 둘로 하나를 만드사 원수 된 것 곧 중간에 막힌 담을 자기 육체로 허시고 법조문으로 된 계명의 율법을 폐하셨으니 이는 이 둘로 자기 안에서 한 새 사람을 지어 화평하게 하시고 또 십자가로 이 둘을 한 몸으로 하나님과 화목하게 하려 하심이라 원수 된 것을 십자가로 소멸하시고 또 오셔서 먼 데 있는 너희에게 평안을 전하시고 가까운 데 있는 자들에게 평안을 전하셨으니 이는 그로 말미암아 우리 둘이 한 성령 안에서 아버지께 나아감을 얻게 하려 하심이라 그러므로 이제부터 너희는 외인도 아니요 나그네도 아니요 오직 성도들과 동일한 시민이요 하나님의 권속이라'고 하셨죠. 물론 제자양육 또한 이런 식의 하나 되는 교회 비전 성취의 중요한 부분이었습니다(마 28:18-20)."

미카엘이 말을 이었다.

"제가 이탈리아 목사님께서 제자에 대한 정의를 말씀하셨던 걸 기억하는데요. 그 분은 '모든 신자가 제자가 아니라, 모든 제자가 신자'라고 하셨죠. 제가 생각하기로 모든 신자들이 예슈아 십자가의 희생을 믿지만, 차이를 만드는 점은 제자는 자기들의 삶을 살아있는 희생으로 예슈아께 드린다는 겁니다."

미카엘의 강의와 같은 분위기의 이야기는 계속되었다.

"따라서 제자를 만든다는 것은 중요한 핵심입니다. 그 이탈리아 목사님은 제자를 정의하는 네 가지 특징을 설명해주셨어요. 우선 제자는 예슈아의 말씀에 근거합니다. 예슈아께서 직접 말씀하셨죠. 요한복음 8장 31절에서 예슈아는 '그러므로 예수께서 자기를 믿은 유대인들에게 이르시되 너희가 내 말에 거하면 참으로 내 제자가 되다'고 하셨어요. 말씀을 읽고 아는 것만이 아니라, 그 말씀을 우리 삶에 적용하는 것 또한 중요합니다. 요한복음 15장 8절에서 예슈아는 "너희가 열매를 많이 맺으면 내 아버지께서 영광을 받으실 것이요 너희는 내 제자가 되리라"고 하셨죠. 갈라디아서 5장 22~23절이 말하는 성령의 열매가 예슈아의 아홉 가지의 특성을 묘사합니다. 하나님의 영은 그 열매를 신자의 삶에 맺어지도록 애쓰십니다. 사랑, 희락, 화평, 오래 참음, 자비, 양선, 충성, 온유, 절제가 그것들입니다. 그런데, 성령의 열매와 은사들은 서로 다른 것들이고 우리는 둘 모두를 필요합니다. 데렉 프린스에 따르면, 우리는 이 두 가지를 새의 날개에 달린

깃털들에 비교할 수 있습니다. 새의 양쪽 날개에 각각 9개의 깃털이 있다고 가정해보죠. 한 날개는 성령께서 우리 안에서 일하시는 성령의 열매의 여러 부분들로 만들어졌고, 다른 한 날개는 그 은사들로 만들어졌다고 말이에요. 고린도전서 12장 8~10절에 나오는 아홉 가지의 은사들이 있습니다. 그것들은 하나님으로부터 값없이 주어진 것입니다. 지혜의 말씀을, 지식의 말씀, 믿음, 병 고치는 은사, 능력 행함, 예언함, 영들 분별함, 각종 방언 말함, 방언들 통역함 등이 바로 그 은사들이죠. 성경에서 언급하는 또 다른 성령의 은사들도 있죠. 새는 다섯 개로 구성된 꽁지깃을 가지고 있습니다. 우리는 그것들을 교회를 준비시키는데 필요한 사역 은사들로 생각할 수 있을 거예요. 그것은 에베소서 4장 11절에 나열되어있는데 그것들은 교회의 사역을 통해 제자가 맺는 성령의 은사와 성령의 열매 사이에 균형을 잡도록 돕습니다. 그 다섯 가지 교회 사역의 은사는 사도, 선지자, 복음을 전하는 자, 목사, 교사 등입니다. 이 모든 깃털들과 함께 균형과 조화를 이루는 가운데 제자라는 새는 날 수 있게 되 것입니다."

은사들을 사용하기 위해서는 성령의 열매가 얼마나 중요한지 설명하기 위해, 미카엘은 이런 비유를 사용했다. 만일 그가 그의 네 살 먹은 아들 마탄(Matan)에게 선물로 차를 주고는 그것을 운전하게 한다면, 결과적으로 대참사가 벌어질 수도 있다. 은사를 올바르게 사용하기 위해서는 성숙함과 겸손함이 요구된다. 그런데 성령의 열매만으로는 충분하지 않다.

"만약 당신의 친구가 두통이 있다면, 아무리 많은 동정심과 애통하는 마음이라 해도 그 두통에 도움이 되지 않을 거예요. 대신, 당신이 하나님의 치유 은사를 활용하여 손을 그에게 얹고 치유를 위해 기도할 수 있겠죠."

미카엘이 말했다.

다른 사람을 사랑하는 것 또한 제자됨의 일부이다. 부연하여 말하자면 예슈아께서는 요한복음 13장 35절에 "너희가 서로 사랑하면 이로써 모든 사람이 너희가 내 제자인 줄 알리라."라고 말씀하셨다.

"하나님의 본성은 사랑이십니다. 그리고 예슈아의 본보기를 따라 우리는 서로 사랑하는 것을 배울 필요가 있습니다. 다른 사람들을 사랑하지 못함은 종종 우리 자신을 사랑할 수 없는 것에 뿌리를 두고 있을 때가 있어요. 그렇기 때문에, 우리 마음 가운데 쏟아 부어지는 하나님의 사랑만이 우리를 변화시킬 수 있는 거죠."

미카엘이 다시 말을 이었다.

"자신의 십자가를 지는 것 또한 제자됨의 일부입니다. 예슈아께서는 '누구든지 자기 십자가를 지고 나를 따르지 않는 자도 능히 내 제자가 되지 못하리라'(눅 14:27)고 말씀하셨어요. 이스라엘의 신자들은 공산주의나 이슬람 국가의 보편적인 상황만큼 힘들게 살고 있지는 않지만, 우리도 역시 핍박을 경험합니다. 극단적인 종교 단체들은 공공장소에서 신자들의 생활과 활동들이 문제가 있다고 나타냄으로서 신자들을 궁지에 몰고 그들을 핍박합니다. 학교에서 아이들은 종종 예슈아를 믿는다는 것 때문에 고통을 받고는 합니다.”

미카엘의 말들은 그의 성격만큼이나 매우 명쾌했다.

“제자의 삶을 다듬는 것에 있어서, 저는 존 맥스웰의 지도자 과정 ‘채비(Equip)’에서의 그의 조언을 좋아하는데 내용은 이렇습니다. ‘신자가 그의 삶에 있어 세 명의 사람을 갖는 것은 좋다. 하나는 바울과 같이 영적인 인도자로 우리를 가르치고, 우리가 따를 수 있는 자다. 또 하나는 신뢰할 수 있는 친구로 바나바와 같은 자다. 우리의 죄를 고백할 수 있고, 정직하게 모든 걸 털어놓을 수 있는 믿을만한 절친한 친구가 필요하다. 세 번째로 영적으로 더 어린 신자와 관계를 형성하는 것은 좋다. 그가 우리로부터 배울 수 있고, 디모데가 바울에게 그랬던 것처럼 따를 수 있는 후배가 있다면 좋을 것이다. 예슈아 사역의 초점 중 하나는 마음이 상한 자를 고치고 싸매주는 것이었다(사 61:1-3; 겔 34:16).’ 흥미로운 이야기입니다. 예슈아께서 그 동일한 일을 여전히 지속하고 계시다고 저는 전심으로 믿습니다. 그래서 치유는 우리의 비전의 일부입니다. 우리 도시는 새 이민자들과 충격적인 경험을 하여 트라우마로 가득한 홀로코스트 생존자들로 가득해요. 그렇기 때문에 저는 사람들의 육체적 필요와 정서적 욕구를 위해 기도할 수 있도록 신자들을 훈련하는 겁니다."

미카엘은 스스로의 가정사를 돌아보았는지, 이 부분에 대해서 매우 진지했다.

다양성 안에서의 연합, 제자됨, 그리고 치유/회복은 트힐랏 야 교회가 처음부터 지금까지 가지고 있는 삼중 비전이다. 교회를 개척한 첫 해에 미카엘은 자신의 사역하는 교회의 신학적 토대를 정리했다. 미카엘과 모임 구성원들은 또한 서로에 대해 알아가기 위해 삶의 경험들을 나누고 경청하는 시간을 많이 가졌다.

"때로는 사랑과 하나됨을 주제로 가르치기도 하고, 그러는 가운데 이 따금씩 우리는 사람들의 특정한 은사를 발견하기도 해요."

공동체는 처음부터 성공적이었다. 사람들은 가족적인 유대감을 느꼈고, 미카엘을 그들의 영적인 아버지로 느꼈다.

다른 배경을 가진 사람들 사이의 연합이라는 비전은 꼭 들어맞았다. 2012년까지 트힐랏 야 교회는 히브리어, 러시아어, 핀란드어 그리고 스페인어를 사용하는 가정 모임들과 교회에 합류한 에티오피아 유대인 모임이 서로 다르게 존재하고 있었다. 사람들은 모두 다른 배경을 갖고 있었고 갓난쟁이부터 노인들까지 다양한 연령대로 이루어져 있었다.

트힐랏 야 교회는 어린이와 청소년 사역에 능동적이고 열심이다. 매주 예배마다, 아이들은 본인 연령대에 맞는 예배와 성경공부로 간다. 한

번 미카엘은 그가 중요하다고 생각하는 메시지를 마음으로 준비하고 있었다. 그는 그 어떠한 방해도 없이 분명하게 메시지를 전하고 싶어서, 제발 아이들이 예배당 밖으로 빨리 나가게 되기를 간절히 바랐다. 그는 예배 중간에 늘 그렇듯 아이들을 부르고 매우 짧게 기도를 해 준 뒤 각자의 반으로 보냈다. 그런데 그 때 그는 짧으나마 환상을 보았다. 아이들이 그 자리를 떠날 때, 예슈아도 그들과 함께 떠나는 것을 본 것이다.

> "그때 저는 예슈아께 말했죠. '제발 머물러주세요. 제 설교를 위해 당신이 필요해요!' 그러자 대답하시더군요. '아니, 난 아이들과 함께 갈 것이다!' 그리고 저는 아이들이 예슈아에게 얼마나 중요한지 다시금 깨닫게 되었어요. 시편 127편 4절은 말합니다. '젊은 자의 자식은 장사의 수중의 화살 같으니.' 우리 교회에는 지금도 약 스무 명 정도의 아이들이 예배에 와요."

모임에서 아이들은 어른들의 신실한 믿음 가운데 살며 믿음이 성장하는 것을 배운다. 그들은 성경을 배우고, 그들의 은사들을 훈련하기 시작한다.

> "아이들이 쉽게 관계를 맺고, 상황에 적응한다는 사실이 우리 사이의 서로 다른 문화적 간격들을 메우는데 도움이 됩니다. 교회의 십대들은 어린이 사역의 열매죠. 그들은 어린이 때부터 교회에서 자란 아이들이에요. 우리에게는 또 몇몇 청년들도 있습니다. 그들 중 몇몇은

군대에 복무중이기도 하고, 이스라엘의 다른 지역으로 이사 간 아이들도 있습니다. 때때로 그들은 청년 모임을 갖기도 하고, 다른 지역들에서 열리는 청년들을 위한 국가적인 모임에 참석하기도 합니다. 지금 교회에는 젊은 청년들을 포함해서 젊은이들은 열다섯에서 스무 명 가량 있습니다. 전체 교인수는 120명 정도 됩니다."

마이클이 교회에 대한 이야기를 이었다.

"젊은이들에게는 많은 은사들이 있어요. 그들은 극본, 노래들을 만들어 메시아닉 유대인 청년 잡지에 싣기도 해요. 그들은 또한 많은 컨퍼런스에 참여하기도 합니다. 몇몇은 핀란드에 두 번이나 방문하기도 했죠. 청년들은 한 달에 두 번, 교인들의 집이나 가끔은 우리 집에서 모임을 갖습니다. 핀란드에서 태어나서 이스라엘에서 여행 가이드로 일하고 있는 한 여성도가 젊은 세대를 많이 섬겨주고 있습니다. 그녀가 핀란드에 방문하는 것을 다 맡아서 그들의 가이드로서 역할을 해주었죠."

마이클의 트힐랏 야 교회에 대한 이야기는 이렇게 계속된다.

"우리는 또한 정기적으로 만나는 여성 모임과 남성 모임이 있어요. 남성 모임의 목적은 남성들이 아버지로, 남편으로, 그들의 가족의 영적 지도자로서 잘 성장할 수 있도록 도와주는 것입니다. 우리는 또한 매년 가족 수련회도 갖습니다. 싱글들은 그들만의 활동을 갖습니다. 우리는 비전 중 일부로 연장자들과 서로 다른 연령의 세대들이 세대 간에 서로 섬길 수 있을 적당한 프로젝트를 갖고 있어요. 우리는 그 때를 여전히 기다리고 있습니다."

트힐랏 야 교회의 예배팀은 교회의 경배와 찬양을 책임지고 있다. 탁월한 재능을 지닌 핀란드 출신의 피아니스트 한누 알라(Hannu Ala)는 예배팀이 안정적으로 자리잡는 일에 큰 영향을 끼쳤다. 그는 전심으로 주님께 올려드리는 음악을 만든다. 미카엘은 탁월한 재능을 가지고 있는 것이 예배의 중요한 요인이 아니라, 올바른 마음가짐과 팀의 일부로서 기꺼이 함께 일할 준비가 되어있음이 가장 중요하다고 말한다. 마리안 역시 수 년 동안 예배팀을 인도하고 있다. 오늘날, 그 팀은 합심하여 한 마음으로 하나님을 예배한다.

"어쨌든, 우리 교회 이름은 '하나님을 찬양'이라는 뜻입니다. 시편에 '감사함으로 그의 문에 들어가며 찬송함으로 그의 궁정에 들어가서 그에게 감사하며 그의 이름을 송축할지어다'(시 100:4)라는 고백이 있지요. 예배 동안 우리는 하나님의 치유를 경험할 수 있기 때문에 찬양은 또한 중요하죠. 가장 중요한 것은 손을 얹고 기도하는 것이 아니라, 찬양을 올려드리는 것입니다. 성경 역시 우리에게 이렇게 말합니다. '여호와로 인하여 기뻐하는 것이 너희의 힘이니라 하고'(느 8:10). 젊은 청년들 또한 한 달에 한 번씩 찬양예배를 위해 별도로 모이는 시간을 갖습니다."

그 찬양팀은 핀란드 사람들에 의해 세워진 모샤브, 야드 하쉬모나
(Yad Hashmona)에서 그들의 사역 최고의 순간을 경험했다. 야드 하쉬
모나는 키부츠 형식의 공동체로, 오늘날에는 메시아닉 유대이들을 위한
쉼터로서의 기능을 한다. 많은 메시아닉 유대인 교회의 예배 팀들이 함
께 모여 새 찬양들을 발표하는 콘서트에 트힐랏 야 예배팀도 참석했다.
그들은 거기서 마리안이 지은 두 곡을 발표하였다. 미카엘도 하프를 연
주하는 것으로 예배팀에 참여했다. 일 년 전쯤 잘 알려진 탐 헤스(Tom
Hess) 및 그의 그룹과 함께 헤브론(Hebron)을 방문했을 때, 미카엘은 하
프연주를 하게 되었다. 그 때 해리(Harri)라는 핀란드 남자가 하프를 들
고 왔다.

"저는 그저 하프와 함께 사진을 찍고 싶었어요. 제 손으로 하프를 만
지는데, 하나님께서 그것이 저를 위한 악기라고 말씀하시는 것을 느
꼈어요. 그 순간부터 하프 연주를 배우고 싶었고, 실제로 하프를 배
우기 시작했습니다. 조금 배운 후부터, 탐과 케이트 헤스(Tom &
Kate Hess)에 의해 만들어진 하프 연주 과정에 참석했습니다. 그 후
다른 스무 명의 연주자들과 함께 라맛 라헬(Ramat Rachel)에서 열린
탐 헤스의 신년 컨퍼런스 '컨보케이션(Convocation, 집회)'에서 하프
를 연주할 수 있게 되었죠. 저는 다윗이 그랬던 것처럼, 예배와 치유
와 위안의 도구로서 하프를 사용하는 연주가들이 더 많이 필요하다

고 믿습니다. 제가 하프를 들고 있는 사진은 트힐랏 야 교회의 웹사이트 시작 페이지에 있습니다."

미카엘이 미소를 지으며 이야기를 이었다.

"저희 교회는 복지 활동을 포함해 여러 가지 다양한 활동들을 하고 있어요. 예를 들면, 교회가 막 시작했을 때, 홀로코스트 생존자들을 도울 수 있는 기회가 주어졌었습니다. 우리는 수 년 동안 러시아 말만 하는 홀로코스트 생존자들의 집을 찾아다니며 번역과 통역의 도움을 주고 있던 한 미국여성을 만났습니다. 그녀의 목적은 이들에게 사랑을 보여주고, 그들의 이야기를 경청하는 것이었어요. 그녀는 특히 이런 식의 실질적인 행동이 그들에게 하나님의 사랑을 알게 하고 그들의 마음을 열어 줄 거라고 믿고 있었죠."

미카엘이 한 숨을 쉰 뒤 말을 이었다.

"제2차 세계대전 후 러시아 말을 하는 홀로코스트 생존자들 중의 대부분은 가난한 생활을 하도록 강요당했습니다. 전쟁이 끝나고 나서도 그들은 나치 강제수용소에서 공산주의 노동수용소로 이동되었어요. 그들의 고통은 계속되었어요. 애석하게도 이스라엘에서 마저도 그들 가운데 많은 이들이 가난과 결핍 속에서 터무니없이 부족한 정부의 도움으로, 혹은 그 도움마저도 받지 못하고 살고 있습니다."

미카엘이 의자를 바짝 당겨 앉았다.

"우리는 통역자들과 함께 홀로코스트 희생자들의 집을 방문하기 시작했습니다. 그들 중 많은 사람들이 더 이상 울 수도 없다고 말했어요. 왜냐하면 그들의 마음이 이미 굳어져 있기 때문에요. 우리는 그들의 이야기들을 들어주고 음식과 다른 필요 물품들로 그들을 축복해주길 원했습니다. 그들 중 어떤 사람들은 그들의 아픈 이야기를 그누구에게도 나누지 않은 사람들도 있었어요. 저희에게 특별한 기적과 같은 기쁨은 실비아(Sylvia)였죠. 그녀는 홀로코스트 생존자로 예슈아를 만나 믿게 되어 우리 교회에서 예슈아의 이름으로 세례를 받게 되었어요. 7년 전쯤 교회 개척하고 바로 뒤였는데요. 우리는 '마임 하임 히남(Maim Heim Hinam, 값없는 생명수)'이라 이름 지은 비영리단체를 만들었습니다. 마임 하임 히남은 세 가지 주요 목표를 가지고 있습니다. 메시아닉 교회에 하나님의 말씀을 가르치는 것, 교회성도를 포함한 예슈아를 믿는 신자든 불신자든 상관없이 가난한 자들을 도와주는 것, 그리고 홀로코스트 생존자들을 도와주는 것이죠. 음식 꾸러미를 나누어 주는 것에 더해, 우리는 그분들에게 종종 상품교환권을 주기도 하고, 어떠한 경우에는 의료비와 지방세, 주민세 등을 대신 지불해 주기도 합니다. 우리가 이 단체를 만든 것은 교회가 후원금을 받기 시작했기 때문이죠."

미카엘은 자기들이 이스라엘 정부의 행정 담당관들에게 선한 증인이 될 수 있도록 모든 것은 바르게 그리고 의롭게 진행되어야한다는 것을 알았다. 그는 단체의 이사이고, 마리안은 행정을 담당했다. 그들은 모든 회계 감사를 의기양양하게 통과했다. 이 단체는 지금도 홀로코스트 생존자들을 돕는 일에 열심히 집중하고 있다.

"예배팀의 도움으로 우리는 때때로 그 홀로코스트 생존자들을 위한 콘서트를 열기도 하고 그들이 외식을 할 수 있도록 데리고 나가기도 합니다. 그들에게 축하할 일이 있을 때 도와주는 것이죠. 그들 사이에는 동아리와 같은 모임이 있는데 저희 단체가 생일 파티를 열어주기도 해요. 우리는 그런 특별한 행사 때에 후원자 역할을 합니다. 물론 다른 여러 가지도 돕습니다. 우리는 홀로코스트와 게토 생존자들의 일들을 다루는 국가 단체로부터 가치 있는 일을 했다는 명예 증서를 받기도 했어요."

미카엘이 기쁜 얼굴로 설명했다.

"몇몇 외국 팀들과 단체들은 홀로코스트 희생자들을 위한 원조를 위해 우리와 함께 일합니다. 그들 중 하나는 '야드 에즈라(Yad Ezra, 도움의 손)'이라는 단체인데 핀란드 우시카우풍키(Uusikaupunki)에 있습니다. 그들은 재정을 원조해주고 정기적으로 자원봉사자들을 이스라엘에 보내어 희생자들의 집의 벽에 페이트 칠을 새로이 하는 등의 간단한 집수리들을 도와줍니다."

트힐랏 야 교회가 현재 임대한 장소가 너무 작아졌다. 처음 가정에서 예배드리던 시간을 제외하고 대부분 임대한 건물에서 사역해왔는데, 이제 교회는 예배나 기타 여러 활동에 비추어볼 때 보다 큰 장소를 필요로 했다. 사람들은 그 때 이후로 지금껏 지속적으로 장소 문제에 대해서 기도하고 있다. 교회의 확장은 단지 교회의 필요만을 채울 수 있는 곳이 아니었다. 마임 하임 히남의 활동들과 그 외 다양한 필요를 갖고 있는 이들에게 음식을 나눠줄 수 있는 근거지 또한 될 수 있는 보다 큰 규모의 센터를 구하는 문제이다(트힐랏 야 교회는 아직도 이 문제를 가지고 기도하고 있다. 이스라엘에서 메시아닉 유대인들이 그들만의 모임 공간을 갖는 문제는 보다 많은 준비를 필요로 한다-편집자 주).

2008년 미카엘은 홀로코스트를 기념하여 독일과 폴란드로 여행을 떠났다.

"'야드 베야드(Yad Beyad, 손에 손을 잡고)'라고 이름했던 이 여정 동안, 독일인과 유대인 학생들은 함께 홀로코스트와 관련된 장소들을 방문했어요. 독일인과 유대인 대표단들은 독일에서 우리의 숙소였던 어느 기독교 귀족 여성의 성 같은 집에서 만났어요. 우리는 서로를 알아가기 위해 일주일을 함께 보냈는데, 신뢰형성 놀이와 활동들을 통해 집단이나 공동체가 하나가 되도록 하기 위한 아이디어에서 나온 시간들이었죠. 우리는 우리 삶 가운데 용서와 화해의 기운을 찾는데 집중했어요. 숙소와 장소를 빌려준 그 기독교 여성은 우리를 위해 특별한 안식일 만찬을 준비해 주었어요. 그 저녁 만찬 손님들은 그 도시의 시장, 카톨릭 공동체 지도자와 독일 국회의원을 비롯하여 굉장히 광범위한 계층에 이르렀어요."

미카엘은 잠시 뜸을 들이고서 말을 이었다.

"저는 그 도시의 가톨릭교회에서 주일에 제 이야기를 나누고 설교를 해달라는 부탁을 받았습니다. 저희 모든 그룹이 저와 함께 그 미사에 참석했었어요. 그때 매우 특별한 일이 그 작고, 전통적인 교회에서 일어났어요. 그들은 예배가 끝난 뒤 이스라엘에 대해서도 가르쳐달라고 부탁을 한 것입니다. 그 도시 시장은 우리와 특별한 유대감을 느꼈고 우리 여행 목적에 놀라워했습니다."

미카엘이 계속 이야기 했다.

"그 다음 주에 우리 그룹은 폴란드의 크라쿠프(Krakow)로 향하는 열여섯 시간의 기차 여행을 시작했어요. 우리는 제2차 세계대전 동안 유대인 게토였던 지역에서 머물렀어요. 그 곳은 오스카 쉰들러(Oscar Schindler)의 집과 공장이 가까운 곳이었습니다. 오스카 쉰들러는 독일 사업가이며 기업 경영인이었어요. 그는 유대인 노동자들을 홀로코스트로부터 보호하기 위해 그의 엄청난 노력을 기울였던 것으로 잘 알려져 있습니다. 그는 그들을 그의 무기와 탄약 공장에서 계속 일하도록 함으로서 약 1,100명이 넘는 유대인들을 구해냈죠."[7]

미카엘이 두 손을 모았다.

"나머지 이틀 동안 우리는 그 악명 높았던 유대인 강제 수용소였던 아우슈비츠-비르케나우(Auschwitz-Birkenau)에 방문했습니다. 저의 할아버지가 종종 얘기하셨던 그 장소들을 제 눈으로 본다는 건 매우 중요했죠. 할아버지는 전쟁의 공포를 경험하셨고 나머지 인생을 그의 민족들에게 일어났던 일들을 기억하게 하는데 헌신하기로 결정하셨어요. 그는 또한 그들의 삶이 위기에 처하기까지 유대인을 도왔던 비유대인들을 찾아내기를 원하셨죠."

미카엘이 말을 이었다.

"그 죽음의 수용소는 지구상에 존재하는 지옥이라고 밖에 묘사할 수 없습니다. 그 장소들에 들어섰을 때, 제 자신을 수용소에 있던 수감자로 상상하는 일은 어렵지 않았어요. 유대인이라면 누구나 그랬을 것입니다. 유대인이었기에 통과했어야만 했던 그 모든 비인간적인 과정을 저 역시 감수하는 것 같은 느낌이었어요. 기차로 그 수용소에 도착하고 가스실에서의 죽음으로 가는 그 길목에 있던 여러 가지 모든 단계들을 거쳤을 그들의 자리를 따르는 저 자신을 상상하게 되었어요."

미카엘은 일단 숨을 골랐다.

"거기 있는 동안, 함께 한 이스라엘 사람들은 혐오감과 가슴 속 쓰라림으로 고군분투해야했습니다. 반면에 독일인들은 수치심과 죄책감을 직면해야했죠. 그 일을 지난 후 야드 베야드는 하나님의 도움으로 용서와 화해 그리고 연합을 만들어내는 것을 목표로 합니다. 그것이 바로 유대인과 독일인이 함께 손에 손을 잡고 파괴와 아수라장이었던 그 길을 함께 걸어야하는 이유인 것입니다. 그 경험은 진실로 격렬했고 우리는 그 때 우리가 힘든 감정들을 경험할 때 서로에게 어느 정도의 공간을 주어야한다는 걸 느꼈어요."

그 때 미카엘은 아주 특이한 경험 하나를 이야기했다.

"우리는 그 죽음의 수용소의 유대인 수감자들이 옷을 벗고 그들의 모든 소유들을 포기해야만했던 그 큰 방에서 성찬을 나눴습니다. 가스실에서 우리는 죽음을 기념하는 유대인 카디시 기도문(kaddish prayer)을 읽었습니다. 매우 힘들었죠. 하지만 동시에 우리는 그런 장소에서 어떻게 유대인과 이방인이 하나가 되는지 설명한 에베소서 2장의 실재 영향을 경험할 수 있었습니다."

이제 미카엘이 그의 경험을 정리했다.

"제게 있어, 그 여행은 매우 뜻깊고 중요한 경험이었어요. 내 친척 가운데 많은 이들이 홀로코스트에서 목숨을 잃었고, 그럼에도 불구하고 그 모든 것들이 주도된 독일에서, 독일인 신자 위르겐을 통해 저는 하나님을 만났습니다. 이 여정 중에 실제로 위르겐을 다시 만났는데 수년이 흐르고 그를 만나니 너무 좋았어요. 우리 모두 서로의 마음 가운데 하나님이 무엇을 하실 수 있는지를 경험한 증인들이었어요. 우리 그룹은 한 마음으로 뜻 깊은 경험을 함께 나누고 폴란드에서 독일로 돌아왔어요. 그것은 예슈아 안에서만 가능한 화해와 평화의 훌륭한 디테일의 본보기였죠. 우리는 손에 손을 잡고 걸었고 예슈아는 우리와 함께 걸었습니다. 독일과 폴란드에서의 제 경험은 이스라엘에서 우리와 함께 살고 있는 홀로코스트 희생자들을 돕고자하는 우리의 갈망을 더 강하게 했습니다."

미카엘의 독일 여행은 그렇게 끝났다.

트힐랏 야 교회는 많은 중요한 사건들을 경험했다. 예를 들면, 세례는 개인에게도 교회에게도 중요하고 아주 기쁜 행사이다. 미카엘의 생각에, 세례는 언제나 교회에게 특별한 순간이다. 세례는 실제로 격려와 연합의 근원이 되기도 한다.

미카엘은 세례에 대해서 꾸준히 '예슈아를 그의 마음에 받아들인 사람이 물 속으로 완전히 담금'이라고 설명한다. 신자의 세례는 예슈아의 죽음과 부활에 자신을 동일시하며, 그 신자는 옛 삶을 완전히 떠나고 하나님과 함께 새 삶 속으로 들어가는 것을 상징한다. 세례는 마음의 변화를 겉으로 드러내는 표시인 것이다. 예슈아는 무덤 속에서 삼일을 보내시고 다시 살아나셨다. 이스라엘인들에게 있어 세례는 실제로 어려운 단계이다. 왜냐하면 그것은 그들이 예슈아를 믿는다는 것을 공개적으로 고백하는 것을 뜻하기 때문이다.

트힐랏 야에서는 지난 수 년 동안 많은 세례 의식들이 있어 왔다. 교회 개척 후 얼마 되지 않았을 때, 기억할만한 세례 의식이 이스라엘북쪽 여행 가운데 계획되었다. 오십 명 가량의 성도들이 함께 참여하게 되었다. 날씨는 눈부시게 아름다웠고 사람들은 축하하고자 하는 기분이 최고였으며 함께 나누는 그 모든 과정은 훌륭했다. 그 행사는 많은 사람들이 요단강에서 침례를 받았을 때 클라이막스에 올랐다. 세례식 이후, 미카엘과 마리안의 친구들은 모든 교인들을 갈릴리 호수가 보이는 곳에 위치한 메시아닉 게스트하우스인 벳 브라카(Beit Bracha, 축복의 집)으로 초대했다. 그의 오랜 친구들, 테드와 린다는 점심을 제공해주고 그 날 임대했던 전세버스 값까지 자발적으로 지불해줌으로서 교회에 큰 축복이 되었다.

이 년 후쯤, 2세대 신자가 세례를 받았다. 그녀는 히브리어 홈 그룹 리더의 딸이었다. 그 행사를 위해 그의 온 가족은 이스라엘의 여러 교회에 다니고 있던 그들의 친구들을 초대했다.

"2세대 신자가 자신을 하나님께 순복함으로 더 깊은 방식으로 예슈아께 헌신하는 것을 보는 것은 매우 고무적인 일이었어요."

미카엘은 기뻐하며 말했다.

"대부분의 우리 교회 세례식은 지중해 해변가에서 진행됩니다. 즉흥적인 음악은 그 축하식의 일부이죠. 해변가의 사람들은 멈춰서 바라보며 우리가 무엇을 하는지 물어보곤 하는데, 그것은 우리에게 복음을 전할 기회를 주죠."

세례에 더해, 성찬식은 트힐랏 야 교회에게 또 다른 깊이 감격스러운 행사이다. 트힐랏 야 교회는 한 달에 한번 성찬을 기념한다. 미카엘은 성찬에 관해 그가 무엇을 생각하는지 말했다.

"우리의 죄를 위해 예슈아의 몸이 찢겨지셨고 피 흘리셨음으로 성찬에서 그 모든 것은 실재가 됩니다. 그 의식에서, 우리는 주님께서 우리를 위해 무엇을 하셨는지 기억합니다. 포도주와 빵을 함께 취하는 것은 거듭난 신자로서 그리고 하나 된 교회로서 연합을 가져다줍니다. 마지막으로 무엇보다 중요한 것은, 그것은 두 단계, 즉 하나님과의 그리고 우리 형제들과의 화해를 가져다주는 은혜의 도구라는 것입니다."

미카엘이 다시 강의를 이었다.

"제가 강조하고 싶은 사실은 그 어느 누구도, 그들이 지었던 죄 때문에 성찬식으로부터 멀리해선 안 된다는 것입니다. 그 어떤 것보다도 성찬은, 우리가 죄가 있다면 그것을 회개해야한다고 우리를 상기시켜주는 도구입니다. 성찬식에 참여하기 전에 우리는 자복하고 회개할 수 있습니다. 그러면 그 사람은 자유로움과 기쁨으로 성찬에 참여할 수 있게 되는 겁니다. 목적은 우리가 더욱더 예슈아와 닮아 변형되는 것입니다. 첨언하자면, 지도자들이 죄를 지었으면 성찬에 참여하지 말라고 할 때, 그들은 대부분 눈에 보이는 죄에 집중하는 경우가 많습니다. 그러나 용서하지 못하는 것, 쓴 뿌리, 욕심 등과 같은 마음속 눈에 보이지 않는 죄도 있을 수 있습니다. 그러므로 우리는 성찬에 참여하기 전에 심사숙고하며 하나님과 그리고 다른 형제 자매들과 화해할 수 있을 시간을 가져야합니다. 저는 언제나 부부들에게 성찬에 나오기 전에 둘 사이에 무엇인가 있다면 제대로 바로 잡고 성찬에 함께 나오기를 열심히 주장합니다."

교회의 각각의 성도들은 그들만의 역사가 있고 모든 성도들의 이야기는 개별적으로 모두 중요하다. 트힐랏 야 교회에 나온 한 젊은 여성은 늘 악몽으로 고통 받았다. 그녀는 어려서부터 악몽에 시달렸는데 그녀는 그것이 매우 두려웠다. 어린 아이로서, 그녀는 신비한 것들과 그것에 동반하는 두려운 현상들에 맞닥뜨렸다. 사탄은 그녀의 꿈에 나타났고, 그녀는 잠들기가 두려워 불면증에 시달렸다. 그 때 사람들은 그녀에게 복음을 전했다. 그러자 예슈아가 구원자라는 믿음이 그녀 안에서 생겨났다. 교회에서 그녀의 믿음은 점차적으로 성장했고, 그녀를 위해 중보기도도 많이 했다.

몇 달 동안 하나님을 향한 신앙을 키어온 후, 어느 날 저녁 그녀는 하나님으로부터 계시를 받았다. 말하자면 예슈아를 본 것이다. 하나님은 그녀를 만지고 격려하길 원하시며 그녀에게 희망을 주기를 원하셨다. 그 계시 이후, 그녀는 세례 받았다. 그렇게 교회에 처음 나오기 시작했을 때부터 일 년이 지난 후 그 젊은 여성은 세례와 더불어 오래된 악몽의 고통으로부터 완벽하게 자유로워졌다.

그 외에도 이런 일도 있었다. 교회에서 진정한 기도 용사인 베라(Vera)는 그녀가 일하는 큰 카페테리아에서 사고를 당했다. 실수로 미끄러지는 바람에 균형을 잡기 위해 그녀는 끓고 있던 기름 냄비의 손잡이를 잡았고 그 냄비는 그녀에게 쏟아졌다. 마지막 순간에, 한 동료가 베라를 잡아당겼다. 다행히 그 기름은 그녀의 얼굴에 튀기지 않았고 먼저 벽에 부딪혔다. 그리고 그 벽에서 다시 베라에게 쏟아졌다. 그녀는 등 아랫부분과 오른쪽 손과 다리에 화상을 입었다.

병원으로 가는 길에 베라는 미카엘에게 전화했다.

"굉장히 차분한 목소리여서, 무슨 일이 벌어졌던 건지 알아차리기까지 시간이 좀 걸렸어요."

미카엘은 회상했다.

병원에서 의사들은 베라가 그 어떤 고통도 느끼지 못하자 걱정했다.

그들은 그 기름이 그녀의 신경들을 죽였다고 추측했다. 교회 전체는 그녀를 위해 중보했고, 많은 사람들이 병원으로 그녀를 찾아갔다. 미카엘 또한 베라를 방문하고, 그녀에게 기름을 바르며 기도했다.

대략 십일 정도 다양한 검사를 한 후, 의사들은 베라의 신경들은 전혀 손상되지 않았고, 다리의 적은 부분에만 피부 이식 수술이 필요할 것이라고 결론을 내렸다. 의사들은 기적이라고 했다.

외국인들이 이따금씩 트힐랏 야에 방문하곤 한다. 2012년 봄, 교회는 우간다에서 온 목사 한 사람을 모시게 되었다. 그는 젊은 남자였고, 여섯 명의 아이를 둔 아버지였다. 무슬림들이 그의 나라에서 그를 공격하여 그의 얼굴과 머리에 산을 뿌렸다. 그는 심각하게 부상을 입었다. 그의 배교에 대한 앙갚음이었다. 무슬림으로 태어났지만 기독교인이 되었을 때 그는 이슬람을 버린 것이다. 그렇게 부상당한 후, 이스라엘 정부는 그가 치료받을 수 있도록 이스라엘로 그를 초대했다. 그는 많은 수술을 받았고 치료 또한 잘 받았다.

그 우간다 목사는 신자가 겪을 수도 있을 교회의 핍박에 대해 상기시키며 트힐랏 야 교회 성도들을 바울의 말로 격려했다. "누가 우리를 그리스도의 사랑에서 끊으리요 환난이나 곤고나 박해나 기근이나 적신이나 위험이나 칼이랴 기록된 바 우리가 종일 주를 위하여 죽임을 당하게 되며 도살 당할 양 같이 여김을 받았나이다 함과 같으니라 그러나 이 모든 일에 우리를 사랑하시는 이로 말미암아 우리가 넉넉히 이기느니라 내가 확신하노니 사망이나 생명이나 천사들이나 권세자들이나 현재 일이나 장래 일이나 능력이나 높음이나 깊음이나 다른 어떤 피조물이라도 우리를 우리 주 그리스도 예수 안에 있는 하나님의 사랑에서 끊을 수 없으리라"(롬 8:35~39).

09

트힐랏 야에서의 나눔

카이야 타이발의 눈

　안식일 오후 4시. 카이야 타이발은 마리안 야론, 통역을 맡은 안야와 함께 리숀 레찌온의 어떤 허름한 창고 마당에 도착했다. 그 창고 안에는 주황색 플라스틱 의자들이 놓인 평범한 강당이 있었다. 모임은 5시 시작이었지만, 미카엘과 그의 아이들은 먼저 와 있었다.

　아이들은 마당에서 따뜻한 태양아래 놀고 있었다. 봄날이었고, 아마도 섭씨 25도 정도였던 것 같다. 강당에는 한 어르신이 빛나는 다윗의 별이 있는 가디건을 입고 의자에 앉아 있었다. 음향 장비가 조정 중이었다. 강당에는 큰 소리를 감당할 수 있는 큰 스피커들이 있었다. 사람들이 속속들이 도착하고 있었다. 강당은 행복한 대화 소리로 가득했다. 모든 사람이 물병을 들고 있었다.

몇몇은 안야와 나에게 자기들을 소개했다. 사람들은 모두 다른 출신 배경을 가지고 있었다. 한 가족은 우크라이나에서 캐나다로 이사했다가 다시 우크라이나로 돌아갔다가 마침내 이스라엘로 와 정착했다. 한 가족은 한국 출신이었고, 다른 가족은 그 이름을 기억할 수 없는 아시아 어디선가 왔다고 했다.

몇 명 핀란드에서 온 사람들도 예배에 참석했다. 아이리스(Iris)는 32년 동안 이스라엘에 살고 있다. 그녀는 여행 가이드이다. 비르지따(Birgitta)는 웨딩드레스를 디자인하고 또한 수출관련 일을 한다. 한누(Hannu)는 이스라엘에서 살고 있는데 전문 연주자이고 여기서는 특히 키보드를 연주하며 노래 부른다.

미카엘은 돌아다니며 사람들에게 악수하고 인사했다. 마리안도 중요한 역할을 했다. 그녀는 활기찬 사람이었고 가능한 많은 성도들과 대화하려고 노력했다. 작은 어린아이에서부터 나이 지긋한 어르신들까지 연령대는 정말 다양했다. 대다수가 서른다섯 살 이상 된 사람들이었다.

교회의 분위기는 느긋했다. 5시 정도가 되자, 소음의 수준이 내가 핀란드 기독교인 모임에서는 한 번도 듣지 못한 정도로 시끄럽게 됐다. 사람들이 그룹을 지어 한 자리에 모였다. 강당의 끝 쪽 어떤 사람들은 자리를 찾지 못하고 그저 서 있어야만 했다. 그날 그 강당에는 대략 70명 이상의 사람들이 있었다. 미카엘은 기도로 예배를 시작했고 심지어 어떤 사람은 그 기도에 할렐루야로 답했다.

미카엘이 모든 것을 인도했다. 그는 누가복음 5장 12절~14절을 본문으로 예슈아와 나병환자에 관해 간략하게 말했다. "나병환자가 예슈아께 다가가 치유와 자비를 구했습니다. 그 남자는 오직 육체적인 치유만 필요한 것이 아니었어요. 왜냐하면 나병환자들은 그 사회에서 버림받은 존재들이었거든요. 만약 여러분이 영화 벤허를 보셨다면, 나병환자들을 어떻게 대우하는지 조금은 이해하실 수 있을 거에요. 보통 그 누구도 나병환자를 만지는 것이 허락되지 않았고, 오직 그들이 치유되었다는 것이 제사장들에게 확인되었을 때에만 허락되어졌죠. 그런데 예슈아는 그 나병환자를 만지셨습니다. 예슈아는 우리의 대제사장이십니다."

미카엘은 주로 강단에서 말했지만, 때때로 중앙 복도를 걷기도 했다. 그는 본인 혼자 이야기하는 것이 아니라, 관련된 질문들을 물어가며 청중들과 소통했다. 미카엘은 아버지 혹은 형제 같은 인상을 주었고, 안정감을 주었다.

전자 피아노와 전자 기타를 동반한 반주가 조용히 연주되었다. 어린 아이들은 소리를 높였다. 이때, 미카엘은 아픈 자들을 위해 기도하고 축도한 후 작은 방에서 기도 사역이 더 진행될 것이라고 광고한다. 교회 성도들은 아랍 마을에 있는 친구들이 예슈아를 만나게 해달라고, 아픈 여자 군인이 치유 받게 해 달라고 기도제목을 나눈다.

예배팀이 다시 연주하고 노래하기 시작했다. 그 팀은 한누의 피아노와 다른 전자기타 연주자 그리고 마리안 및 다른 세 명의 싱어들로 이루어져 있다. 가사는 스크린에 띄워 있고, 히브리어를 이해하지도 못하고, 읽지 못하는 사람들을 위해 히브리어어에 러시아어와 영어의 음역이 달려 있었다. 물론 번역도 달려 나왔다.

예배팀의 음악 연주는 꽤 고급스러웠고 소리도 컸다. 사람들은 열정적으로 찬양을 따라 부른다. 예배가 진행되는 동안 어떤 사람들은 일어서고, 어떤 사람들은 앉아있다. 어떤 사람들은 박수를 치고, 다른 사람들은 음악에 맞춰 몸을 움직인다. 어떤 사람들은 눈을 감고 찬양을 한다. 음악과 함께 진행되는 예배 분위기는 자유로웠다. 음악은 리드미컬하고 기억하기 쉬운 가락이며 조용한 곡들의 찬양들도 있다. 가사가 나오는 스크린에는 이스라엘의 산들이 배경으로 나온다. 각 노래의 끝에서 사람들은 매번 기립하여 박수갈채를 보낸다. 오직 한 사람만 버티고 앉아 조용히 분위기를 즐기고 있다. 어떤 노래들은 이스라엘 땅과 상징으로 연결된 것이 분명하다. 그 노래는 이렇다.

일어나 가자,
하나님께서 우리에게 젖과 꿀이 흐르는 땅을 약속하셨기 때문이다.
하나님이 우리 편에 계시면, 우리를 대항할 자 누군가?

헌금은 주로 찬양이 연주될 동안 거둔다. 작은 상자와 작은 바구니가 손에서 손으로 이동되어진다. 하나는 십일조, 다른 하나는 새 건물을 위한 건축 헌금함이다. 검정머리칼을 가진 작은 여자 아이가 아빠 다리 사이로 기어간다. 다른 한 아빠는 그의 세 살배기 아이를 품에 재우며 서 있다. 야론 가족의 막내 마탄은 한 젊은 여성의 무릎 위에서 잠들어있다.

예배는 보통 45분 정도 소요된다. '할렐루야'와 '아도나이'(adonai, 주님)이라는 단어가 빈번히 들린다.

미카엘은 유혹과 관련된 그의 설교를 시작한다. 그는 생기 있는 강연자이나 그렇다고 쇼맨은 아니다. 그의 강력한 설교는 이렇게 흘러갔다.

"물고기가 미끼, 벌레를 보지만 낚시 바늘은 보지 못합니다. 뉴에이지 신조에 몰두한 사람들은 모든 것이 허용된다고 말하지만, 우리는 그렇게 생각하지 않습니다. 유혹 하나를 피했다고 그것으로 충분하진 않습니다. 왜냐하면 원수는 끊임없이 우리를 넘어뜨리려고 시도하고 기회를 엿보기 때문이에요. 광야에서 이스라엘 족속이 악을 갈망했죠. 그들의 부정적인 본보기가 우리에게 경고합니다. '그런즉 선줄로 생각하는 자는 넘어질까 조심하라!' (고전 10:12).
많은 넘어짐을 봐왔습니다. 그 경험들이 제게 교훈이 되었습니다. 원수는 그가 제공하는 모든 것에 금박을 입혀 좋아보이게 합니다. 예를 들면, 우리의 고통을 쉽게 완화시켜주는 것들이 무엇입니까? 약간의 알코올이나 마약 그런 것들은 빨리 중독되기 쉽지요. 유혹은 죄와 같지 않습니다. 루터가 말했습니다. '우리는 새들이 우리 머리 위로 날아다니는 것을 멈추게 할 수 없다. 하지만 우리는 그것들이 우리 머리에 둥지를 트는 것을 막을 수는 있다.' 예슈아 또한 광야에서 40일 동안 사단에게 유혹받으셨습니다. 그분은 유혹을 물리지기 위해 하나님의 말씀을 사용하였습니다. 원수는 우리의 약점과 우리가 무방비 상태일 때, 우리가 외로울 때를 압니다. 그렇기 때문에 성도들과의 교제가 중요한 것입니다. 교회에서 우리는 힘과 도움을 받습니다.

세상은 우리를 유혹하고 우리의 약점을 알고 있는 원수도 우리를 유혹하며 우리의 육체조차도 우리를 유혹합니다. 성경은 말합니다. '사람이 감당할 시험 밖에는 너희가 당한 것이 없나니 오직 하나님은 미쁘사 너희가 감당하지 못할 시험 당함을 허락하지 아니하시고 시험 당할 즈음에 또한 피할 길을 내사 너희로 능히 감당하게 하시느니라' (고전 10:13)."

주제는 물론 진지했지만, 설교에는 유머도 있었다. 미카엘은 한 여성에게 그녀의 스카프를 달라고 부탁했다. 그는 그것의 끝을 잡고서 건장한 남성에게 다른 한쪽을 잡고 있어달라고 부탁했다. 그리고 두 남자는 그 스카프를 잡아 당겼다. 그렇게 미카엘은 즉석에서 시각 보조 교재을 사용했다. 그의 말은 '그 원수는 우리를 그의 쪽으로 당기고 있지만, 우리는 그를 우리 쪽으로 당기려고 할 필요가 없다. 대신, 우리는 그가 그냥 달아나도록 잡고 있던 것을 놓으면 된다.'는 식이었다.

미카엘은 설교를 계속 이었다.

"욥은 그의 눈으로 언약을 만들었습니다. 우리가 유혹당할 것이 뻔한 상황 속에 우리를 두지 않는 것이 가장 좋은 것입니다. 지혜로운 자는 본인이 빠져나올 수 없는 장소로 가지 않습니다. 에베소서 6장에 우리는 하나님의 전신갑주를 입어야한다고 말하고 있습니다. 원수가 해로운 생각들을 여러분의 머릿속으로 가져오길 원합니다. 그러니 여러분 머리에 쓰고 있는 구원의 투구를 사용하십시오. 디모데후서 2장 22절은 우리에게 청년의 정욕을 피하라고 권고합니다.

성령의 검은 하나님의 말씀입니다. 원수에 대항하여 말씀을 사용하는 것이 좋습니다. 심지어 의사들이 더 이상의 가망이 없다고 할 때도, 하나님께는 모든 것이 가능합니다. 예를 들어, 질병에 걸린 사람이 그 자신에게 하나님의 말씀을 성경에 쓰여진 대로 선포할 수도 있습니다. '내가 죽지 않고 살아서 여호와께서 하시는 일을 선포하리로다'(시 118:17). 만약 내가 연약하다면 이렇게 말할 수도 있겠죠. '우리가 예슈아를 통해 넉넉히 이기느니라.' 우리가 유혹당할 때, 야고보서 4장 7절을 묵상할 수도 있습니다. 말씀은 이렇습니다. '그런즉 너희는 하나님께 복종할지어다 마귀를 대적하라 그리하면 너희를 피하리라.'"

설교 끝에 미카엘은 우리가 하나님의 말씀을 우리의 검으로 사용할 수 있는 법을 배울 것에 대해 기도했다. 그는 또한 성령께서 우리로부터 자유하게하기를 원하시는 죄들과 연약함을 우리에게 보여주시기를 간구했다.

마지막으로 미카엘은 무엇인가로부터 자유해지길 원하는 사람들은 남아서 이야기하기를 제안했다.

미카엘이 사역하는 트힐랏 야 교회 공동체가 식사와 교제를 나누고 있다.

미카엘 목사는 매주 트힐랏 야 교회 공동체에서 예배를 인도하고 설교를 한다. 그의 설교는 매우 역동적이고 은혜가 넘치며 영적이다.

"만약 주님께서 여러분 속에 생각나게 하시는 것이 있다면 그냥 집에
가지 마십시오."

미카엘은 마지막으로 강력히 권고했다. 어떤 사람들은 기도를 원했
다. 미카엘은 기도 부탁을 하러 앞으로 나온 한 남자의 어깨를 정성스럽
게 두 팔로 안아주었다.

많은 젊은이들이 트힐랏 야에서의 교제를 위해 온다. 아비바(Aviva)
와 니콜(Nikol)은 정기적으로 교회에 참석하는 소녀들이다. 열여덟 된
아비바의 가족은 아빠, 엄마, 여섯 딸과 두 아들로 이루어져있다. 모든
자녀들은 이스라엘에서 태어났고, 그들의 엄마와 아빠는 에티오피아에
서 태어났다. 유대인들이 에티오피아에서 이스라엘로 오기 시작할 때,
아비바의 엄마는 이주해온 최초의 사람들 중 하나였다. 그녀는 그 때 열
네 살이었다.

아비바는 이제 고등학교 졸업반이다. 이듬해 12월이 되면 그녀는 2년
간 군대 생활에 들어갈 것이다. 아비바는 어릴 때 이미 예슈아에 대해 들
었다.

"제가 아이일 때 엄마가 저보고 하나님을 믿으라고 강요한다고 느꼈
어요. 엄마는 저희들에게 성경을 읽어주고 우리와 기도하곤 하셨어
요. 제가 십대가 되었을 때, 저는 제가 강요당했다고 느꼈고 예슈아
로부터 멀리 달아나길 원했죠. 저는 심지어 이렇게 이야기했어요.

'예슈아, 여기 계시면서 기다리세요. 저는 제 갈 길을 갈테니까요.' 저는 그리 성공적이지 않았던 길들을 걸었었죠."

아비바가 말했다.

"어느 순간, 제 눈이 열렸어요. 세상이 어떤지 보게 된 거죠. 저 반대편, 그러니까 원수 쪽에 무엇이 있는지 제대로 봤어요. 사탄은 우리를 주님의 길로부터 떠나도록 시도해요. 저는 전심으로 예슈아께 돌아오길 원했고, 결국은 그렇게 했어요."

아비바가 웃으며 말했다.

"때때로, 학교에서 외롭기도 해요. 어떤 친구들은 말해요. '넌 왜 그런 얼간이가 된 거야?' 그런 이야기들 때문에 슬퍼지면 저는 생각했죠. '그러니까, 내가 정말 변한거구나. 내 친구들 역시 그 변화를 본다는 거니까. 이제 난 정말 예슈아를 따르는 사람이 된거야!'

아비바가 두 손을 모았다.

"예슈아의 길 외에는 다른 어떤 길도 없습니다. 그가 길이고, 진리고, 생명입니다. 예슈아 없이 제 삶이 어떻게 되겠어요? 성령님의 임재가 제게는 매우 중요해요. 만약 주님이 저와 함께하지 않으신다면,

전 결국 고통스러워질 거예요."

아비바는 그녀의 가장 친한 친구들 외 누구와도 그녀의 신앙을 잘 이야기 하지 않는다. 그럼에도, 그녀는 역시 신자인 그녀의 자매와 함께 다른 사람에게 복음을 전하기를 원한다. 한번은 두 자매가 함께 길을 걷고 있는데, 갑자기 누군가에게 예슈아에 대해 말하고 싶어졌다. 그때 갑자기, 한 에티오피아 젊은이가 그들에게 다가와 어디에서 술을 살 수 있는지 물었다. 이 소녀들은 그에게 예슈아에 대해 말했고 대화는 삼십 분 동안 계속됐다. 사실 다른 누군가가 이 소녀들 이전에 이 남자에게 이미 복음을 전했었다. 그래서 신앙과 영적인 것들에 대한 그의 태도는 꽤 부정적이었다.

"그럼에도 불구하고, 우리는 주님의 인도하심을 구하며 기도했고, 주님께서 이끄신다는 확신이 있었어요. 그저 그 남자의 삶에 아직 하나님의 시간이 임하지 않았을 뿐이었죠"

한편, 니콜의 부모님과 언니는 1995년 우크라이나에서 이스라엘로 이주했다. 니콜은 가족이 이주한 후 이스라엘에서 태어났다. 그녀에게는 여섯 살 난 남동생이 있다.

니콜은 지금 고등학생이다. 저녁에 그녀는 동네 작은 간이식당에서 웨이트리스와 계산원으로 일한다. 그녀가 지금보다 더 어렸을 때, 그녀는 4,5년 동안 취미로 테니스를 배웠다. 그러나 시간이 지나 조금 더 컸을 때 그녀는 피아노와 기타 연주를 시작하고 싶지만, 그녀에게 취미 생활을 위한 시간은 주어지지 않았다. 그러던 어느 날 그녀는 집에서 예슈아에 대해 들었다.

"그때나 지금이나 인격적으로 믿음을 받아들였다는 건 아니에요."

그녀가 말했다. 그녀의 믿음은 서서히 자라나고 있다.

이 소녀들의 가족은 모두 리숀 레찌온에 살고 있다. 두 가족들 중 예수아를 믿는 사람들은 인근지역에 있는 다른 교회에 다니고 있었는데 매번 이동하는데 불편함을 느끼고 있었다. 그러다 그들은 트힐랏 야 교회를 알게 되었다.

"예슈아가 우리와 함께하신다면, 우리는 절대 외롭지 않을 거에요. 어려움과 시련이 올 때, 주님께서 그의 팔로 당신을 들어 올리시고 이동시켜 주실 거에요."

니콜은 최근에 복음을 전했던 기회에 대해 말했다.

"한 번 미카엘 목사님은 우크라이나에 가셨어요. 거기에서 한 교회에 방문하셨고, 어떤 여성이 목사님께 와서 그녀의 딸이 최근에 이스라엘로 이사했다고 설명했대요. 그녀의 딸을 위한 짐이 있는데, 미카엘 목사님께 이스라엘로 가져다줄 수 있는지 물어봤대요. 그래서 목사님은 그렇게 하셨어요. 이후 목사님은 저희 엄마에게 그 짐을 주인에게 전해달라고 주셨고요. 그 딸이 짐을 찾으러 왔을 때, 저는 그녀에게 복음을 전했고, 우리 교회에 나오지 않겠냐고 물어 봤어요."

아비바와 니콜은 트힐랏 야 교회에서 서로 알게 되었다. 그들은 또한 야론의 집에서 2주에 한 번씩 열리는 청년모임에서도 만난다. 그리고 젊은 청년들을 위해 열리는 주말 수련회, 그리고 절기 방학 때와 여름 방학 동안 열리는 캠프들에서도 만난다. 그 둘만 만나는 것이 아니다. 그들은 이스라엘 땅 전역에 있는 교회들로부터 온 다른 성도들도 만나게 된다. 그 소녀들이 생각하기로 캠프들은 매우 복된 곳이다. 좋은 수업과 다양한 여행도 가능하다. 그 모든 시간들은 무엇보다 다른 믿는 청년들과도 사귈 수 있는 훌륭한 기회이기도 하다.

2014년 8월에 트힐랏 야 청년 그룹이 핀란드를 방문했다. 아비바와 니콜도 그룹에 속해있었다. 비가 많이 내릴 때였지만, 아비바와 니콜은 핀란드에서의 시간이 매우 좋았고 복된 시간이었다고 생각한다. 핀란드에 있는 동안 그룹은 개인적으로나 혹은 전체적으로 성령 안에서 회복을 경험했고, 그로 인해 그들 서로가 더욱더 가까워질 수 있게 되었다.

"우리는 예슈아에 대해서 나눌 수 있었고 그 분을 아는 지식 안에서

자랄 수 있었어요. 핀란드 방문 중, 우리는 학교들을 돌아다니며 새
로운 친구들도 사귀었어요.”

아비바와 니콜은 행복하게 말했다.

10

핀란드와 더 넓은 세계로

미카엘이 사역하는 가운데 외국 단체와 처음으로 연결한 것은 그가 마리안을 만나기 전에 있었다. 그 첫 단체는 영국에 있었는데 이름이 '메시아닉 테스티머니(Messianic Testimony, 이후 MT로 표기)'였다. 이 단체는 건강한 신앙을 바탕으로 동유럽 국가들과 러시아를 포함한 많은 유럽 국가에서 활동했다. 오늘날까지도 미카엘은 그들과 협력하고 있다. 그는 그 단체에서 일하는 많은 사람들과 알게 되었고 그들은 마치 진정한 축복처럼 느껴졌다.

"그 대표단 사람들 중 몇몇은 이스라엘에서 있었던 저희 결혼식에 와 주었고 몇몇은 스위스의 결혼식에도 와 주었어요. 우리 서로가 그 정도로 매우 가깝게 지내고 있습니다."

미카엘은 강조하듯 말했다.

MT와 함께 하는 사역으로, 미카엘은 북아일랜드에 여러 차례 방문할 기회를 가졌다. 그곳에서의 한 모임에서, 어떤 목사님이 그에게 찬양집을 건네주었다. 미카엘은 최소한 가사는 따라갈 수 있었다. 한 찬양의 가사는 이랬다 "그 분은 우리의 빛이며 우리의 횃불(beacon, 비컨)이시네." 그런데 미카엘은 그 단어를 제대로 알아차리지 못했다. 그래서 '비컨(beacon)'을 '베이컨(bacon)'으로 잘못 이해했다.

"저는 그 목사님께 어떻게 찬양의 가사에 '베이컨', 그것도 좋지 않은 돼지로 만들어진 그 단어를 집어넣을 수 있냐며 경악을 금치 못하여 말했죠. 그러자 그 목사님은 웃음을 터트리며 단어 오해라고 설명해 주셨어요. 이후 그는 적절한 순간에 그 이야기를 사용하여 사람들 앞에서 말씀하시더군요."

미카엘도 웃으며 이야기했다.

미카엘은 그가 전에 다녔던 침례교인의 마을(Baptist Village)교회와 크파르 싸바 교회에서 몇 명의 핀란드 사람들을 알게 되었다. 거기에서 그는 안야를 만났는데 그리고 어쩌다보니 그녀와 연락이 끊기고 말았다.

"저는 알지 못했지만, 안야는 그 수 년 동안 이탈리아나, 핀란드에 가서도 저를 위해 중보기도해 주었어요. 그녀는 최근에 이스라엘로 다시 이사했습니다. 우리는 아주 가까운 친구이며 동역자가 되었어요. 우리는 신자와 불신자 모두에게 다가가기 위해 심방을 함께 다니고, 교회 철야 때나 다른 예배 모임 때 함께 기도하는 파트너입니다. 이 우정으로 인해 참 감사합니다."

안야는 어떻게 미카엘에 대해 들은 것일까? 안야는 이탈리아에서 오래 살았다. 그녀는 여러 사람과 팀으로 함께 사역하며, 이탈리아 교회들에게 이스라엘에 대한 마음과 사랑을 소개하려고 노력했다. 그러나 그 팀의 가장 큰 소망이자 소명은 이탈리아에 살고 있는 이스라엘인 학생들에게 예슈아에 대해서 이야기 하는 것이었다. 많은 이스라엘 사람들이 이탈리아에 공부하러 왔고, 특히 의학과 수의학 분야로 많이 와 있었다. 안야가 살고 있던 북이탈리아 역시 마찬가지였다. 안야와 함께 하던 사역자들은 거기 이스라엘 사람들에게 예슈아에 대해 나누었고, 그들에게 신약성경을 건네주었다. 그들은 정말 많은 이스라엘 사람들을 만났다. 그러나 단 한 명도 메시아를 온전히 알게 된 일은 없었다.

그러다가, 누군가가 팀에게 로마에 있는 미카엘이라는 의대생이 예슈아를 따르는 신자가 되었다고 소식을 전해왔다. 그 소식은 팀에게 엄청난 기쁨과 감사의 기회가 되었다. 그들은 어쩌면 그가 그들을 통해서 믿게 되지 않은 게 정말 다행이라고 생각했다. 만약에 그랬다면, 그들은 자신들에게 그 모든 공로를 돌렸을지도 모른다며 그 일은 오직 하나님께서 홀로 영광 받으시기에 합당하다고 고백했다.

그 때 안야는 바로 로마로 가서 미카엘을 만나고 싶었지만, 그 계획을 당장에 실천에 옮기지 않았다. 그런데 그 즈음에 로마로부터 새 소식이 도착했다. 미카엘이 이스라엘로 돌아갔다는 것이었다. 안야는 속상했지만 미카엘을 위해 규칙적으로 기도하기 시작했다. 그녀는 핀란드로 돌아간 후에도 지속적으로 그를 위해 중보했다.

일 년 후, 안야는 이스라엘로 이사할 수 있게 되었다. 하나님께서는 그녀를 '침례교인의 마을 교회'로 인도하셨다. 처음 그 교회에 갔을 때, 그녀는 사람들에게 자신이 이탈리아에서 살다 왔다고 소개했다. 그들은 이탈리아에서 공부했던 미카엘을 혹시 아는지 물어보았다. 그 때 미카엘이 등장했다.

안야는 지금도 종종 미카엘을 처음 만났을 때 마치 가족을 만난 것 같았다고 말한다. 그녀의 기도가 그들을 만나게 해 준 것이다.

핀란드 출신 마이야(Maija)는 미카엘과 안야와 같은 교회를 다녔다. 마이야와 안야를 통해 미카엘은 예루살렘에서 잠시 머물던 핀란드 부부 파이비(Paivi)와 일포(Ilpo)를 알게 되었다. 그들이 미카엘을 만났을 때, 파이비는 미카엘에 대한 예언을 받았다. "당신은 이스라엘 밖 핀란드와 다른 여러 곳들에서 많은 임무를 갖게 될 것입니다."

"저는 핀란드에 한 번도 가본 적이 없었어요. 저는 당시 교제하는 여인이 없었기 때문에 어쩌면 제가 핀란드 여성과 결혼하게 될지도 모르겠다는 생각을 했죠. 어쨌든 제 미래 아내는 어쩌면 외국에서 온 사람일거라는 느낌은 있었거든요. 만약 이 예언이 하나님으로부터 온 것이라면 그것이 성취될 것이라는 생각은 하지 않았어요."

미카엘은 그 당시 그의 기분을 설명했다.

미카엘은 언젠가 크리스마스를 맞아 외국에 나가고 싶었다. 마이야는 그녀의 부모님께 미카엘을 그들의 크리스마스 손님으로 받아줄 수 있는지 물어보았다. 부모님은 흔쾌히 미카엘을 초대해주었다. 그 때 마이야와 안야는 미카엘에게 핀란드를 소개해줬고, 함께 많은 지역들을 방문했다.

"그렇게 춥고 눈이 많은 것을 본 것은 제 생애 처음이었어요."

그들은 마이야의 부모님과 가족들과 함께 쿠오레베시(Kuorevesi)에 있는 그들의 별장에서 크리스마스를 보냈다. 미카엘은 그 작은 별장에 냉장고가 없는 것을 알아차렸다. 그들은 냉장고가 없는 대신 바닥에 작은 구멍을 내어 그 차가운 곳에 음식을 저장한 것이었다. 크리스마스 이브가 되어 모두는 만찬을 위해 큰 식탁에 둘러앉았다. 식사 중간에 핀란드 친구들은 일어나며 말했다. "잠시 실례하겠습니다, 미키!" 그리고는 가족 모두 다른 방으로 달려가 텔레비전으로 무언가를 보았다.

"이스라엘 사람으로서 저는 생각했죠. 뭔가 심각한 테러가 일어난 게

틀림없구나 하고 말이에요. 5~10분 후쯤 그들이 돌아왔을 때, 저는 그들에게 물었어요. '도대체 무슨 일이 벌어진 거예요? 폭탄이 터졌나요?' 그 때 누군가 대답했다. '기상 예보를 보고 왔어요.' 또 누군가 대답했다. '내일 날씨가 어떤지 꼭 봐야하거든요.' 그렇게 그들은 계속 얘기해주더군요. 우리 이스라엘 사람들은 기상 예보에 그다지 관심을 쏟지 않거든요."

미카엘이 웃었다.

미카엘은 이어서 핀란드인들의 '아침 의식(morning ritual)에 대해 설명해 주었다. 보통 아버지는 이런 말로 하루를 시작한다. "오늘 날씨가 어떤지 보자." 그런 뒤 그는 바깥 온도계를 확인하고 온도를 발표한다. 다음 아버지가 진지하게 말한다. "이제 우리가 무엇을 입어야할 지 보자꾸나."

"그때 저는 밖에 나갈 때마다 벙어리장갑이든, 모자든, 목도리든 무엇 하나는 꼭 잊었어요. 정말 놀라웠죠."

쿠오레베시 별장에서 미카엘은 처음으로 사우나를 경험했다. 그는 그 짧은 시간동안 있기 위해 반나절 동안 나무를 가져와 사우나 방을 데우는 것을 지켜보았다. 미카엘이 말하는 그 짧은 시간은 고작 5분이었다. 그는 또 사람들이 완전히 벌거벗고 그 곳에 들어가는 것이 너무 놀라웠다.

"제가 듣기로 심지어 사람들은 한 겨울에 사우나 안에 있다가 나와 눈 속을 구르거나 강에 들어갔다가 나오기도 한다더군요."

미카엘은 눈 덮인 숲으로 산책을 나가고 싶었다. 마이야가 말했다. "하지만 너무 멀리 가지는 말아요. 밖에 곰이 있을지도 모르거든요!" 조금 뒤, 그가 눈 속을 걸으며 하나님을 찬양하고 있을 때, 갑자기 두 개의 크고 어두운 모양이 이백 미터 정도 떨어진 곳에서 움직이는 것을 보았다. 그는 이것이 마이야가 경고했던 곰들임에 틀림없다고 생각했다.

"저는 어찌해야할지 몰랐어요. 그 형체는 저에게 점점 가까이 다가왔죠. 저는 두려워서 달릴 수가 없었어요. 그들이 절 금방 따라 잡을 거라고 생각했거든요. 그것들이 점점 더 가까워질수록, 그 형체들은 점점 더 커지더군요. 결국, 제가 할 수 있는 오직 한 가지는 기도뿐이라고 생각했어요. 저는 눈 속에서 무릎을 꿇었고, 제가 눈을 떴을 때 그들은 매우 가까이에 있었어요. 그것들은 바로 두 마리의 큰 검정개들이었어요. 그 개들의 주인은 그 근처에 살고 있었고, 그 개들은 그 어떤 해도 끼치지 않았기 때문에 자유롭게 산책하도록 풀어주었던 거죠."

언젠가 이스라엘에서 안야는 미카엘을 데리고 예루살렘으로 가 핀란드 루터교 선교회 관할의 포흐얀마(Ostrobothnia) 지역에서 일하는 라이모 수오미넨(Raimo Suominen)을 만나게 해주었다. 라이모는 그의 팀과 함께 미카엘의 간증을 듣고 그 자리에서 핀란드로 강연 여행을 요청하고 그를 초대했다. 미카엘은 당연히 가겠다고 약속했다. 그는 그 여행 중에, 이스라엘을 사랑하는 이스라엘 아랍인 신자 이마드(Imad)를 만나기도 했다. 미카엘은 이마드와 좋은 친구가 되었다.

미카엘은 종종 청중에게 전할 메시지로 흥분하곤 한다. 그래서 그는 그의 강연을 듣는 사람들이 어떻게 반응하는지 유심히 살핀다. 그런데 그가 수오미넨의 초청으로 처음 핀란드에 강연여행을 갔을 때 사람들은 그의 강연 내내 생기 없는 미라처럼 보였다고 했다. 그 강연장 내 어느 누구도 눈썹 하나 까닥하지 않았다. 게다가 모임이 끝나자 사람들은 미련 없이 일어나 바로 나가버렸다. 누구도 그에게 다가와 인사 한번 건네지 않았다. 미카엘은 놀랐고 실망감마저 느껴졌다.

그 강연여행 내내, 미카엘은 그에게는 매우 낯선 상황이지만 매번 똑같은 현상을 맞닥뜨렸다. 마치 뭔가를 두려워하는 것처럼 모든 사람들이 문 쪽으로 가까운 뒷좌석에 몰려 앉았다. 미카엘은 손가락을 동그란 쌍안경 모양으로 하여 눈에 갖다 대고서 소리쳤다. "여기요, 여러분 어디에 계십니까? 여러분이 보이지 않아요!"

그 첫 번째 강연 여행 후 안야는 미카엘에게 탐페레(Tampere)에 있는 '이스라엘의 친구들(Friends of Israeli)'에서 일하는 한 여성을 소개해주었다. 그녀를 통해 미카엘은 그 단체의 이사인 일까 바꾸리(Ilka Vakkuri)를 만났다. 일까 역시 미카엘을 핀란드에서 강연하도록 초대했는데, 그 이후 미카엘은 일까를 통해 여러 차례 강연 여행을 떠났다. 일까와 미카엘은 당연히 좋은 친구 사이가 되었다. 그 이후로 '이스라엘의 친구들'과 '복음자유교회(Evangelical Free Church)'로부터 초대받아 핀란드로 강연여행을 떠난 것이 모두 합치면 스무 차례 정도 된다.

"한 번은 제가 일까에게 물었습니다. 내가 핀란드 사람들에게 설교할 때면 그 누구도 제 설교에 대한 반응을 보이지 않는데, 도대체 내가 뭘 잘못하고 있는 건지에 대해서 말이죠. 그러자 일까가 대답하더군요. '목사님이 잘못 하는 건 아무것도 없어요. 핀란드 사람들은 만족스러울 때면, 아무 말도 하지 않아요!'"

언젠가 미카엘은 핀란드의 내향적인 사람과 외향적인 사람 사이 차이에 대한 농담을 들은 적이 있다. 이야기는 이렇다. '당신과 이야기할 때, 내향적인 핀란드 사람이라면 당신의 신발을 바라볼 것이고, 반면에 외향적인 사람이라면 당신의 신발을 바라볼 것이다.'

미카엘은 그렇게 수년이 지나 핀란드 문화를 이해하게 됐다고 말한다. 그는 핀란드 사람들을 이해하고, 그들과 공감할 수 있게 되었다. 그는 또한 '이스라엘의 친구들' 덕분에 장로교, 루터교, 자유교회와 같은 다양한 교파 출신들 사람들을 알게 되었다. 그들은 이스라엘을 향한 사랑으로 연합되었다.

"핀란드 사람들의 신앙에 대한 진지함은 제게 깊은 감동을 주었습니다. 그들은 하나님을 향한, 그리고 이스라엘을 향한 강한 사랑을 가지고 있어요. 제2차 팔레스타인 인티파다 기간 동안(the Second Palestinian intifada 2000년 9월-2005년 2월) 많은 나라들이 이스라엘 관광 기회를 줄였지만 핀란드 사람들은 오히려 우리들의 거리에서 기도하며 찬양했습니다. 그것은 이스라엘에 있는 저희들에게 굉장한 위로가 되었죠!"[8]

핀란드 전역에 있는 도시와 마을에서 사람들이 미카엘을 알아보기 시작했다. 예를 들면, 미카엘이 수퍼마켓에서 신발을 사고 있었는데 어떤 사람이 다가와 말을 건넸다. "안녕하세요, 저는 당신을 알아요! 미키 맞죠?" 미카엘은 심지어 핀란드 끝 쪽에 있는 라플란드(Lapland)까지 여행했는데, 그는 대다수의 핀란드 사람보다도 더 많은 지역들을 방문했을 것이라고 즐겁게 이야기했다.

미카엘은 핀란드 식 사우나와 관련된 경험 한 가지를 더 나누고 싶어 했다. 그의 첫 번째 핀란드 강연 여행에서, 미카엘은 한 목사의 사택에서 하룻밤을 묵었다. 그 전에 그는 그 목사를 알지 못했다. 저녁에 미카엘이 방에서 좀 더 편한 복장으로 갈아입고 있을 때, 문을 노크하는 소리가 들렸다. 그가 문을 열자 그 목사는 팔에 수건을 걸고 벌거벗은 채로 문 앞에 서있었다. "어서 가요, 사우나가 준비되었어요." 목사님의 초대였다. 목사님의 사모님은 부엌에서 바쁘게 일하고 있었고, 그들은 사우나를 가기 위해서 그녀 앞을 지나가야 했다.

미카엘은 옷으로 반쪽 몸을 가리고 사우나로 들어서며 자기 상황을 설명하려고 애썼다. "죄송해요. 저는 이 정도라도 옷을 입어야 할 거 같아요." 사우나는 믿기 힘들 정도로 뜨거웠고, 마치 수증기가 귀에서 쏟아져 나오는 것처럼 느껴졌다. 미카엘은 아주 짧은 시간조차 버티지 못하고 그 사우나를 도망쳐 나왔다.

그러나 미카엘은 곧 사우나에 익숙해졌고 이제 그는 자신이 진짜 핀란드 사람이 되었다고 자랑스러워한다. 심지어 한번은 사우나에서 나와 얼어붙은 강의 물속에 들어가 잠시 머무른 뒤 의기양양 나오기도 했다. 그에게는 이것을 증명할 사진도 있다!

어느 날인가 마이야와 미카엘이 포흐얀마 지역으로 강연 여행 중이었다. 한 강연 집회가 끝나고 밤이 되어 그들은 그 다음 계획된 곳으로 이동할 수 없게 되었다. 그들은 곧 알라부스(Alavus)라는 곳으로 안내되었고, 거기 어떤 집의 큰 문 앞에 남겨졌다. 날은 이미 늦었고 어두워졌다. 그곳은 언 듯 보기에 창고 건물 같은 곳이었다. 미카엘은 생각했다. "사람들이 저 창고로 매트리스를 가져다주겠구나. 마이야를 위한 자리도 준비되어 있어야 할 텐데…" 그렇게 미카엘과 마이야가 그 창고 건물 앞으로 돌아가자, 밝은 빛이 뿜어져 나왔고 미카엘은 본인이 동화나라 한 가운데 있는 줄 착각했다. 그들 앞에는 거대하고, 빛나는 궁궐 같은 건물이 있었다. 말끔하게 차려입은 남자가 문 앞에 나타나 그들에게 말했다. "들어오십시오!"

집에는 잘 전시된 웨딩드레스가 나열되어 있었고 고급스러운 신발들이 그 드레스 밑에 진열되어 있었다. 그곳에는 미카엘이 전에 한 번도 보지 못했던 크고 아름다운 방들과 큰 사우나까지 있었다. 그 집 주인이 가장 큰 스위트룸으로 그들을 안내하며 말했다. "여기가 당신들이 오늘 쓸 방이에요!"

그 때, 마이야는 웃음이 터졌고 미카엘 역시 마이자와 함께 웃었다. 사람들이 그들을 신혼부부로 오해했기 때문에 그런 대우를 받는다는 걸 깨달았던 것이다. 말하자면, 그 집 전체는 신혼부부들을 위해 서비스를 제공해주는 그런 곳이었다. 그들은 주인에게 사정을 설명했다. 물론 그 역시 그 상황을 매우 재밌어했다. 그리고 미카엘을 위해 다른 방을 준비해 주었다.

마이야와 미카엘이 묵은 곳은 믹코와 미르야 크누우티(Mikko & Mirja Knuuti)가 '소유한 모르시우스카르타노(Morsiuskartano)' 즉, '결혼저택'이라고 불리는 곳이었다. 그 저택은 매우 넓어서 결혼식이나 다른 기념식을 위해 사용되기에 적합했다. 그 주인이 말했다. "우리는 당신들에게 우리 집이 해줄 수 있는 최상의 것으로 서비스 해드리기를 원해요. 우리가 신혼부부에게 하는 것처럼 말이죠."

아침에 미카엘과 마이야는 매우 잘 차려진 아침상을 받았다. 주인 부부는 그들의 손님들을 완벽하게 예의를 갖춘 옷차림 가운데 그들을 기다렸다. 미카엘과 마이야는 살짝 당황스러웠지만, 그것은 분명 핀란드에서의 즐겁고 멋진 경험 가운데 하나였다. 10년 후 쯤, 미카엘은 이스라엘에서부터 팀과 함께 그 장소를 다시 방문했다. 그 때와 동일한 그 주인은 이번에는 미카엘과 마리안 그리고 그들의 아이들을 함께 자신의 '결혼저택'에 초대했다.

이 당시 미카엘의 데이트와 결혼에 대해 한 가지 다룰 이야기가 있다. 미카엘이 핀란드에 있는 동안 하나님께서 그에게 아가서 3장 5절로 말씀하시는 것을 느꼈다. "사랑하는 자가 원하기 전에는 흔들지 말고 깨우지 말지니라"는 말씀이었다. 그에게 잠잠히 머무르라는 뜻이었다. 말하자면 하나님께서 그에게 직접 그에게 잘 맞는 배우자를 보여주시겠다는 것이었다.

사실 그로부터 수 년 전 핀란드에서 미카엘은 릴리라는 할머니를 알게 되었다. 그에게 그것은 매우 중요한 사건이었다. 릴리에게 이스라엘 땅과 이스라엘 나라는 매우 중요했기 때문에 미카엘이 이스라엘에서 왔다는 것을 알고 그녀는 거의 실신할 지경이었다. 그녀는 미카엘에게 핀란드 할머니 같은 분이 되었다. 그런데 릴리는 미카엘이 마리안과 데이트를 시작하기도 전에 그의 미래 아내에 대한 환상을 보았다. 그리고 그것은 그녀가 본 그대로 이루어졌다. 팔십 세가 되어갈 때, 릴리는 미카엘과 마리안의 결혼식에 참석하기 위해 이스라엘로 여행했다. 그녀는 그들의 행복한 결혼을 위한 증인 중 한 명으로서 명예로운 역할을 맡았다. 지금 릴리는 팔십대 이상이지만 매우 건강하다. 그녀는 현재 미켈리 (Mikkeli)에 살고 있고, 미카엘은 핀란드에 갈 기회가 생길 때마다 그녀를 방문하려고 노력한다.

핀란드의 동역자 가운데 야아꼬를 빼놓을 수 없다.

핀란드 자유교회의 대표로서 야아꼬 피흘라자마키(Jaakko Pihla-jamäki)는 수 년 동안 '이스라엘의 친구들'의 부의장으로 일했다. 자아꼬

미카엘의 사역은 핀란드와 한국 등 전 세계에 걸쳐 이루어진다. 그러나 미카엘이 진심으로 집중하는 것은 이스라엘의 유대인들이다. 특히 에티오피아계 유대인들과 같은 어려운 사람들과 함께 하는 일은 그의 사역에서 무엇보다 중요한 부분이다.

는 또한 자유교회의 이스라엘 실무위원회의 지도자이기도 했다. 그는 일까 바꾸리에게 자유교회의 손님으로서, 그리고 후원을 받기에 가장 적합한 메시아닉 유대인으로 합당한 사람이 누구일지 물어보았다. 일까는 스무 명 가량의 '이스라엘의 친구들'의 후원 후보자들을 소개했고, 그들 중에서 자아꼬는 미카엘 야론을 선택했다.

어느 날, 야아꼬는 미카엘에게 와서 말했다. "자유교회는 외국의 개척 교회들을 격려하고 돕고자하는 비전이 있습니다. 이제 태어나려고하는 교회를 후원하고 싶습니다." 그 때 미카엘은 여전히 크파르 싸바 교회를 섬기고 있었지만, 역시 리숀 레찌온에 교회를 개척할 계획을 하고 있었기 때문에, 자아꼬에게 그것을 말했다. 그들은 그 때 협정을 맺었다. 그리고 자유교회는 오늘날까지 트힐랏 야 교회를 후원해주고 있다. 미카엘은 이후 매년 여름 축제 때를 비롯하여 여러 행사때 주강사로 초대를 받는다. 이 때 해외 선교의 전 책임자였던 리차드 브뤄스(Richard Brewis)는 자유교회 안에서 미카엘과 특별한 친구가 되었다.

이외에도 미카엘에게는 중요한 핀란드 친구들이 많다. 이들은 모두 하나님 안에서 귀한 동역자들이다.

심장전문의 카리 테잇티넨(Kari Teittinen)과 그의 아내 스티나(Stina) 그리고 그 모든 가족 역시 핀란드에 있는 소중한 친구들이다.

초교파 쇼라쉼 공동체(Shorashim Fellowship)를 핀란드에 설립한 미국인 에드가 마빈(Edgar Marvin) 역시 중요한 사람이다. 쇼라쉼의 목적은 기독교 신앙의 히브리적 뿌리에 관한 가르침을 제공하는 것이다. 마빈은 때가 되어 미국으로 돌아갔다. 후에 그와 미카엘은 미카엘이 이스라엘 트힐랏 야 교회에서 설교하거나 가르치는 것을 스카이프를 통해 주고 받는 것에 대해 서로 동의했다. 그리고 그 계획은 실행되었다. 미카엘은 그가 핀란드에서 많은 일들을 하게 될 것이라고 했던 핀란드인 파이비의 예언 일부가 성취됐다고 느꼈다.

미카엘은 지금도 많은 유럽의 나라들과 아시아로 강연 집회를 다닌다. 이 책이 쓰이는 동안에도, 그는 남아프리카공화국의 메시아닉 테스티모니(MT) 단체 동역자로부터 함께 일하자는 초청을 받았다. 미카엘은 오랫동안 그 곳을 방문하길 소원하던 터라, 그 곳 방문을 굉장히 기대하고 있다. 이탈리아는 자연스레 빈번하게 방문하게 된다. 그 곳은 미카엘에게 정서적으로 친숙하고 언어적으로도 자연스러운 홈그라운드이다. 이탈리아어를 알고 있는 것은 마리안의 고향 스위스에서 시민권을 얻는 데에도 필요조건이었다. 미카엘이 스위스 시민권을 얻기 위해 공식 언어 중 하나에 유창해야 했는데, 이탈리아어 역시 공식적인 언어이다. 그러나 무엇보다 이것은 미카엘이 스위스의 이탈리아어를 하는 교회들 중 많은 곳을 방문할 수 있는 기회를 열어주었다.

불가리아는 미카엘이 여러 번 방문할 수 있었던 나라들 중에 하나이다. 그는 그곳의 여러 목사들과 좋은 관계를 맺게 되었고 불가리아의 신자들은 리숀 레찌온에 짧게 방문하기도 했다. 한 사람은 일 년 동안 거기에 머무르기도 했다.

우크라이나는 미카엘에게 중요한 나라이다. 이스라엘에 있는 많은 유대인 이민자들이 우크라이나에서 왔다. 트힐랏 야 교회에도 많은 수의 우크라이나 사람들이 있고 그들 중 대부분이 키예프에 있는 이천 명이 넘는 수의 메시아닉 유대 교회 출신들이다. 미카엘은 우크라이나에서 열리는 기도 집회와 목사님들을 자주 방문한다. 그는 그 곳으로부터 종종 설교 요청을 받기도 한다.

한국 기독교인들은 이스라엘을 사랑한다. 많은 한국 기독교 학생들과 자원봉사자들이 이스라엘에 온다. 과거에 마리안은 텔아비브 대학에서 한국학생들에게 히브리어를 가르쳤다. 그녀를 통해 수년 전 한 한국 목사님과 연결이 되었고 그 목사님은 미카엘을 한국으로 초청했다.

"단 한 명에서 시작하여 백만 명으로 성장한 조용기 목사의 교회에 대해서 들었습니다. 한 친구가 말하길 오십 년 전만해도 한국에는 만 명의 신자들이 있었는데, 대부분이 불교와 다신교였던 그 국가에 지금은 천만 명의 신자들이 있다고 하더군요. 첫 방문 때 저는 건물 꼭대기에 수많은 십자가들이 있다는 것을 알아차렸어요. 한국에서 교회는 서로 가까이 붙어있는 여러 집들 사이에 연결되어 굳건하게 서 있었어요."

미카엘은 놀라워하며 말했다.

"저는 서울 거리를 걷기 위해 새벽 5시에 숙소를 나섰습니다. 제가 건물 밖으로 나설 때, 길거리에는 이미 너무 많은 사람들이 있었기 때문에 순간 아침이 아니라 점심 12시인가 하는 착각을 했어요. 이어서 저는 그들 중 많은 사람들이 팔 아래 성경을 끼고 있는 걸 보았습니다. 그들은 모든 교회에 있는 새벽 기도 모임에 가는 길이었던 거죠. 제가 듣기론 서울의 신학교에는 출근표가 있다더군요. 만약 학생들이 새벽기도모임에 참석하지 않을 경우 학점을 받지 못한다고 하더라구요."

미카엘은 조용기 목사가 만들었다는 기도굴, 너무 작아서 무릎 꿇고 겨우 들어갈 수 있는 그 작은 기도굴이 있는 산을 보고서 감동했다. 거기에서 사람들은 하나님과 온전히 홀로 만나는 시간을 갖을 수 있다. 한국에서는 많은 목사들이 다음날의 설교를 준비하기 위해 산에서 밤을 새며 기도한다고 한다.

"저를 혼란시켰던 것은 한국에서 목사님들은 거의 왕처럼 존경받는다는 사실이었어요. 이스라엘에서 목사는 전혀 특별하지 않거든요. 목사라고 소개하면 대부분 이상하게 쳐다보지요. 게다가 한국에서는 그 누구도 목사를 이름으로 부르지 않아요. 저는 미카엘도 아니고 미키도 아닌 언제나 미카엘 야론 목사님이라고 불렸어요."

미카엘이 웃으며 말했다.

"한국에서 먹는 것은 제게 꽤 큰 과제요 업적이 되었습니다. 새벽 기도 후에 목사님이 아침 식사로 저를 초대했습니다. 저는 핀란드처럼 빵과 커피를 생각하며 갔습니다. 그러나 아니더군요. 아침 6시에 밥과 고기가 제 앞에 차려져 있었어요! 그리고 후에 진행되는 설교 전에 그들은 저를 레스토랑으로 가서 만찬을 대접해주었습니다. 이렇게 그들은 그들의 존경심을 보여주는 것 같아요. 저는 집회를 위해서 양복이나 넥타이를 맨 정장으로 차림을 합니다. 그 차림으로 바닥에 방석을 깔고 앉아 두 시간동안 먹으려면 저의 넥타이나 양복을 더럽히지 않기 위해 조심해야하죠. 그래서 식사를 시작할 때 망토 같은 것을 받아서 옷을 가립니다. 젓가락으로 먹어야할 때는 더 어려워집니다. 저는 딱 한번 포크를 달라고 부탁했는데, 그들은 십오 분 동안 포크를 찾다가 결국 제게 굉장히 작은 포크 하나를 가져다줬어요."

중국과 베트남 그리고 다른 곳으로의 집회 여행도 한창 진행 중이다.

"저는 해외로 여행 다니는 것을 즐깁니다! 그 이유들 중 하나는 아마도 이탈리아에서 공부했던 시간 때문이지 싶어요. 그것을 통해 다른 여러 나라 기독교인들의 문제들을 이해하게 되었고, 또한 이스라엘로 이주한 외국인들의 문제들을 이해할 수 있게 되었어요. 그렇기 때문에 우리 교회 성도들이 교회를 집처럼 편하게 느끼는 거 같아요. 목사가 그들을 공감할 수 있으니까요!"

미카엘이 말을 이었다.

여행을 다니면서 미카엘은 한편으로는 일상적인 성경 주제와 다른 한편으로는 이스라엘에 대해 가르친다. 때때로 그는 그의 교회 비전에 대해서 말한다. 그의 생각에 잘못된 교리라고 생각하는 '대체신학(replacement theology)'을 가르치는 것은 매우 중요한 일이라고 생각한다. 그는 이스라엘에 대해 균형 잡힌 가르침을 전달하기를 원한다. 대체신학에 따르면, 이스라엘은 하나님께 불순종하고, 결정적으로 메시야를 거절했기 때문에, 하나님의 계획으로부터 완전히 제거되었다. 거절된 이스라엘 대신에, 하나님은 이방 교회를 이스라엘 대신 선택하셨다.

"그러나 로마서 11장 1절에 보면 하나님께서 그의 백성들을 버리지 않으셨다는 것을 우리에게 보증하고 있습니다. 하나님은 이방인들이 메시아를 알아볼 수 있게 잠시 이스라엘의 눈이 가려지도록 허락하신 것이죠. 하나님은 또한 유대인들이 이방인들 때문에 질투가 나도록 자극받도록, 비유대인들이 유대인 메시야를 알게 된 것에 대해 시기하도록, 그렇게 해서 유대인들이 그 분을 알아보도록 이런 일들을 허락하셨던 겁니다. 그것이 바로 제게 일어났던 일이고 많은 유대인들에게 일어나는 일입니다! 많은 이방인 신자들이 유대인들을 예슈아께 인도하고 있습니다. 이런 식으로, 이방인들은 유대인들이 필요하고, 유대인들은 이방인들이 필요합니다. 구약의 룻 이야기, 사사 시대 모압 여인 룻 이야기로 우리는 하나님의 구원 계획이 보이는 그림자를 갖게 되었습니다. 그 이야기는 유대인과 이방인들 사이 상호의존성을 보여줍니다."

미카엘이 자세를 고쳐 앉아 진지하게 말을 이었다.

"이스라엘은 기근에 직면했고 엘리멜렉과 그의 아내 나오미는 그들의 두 아들을 데리고 더 나은 삶을 소망하며 모압으로 내려갑니다. 그러나 거기서 나오미는 그녀의 남편과 두 아들을 모두 잃죠. 과부가 된 그녀는 그녀의 모압 며느리 룻과 함께 이스라엘로 돌아옵니다. 이스라엘에서 룻은 마침내 나오미의 친족이자 구원자 보아스와 결혼합니다. 나오미는 유대인을 나타냅니다. 그녀는 이방인을 나타내는 룻을 가르치고, 룻은 이스라엘의 하나님을 알게 됩니다. 다른 한편으로, 룻을 통해 나오미는 메시아를 상징하는 그녀의 구원자 보아스를 알게 됩니다."

미카엘은 신약 성경이 이스라엘의 남은 자들이 예슈아에게 온다고 말하는 것은 메시아닉 유대인들을 언급하는 것이라고 말한다. 스가랴 12장 10절에는 "그들이 그 찌른바 나를 바라보고"라고 기록되어 있다 (한글번역본에는 '그를 바라보고'로 되어 있고 히브리어 원문에는 '나를 바라보고'라고 되어 있다–역자 주). 1948년 이스라엘이 건국되었을 때에는 지극히 작은 소수의 메시아닉 유대인들이 있었다. 그러나 지금은 이스라엘에만 만 오천 명의 메시아닉 유대인들이 있다. 다른 나라에는 더 많은 메시아닉 유대인들이 믿음 가운데 살고 있다.

미카엘이 이스라엘과 해외에서 가르칠 때, 그는 정체성을 주제로 연설한다. 바울은 로마서 2장 28-29절에서 영적 용어로서 유대인을 이렇게 정의한다. "무릇 표면적 유대인이 유대인이 아니요 표면적 육신의 할례가 할례가 아니니라 오직 이면적 유대인이 유대인이며 할례는 마음에 할지니 영에 있고 율법 조문에 있지 아니한 것이라 그 칭찬이 사람에게서가 아니요 다만 하나님에게서니라." 나무 아래 앉아있던 나다나엘을 본 예슈아는 말씀하셨다. "보라 이는 참으로 이스라엘 사람이라 그 속에 간사한 것이 없도다"(요 1:47). 예슈아는 나다나엘에게 믿음이 있는 것을 아셨고, 나다나엘의 대답은 그것을 증명한다. "랍비여 당신은 하나님의 아들이시요 당신은 이스라엘의 임금이로소이다"(요 1:49).

"제가 가르칠 때, 저는 이스라엘에 대한 특정한 극단적 태도를 폭로하려고 시도합니다. 대체신학과 반대 경향으로서 유대인들과 메시아닉 신자들을 맹목적으로 떠받드는 것을 말입니다. 유대인들이 이방인들보다 더 나을 것도 덜할 것도 없습니다. 그들은 하나님에 의해 열방에 하나님의 빛을 반사해야 하는 특별한 임무를 위해 구별되어졌을 뿐입니다. '거룩하다'라는 의미는 하나님의 목적을 위해 신성하게 구별되어진다는 뜻입니다.”

미카엘이 초점을 맞추며 이야기를 이어갔다.

“유대인들과 이방인들 우리 모두 하나님께 가까워질 수 있습니다. 그
렇기 때문에 하나님께서 우리를 처음 부르셨을 때의 그 신분은 바꿀
필요가 전혀 없는 것입니다. 이방인 신자들은 유대교로 바꿀 필요가
없고, 유대인 신자들은 이방인 신자처럼 되어야 할 필요가 없습니다.
우리 모두에게 있어 중요한 것은 하나님께 가까이 사는 것입니다.”

미카엘은 유대인들과 이방인들의 정체성에 관한 빈번한 대립을 보여
주는 예를 이야기해 주었다. 어떤 예슈아를 믿는 비유대인 여인이 유대
인과 결혼하기를 원했다. 그녀는 랍비에게 8개월 동안의 개종 수업을 들
었다. 마지막 시험을 치를 때가 왔고, 그 랍비는 그녀에게 말했다. ‘당신
은 정말 열심히 잘 해주었어요. 많은 유대인들보다도 더 많은 것을 알고
있어요. 이제 마지막 질문을 하겠습니다. 당신은 예슈아를 믿습니까?’
그녀는 잠시 침묵하다가 말했다. ‘나는 그분을 부인할 수 없습니다!’ 결
국 그녀의 개종은 인정되지 않았다. 그런데 불행히도, 많은 사람들이 이
중요한 시점에서 예슈아를 부인해버리고 만다.

“제가 이스라엘에서 태어난 유대인임에도 불구하고, 저의 근본적인
정체성은 예슈아의 제자가 되는 것입니다. 이것은 저의 유대인으로

서의 정체성보다 우위에 있는 것입니다."

미카엘은 명료하게 말했다.

11

벧 마르고아 그리고 그곳의 거주자들

미카엘과 마리안이 결혼한 후, 그들은 간 하임(Gan Heim)에 있는 농업 공동체인 모샤브(moshav)에 살았다. 그 뒤 그들은 다니던 교회가 있는 크파르 싸바의 평범한 아파트로 이사했다. 그 아파트는 방 네 개와 부엌이 있었다. 리숀 레찌온 교회를 시작한 뒤 부부는 다시 시내 중심가 가까이에 있는 방 다섯 개와 부엌이 있던 임대 아파트로 이사했다. 그 집은 아파트 꼭대기 층이었고, 그 위 옥상 정원에서 그들은 기도 모임과 축하 행사들도 할 수 있었다.

그러나 미카엘과 마리안에게는 사람들이 와서 그들의 에너지를 재충전할 수 있는 안식의 집, 히브리어로 '벧 마르고아(Beit Margoa)에 대한 비전이 있었다. 집 이름은 이미 명확했다. 많은 사역자들이 모든 힘이 완전히 소진될 위험에 처해있는데, 그들에게 안식은 매우 필요하다. 이 따금씩 정신적이거나 영적인 배터리는 충전해줄 필요가 있다. 미카엘과 마리안은 기도하는 가운데 그들이 명확하게 그리고 있는 집을 기다렸다.

그들은 '벤 마르고아 프로젝트'에 대한 하나님의 확증을 원했고, 곧 그 확증을 받았다. 성경 이사야 40장 30~31절의 말씀이었다. "소년이라도 피곤하며 곤비하며 장정이라도 넘어지며 쓰러지되 오직 여호와를 앙망하는 자는 새 힘을 얻으리니 독수리가 날개치며 올라감 같을 것이요 달음박질하여도 곤비하지 아니하겠고 걸어가도 피곤하지 아니하리로다." 독수리의 이미지는 이렇다. 처음엔 몇 차례 날개를 치다가 그 후엔 오랜 시간동안 기류를 따라 활공한다. 사람들은 그들의 날개짓이 지속적으로 이어지기를 원한다. 그들은 또 그들 주도적으로 그 상태를 유지하기 위해 노력한다. 그러나 그들은 결국 기진맥진해버리는 새들과 같다. 우리는 대신 활공하는 독수리와 같이 안심하며 안식하고 주님을 즐거워하는 법을 배워야 한다(시 37:4). 미카엘과 마리안은 성령의 돌보심 안에서 사람들이 안식할 수 있는, 말하자면 활공할 수 있는 장소를 가지고 싶었다. 마태복음 11장 28절에서 예슈아는 우리를 초청하신다. "수고하고 무거운 짐 진 자들아 다 내게로 오라 내가 너희를 쉬게 하리라."

하나님께서는 곧 그들의 목적에 정확하게 들어맞는 이상적인 집으로 인도하셨다. 그 집은 두 개 층이었다. 거기에다 지하실과 다락방까지 있었다. 미카엘은 머릿속으로 다락방이 생활공간이 될 수 있을 거라고 그림을 그렸다. 미카엘과 마리안이 바로 그 집을 얻어 이사를 간 후, 카리

테잇티넨에 의해 꾸려진 일단의 핀란드 남자들 그룹이 집수리를 위해 왔다. 그들은 그 프로젝트를 느헤미야 작전이라고 명명했다.

핀란드 팀은 곧 그 다락방을 샤워실과 화장실이 있는 방으로 바꿔놓았다. 그 팀에는 특별히 근면 성실한 한 사람이 있었다. 그는 아침 네 시가 되면 신이 나 망치를 들고 일을 시작했다. 가족들만 깨우는 것이 아니라 아마도 대부분의 이웃들까지 깨웠을 터였다. 그는 일을 하면서 계속 이야기를 했다. "인생의 의미는 일에 있어요. 우리는 일을 해야 해요!" 2층에는 핀란드 사람들을 위한 사우나도 만들었다. 맨 꼭대기 층 벽 한 면에는 활공하는 독수리 그림도 그려 넣었다.

지하실도 수리에 들어갔다. 네덜란드에서 온 알버트(Albert)는 손재주가 꽤 좋았는데 그가 그곳에서 일했다. 수리를 마친 후 지하실은 교회 사람들, 이스라엘 사람들 그리고 전 세계에서 오는 손님들을 위한 예배, 기도, 치유실로 사용하기로 하고 그렇게 드려졌다. 그곳은 일단 카페트를 깔아 두었기 때문에 사람들이 와 기도할 수 있었다. 분리된 작은 방은 개인기도 공간으로 사용되는데, 그것은 조용기 목사의 기도굴에서 영감을 얻은 것이었다.

1층에는 부엌, 식당방 그리고 거실이 있었다. 그곳에서는 제법 큰 집단도 모일수도 있었다. 1층에는 또 작은 방공호가 있는데, 교회의 사무실로도 사용되며 상담실과 같은 기능을 했다.

2층에는 욕실과 발코니가 딸린 아름다운 방이 마련되었다. 미카엘과 마리안이 그 방을 처음 보았을 때 거의 고급 호텔의 스위트룸 같다고 느껴다. 그들은 그 방을 손님방으로 남겨두기로 하고 같은 층의 다른 좀 더 수수한 방을 그들의 침실로 정했다.

손님들이 집에 방문할 때면, 미카엘은 그들을 살짝 놀리기 위해 말한다. "정말 죄송하지만, 집에 방이 없어서 매트리스와 침낭뿐인 정말 작은 방 밖에 못 드리겠네요. 그러면 모든 사람들이 한결 같이 말한다. "아니에요, 괜찮아요, 전 정말 좋습니다!" 그리고 미카엘이 그들을 데리고 윗층으로 올라가 그 방문을 열면 아름다운 손님방이 그들 눈앞에 펼쳐진다. 그러면 사람들은 너무 좋아서 어찌할 줄 모른다.

"하나님께서 저의 이 작은 장난을 용서해주시길 바라요,"

미카엘이 밝게 생긋 웃었다.

새 집으로 이사하고 며칠 지나지 않아 미카엘은 텔레비전으로 개에 관한 다큐멘터리 프로그램을 보았다. 그 프로그램은 많은 종들 중에 큰 북극 개인 허스키와 말라뮤트에 대한 이야기를 다루고 있었다. 미카엘은 놀라움을 금치 못했다. "정말 훌륭한 개들이었고 그것들은 사람에게 정말 충성스러웠어요!" 그 때 전화가 왔는데 마리안이었다. 마리안과 아이들이 길을 잃은 큰 회색 개를 길거리에서 보았다는 것이었다. 그 개에게는 주인이 없었다. 아마도 누군가 거리에 버린 것 같았다. 미카엘은 좀 전에 보고 있던 텔레비전 프로그램과 마리안의 전화를 결부하여 생각하며 그 개를 보기 위해 재빨리 나갔다. 그 개는 비참해 보일정도로 말라 있었고 벼룩과 진드기가 수두룩했으며 다른 개들과 싸웠던지 물린 자국과 할퀸 자국들이 많았다.

미카엘은 그 개를 수의사에게 데려갔다. 그는 개를 깨끗하게 해주었다. 야론 가족은 그 개를 돌보기 시작했다. 수의사는 그 개가 알래스카 말라뮤트 혈통이며 그 개의 이름이 '로코'라고 알려주었다. 개 목 피부에 있는 칩을 통해 야론 가족은 주인을 찾았다. 그런데 그 주인은 그들에게 더 이상 개를 데리고 있을 수 없다고 말해 야론 가족은 드디어 그 개를 키울 수 있게 됐다. 그동안 그 개에게 먹이를 주었던 동네 이발사와 동네 사람들은 로코가 새 집을 찾게 되어 기뻤다.

미카엘과 마리안은 얼마 후 로코를 데리고 수의사를 찾아갔다. 수의사는 말했다. "이 개가 처음 찾아왔을 때는 비참한 형상이었는데, 지금은 마치 왕자처럼 의기양양해졌군요!"

"마치 하나님이 제게 말씀하시는 것 같았어요. '네가 이 버려지고 집이 없던 외로운 개를 데려와서 돌본 것처럼, 너는 사람들을 섬기게될 것이다. 그 개는 너의 첫 고객이었다.' 그 후로, 마음에 많은 상처를 받고, 지치고, 소망을 잃은 많은 사람들이 저희 집에 방문하고 있어요."

이스라엘에서 개를 산책시키는 사람은 꼭 봉지를 휴대하여 개의 변을 치워야한다. 언젠가 미카엘은 봉지 휴대하는 것을 잊어버리는 바람에 벌금을 물어야만했다. 그 후 그가 로코를 데리고 나갔는데 그 때 역시 봉지를 가지고 오지 않은 것을 깨달았다. 로코는 이미 볼 일을 보고 있었고, 그 순간 경찰차가 그들을 쫓아오기 시작했다. '아이고, 또 200세켈 벌금 물겠군.' 미카엘은 생각했다.

경찰차가 멈췄다. 키가 큰 근육질 남자가 다가왔다. 이것이 어떻게 된 영문인가! 그는 개한테서 일 미터 정도 떨어져서 멈추더니, 개 앞에 무릎을 꿇고 앉았다. "저기요, 이런 멋진 개를 어디서 찾으셨습니까? 저는 딱 이런 개를 찾고 있었어요! 만일 이 개를 더 이상 키우고 싶지 않아 누군가에게 주고 싶다면 제게 연락을 주세요. 여기 제 번호와 주소에요. 정말 이 개를 너무나 갖고 싶네요!" 그 경찰관은 벌금에 대해서는 까마득히 잊었다!

벤 마르고아는 공항으로 쉽게 직행할 수 있는 기차역과 가까웠다. 지중해 역시 가까이에 있다. 미카엘과 마리안은 종종 손님들이 바다를 보거나 해변가를 거닐며 편안히 쉴 수 있게 그들에게 집 열쇠와 핸드폰을 건네기도 한다. 집 앞뜰과 뒤뜰에는 사람들이 쉴 수 있는 정원도 있고, 부엌은 언제나 자유롭게 사용할 수 있도록 해 두었다.

그들의 집에 오는 사람들은 대부분 미카엘의 외국 여행이나 그 밖의 다른 관계로 전부터 알던 사람들이다. 물론 야론 가족 역시 개인 시간이 필요하기 때문에 언제 방문하기에 적합한지는 야론 가족과 조율해야 한다.

"주님께서 뭔가 다른 것을 보여주시지 않는 이상 우리는 대부분 방문
객이 3~4일까지 머물도록 합니다. 힘든 가정문제로 인해 기진맥진
한 교회 성도들과 같이 장기로 머무는 손님들도 있긴 합니다."

핀란드, 영국, 불가리아, 스위스, 독일, 오스트리아, 이탈리아, 호주, 미
국, 중국, 한국과 인도로부터 방문객들이 다녀갔다. 때로는 잠을 자지 않
고 집구경만 오는 큰 무리의 사람들도 있다.

"전세 버스가 길거리에 주차하고 거기에서 사십여 명의 한국인들이
내려 우리집을 방문하는 걸 보면 이웃들이 뭐라고 생각할지 궁금
해요. 방문객들이 홍수처럼 몰려오는 걸 보면 그들의 입이 벌어지
거든요."

기도하는 가운데 미카엘로 하여금 예슈아를 받아들이도록 인도한 독
일인 울프 올덴버그가 수년 전 그의 집을 방문했다. 울프는 덴마크 사람
이지만 여러 해 동안 독일에서 살고 있다. 그는 미카엘에 대해 꾸밈없는
매우 정직한 청년이라는 첫 인상을 받았다고 했다. 그는 다시 한 번 미카
엘에게 그 이야기를 했다.

"오늘날까지 미카엘에 대한 저의 첫 인상은 여전히 인상적으로 남아
있습니다. 그는 그의 위대한 메시아 예슈아의 발자취를 계속 따라가
고 있습니다. 오늘 미카엘과 그의 가족을 그들의 삶의 자리에서 만나

그들과 좋은 시간을 보낼 수 있게 되어 얼마나 기쁜지 모릅니다. 미카엘이 전문의임에도 불구하고 하나님의 부르심을 따라 목회의 길을 가고 있다는 것에 대해서도 참 기쁩니다. 그는 우리 시대 이스라엘을 위한 메시아의 작은 사도이며 종입니다."

울프는 제2차 세계대전 내내 핍박받던 유대인을 구해주던 기독교인들을 통해 신자가 되었다. 그들은 자기들의 생명이 위험하다는 것을 무릅쓰고 유대인들을 배에 실어 스웨덴의 안전한 곳으로 이동시켰다.

다양한 그룹들이 벧 마르고아에 모인다. 정기적인 청년모임, 지도자모임, 다양한 기도 모임들, 예배팀 모임과 핀란드여성 모임. 미카엘이 그 모든 모임들을 그들의 집으로 끌어오는 것이 아니라 그저 모일 장소가 없기 때문에 그 집에서 모이는 것이다.

미카엘은 대화를 이어가던 중 벧 마르고아의 고정 고객을 소개했다. 그의 아이들이다. 2006년에 태어난 장남 로이(Roi)는 매우 에너지가 넘친다. 가족들은 그를 '페퍼(pepper)'라고 부른다. 페퍼라는 말은 고추나 후추라는 의미 외에도 '생기있다'는 뜻을 갖고 있다. 그는 또한 매우 영리하다. 학교에서도 또래의 아이들보다 훨씬 뛰어난 친구이다. 모두들 그는 두려운 것이 없다고 말한다. 그는 운동을 잘하고 특히 축구를 잘한다. 이웃사람들은 그 아이가 미래의 훌륭한 골키퍼라고 입을 모아 말한다.

2008년도에 태어난 딸 리아(Lia)는 둘째로서 말하자면 샌드위치 사이에 낀 어려운 위치에 있다. 리아는 조심스레 로이와 막내가 뭘 해도 되는지를 지켜보고는 살짝 질투심을 느낄 수 있다. 리아는 예술적인 은사가 있고 리드미컬한 춤을 잘 춘다. 그리고 하프와 탬버린 연주를 시작했다. 그 아이는 무엇보다 매우 의지가 강하다.

막내아들 마탄(Matan)은 2010년도에 태어났고 셋 중 가장 차분하다. 그의 이름은 '선물'이라는 뜻이다. 그는 로이가 이미 선수멤버가 된 어린이 축구팀에 소속되어 있다. 그는 총명해 보이기는 하지만, 너무 많은 것을 이야기하기엔 아직 너무 어린 나이이다.

여러 종류의 작은 사건들이 모여 벧 마르고아의 역사를 만들었다. 그들은 새 집에서의 첫 여름에 도둑을 맞았다. 누군가 뒷문을 제대로 잘 잠그지 않았던 듯싶다. 미카엘이 아침 일찍 아랫층으로 내려왔을 때, 도둑들이 막 문을 열고 도망가던 참이었다. 그들은 컴퓨터를 훔쳤다가 그것을 마당에 던져놓고 갔다. 또 그들은 미니밴 열쇠를 가지고 갔는데 미카엘은 그들이 차에 시동을 거는 소리를 들었다. 미카엘은 기도했다. "주님 제발 차를 멈춰주세요!" 몇 시간 후 한 젊은 여성은 그 날 아침 상담을 위해 벧 마르고아로 가던 길에 전화러 물었다. "왜 목사님 차가 큰길가에 주차되어 있는 거예요?" 하나님께서 기도를 들으시고 차가 멈췄던 것이다. 그 도둑들은 차가 멈춰버리자 화가 나서 차 열쇠를 주변에 던져버리고 문을 걷어차 부쉈다. 새 문을 위한 가격은 당연히 보험회사가 지불해주었다!

가족은 가자 전쟁(2014년 7월 8일~8월 26일)[9]으로 한 때 힘든 시간에 직면했다. 그 전쟁이 시작될 때 그들은 모두 마리안의 고향 스위스를 방문 중이었다. 미카엘은 어쩌면 이스라엘에서 그들의 이스라엘 친구들과 함께 하는 것이 더 마음에 편안할 것 같다고 느꼈다. 야론 가족은 재빨리 집으로 돌아왔다.

이스라엘에서 그들이 사무실로 사용하던 방은 방공호 기능을 하는 곳이었다. 콘크리트 벽으로 지어졌고 목적에 충실하여 매우 견고했다. 낮 뿐 아니라 밤에도 경보가 여러 차례 울렸다. 이스라엘에서 경보가 울리면 일 분 안에 방공호로 이동해서 십 분 동안 그 안에 있어야 한다. 운전 중에 경보가 울리면, 차에서 내려 바닥에 납작 엎드리고 머리를 감싸고 있어야 한다.

"최소한 저는 그 전에 전쟁을 경험해봤지만 다른 가족들은 아니었어요. 이스라엘이 가자로부터 날아오는 로켓들의 대부분을 하늘에서 파괴하는데 애를 썼지만, 지상으로 떨어지는 파편들은 늘 있었죠."

그 위협적인 상황 때문에 텔아비브의 많은 신자들은 그들의 교회 건물에 모여 기도했다. 어느 교회에 기도하러 온 사람들 중에는 이스라엘 밖에서 온 사람들도 있었다. 교회 성도가 아닌 두 명의 이스라엘인들이 그 곳에 왔을 때, 그곳 목사님은 그들에게 메시아의 복음을 전할 기회를 얻었다. 그들은 마음으로 예슈아를 받아들이기를 원했다. 그 목사님이 그들을 위해 기도하려던 순간, 공습 경보가 울렸다. 그 목사님은 그들의 마음에 메시아를 받아들이는 것이 로켓을 피해 방공호로 달려 가는 것보다 더 중요하다고 말하며 그들을 위해 기도하기 시작했다. 두 번의 폭발음이 들렸지만 그 어떤 피해도 없었다. '방공'이 정확하게 작 동된 것이다.

"이사야 54장 17절의 말씀이 딱 들어맞습니다. '너를 치려고 제조된 모든 연장이 쓸모가 없을 것이라. 그 이스라엘인들이 신자가 되었다 는 사실은 악의 한 가운데서도 하나님은 선하게 일하실 수 있다는 예시였습니다. 트힐랏 야에도 전쟁 기간 동안 좋은 일들이 일어났 습니다. 우리가 모이는 건물에는 방공호가 없기 때문에 안식일 예 배 때 모일 수가 없었습니다. 그래서 안식일 예배 대신 매 안식일마 다 성도들은 구역모임으로 모였습니다. 그 당시 몇몇 모임과 그 모 임 안 개개인들 사이에 있던 작은 불일치들이 사라졌습니다. 극도 로 심각한 상황 가운데서 작은 문제점들이 더 이상 중요하지 않게 되었던 거죠."

미카엘이 감사한 마음을 담아 말했다.

"우리는 하나님 앞에 함께 모여서 가자 사람들, 특히 무고한 시민들을 위해 기도했습니다. 그들의 고통은 끔찍했습니다. 국가 안에서 금식 을 정하고 사람들을 다함께 소집하여 불러 모으고서 요엘사 2장 12~17절 말씀을 가지고 기도했습니다. 17절에는 '여호와여 주의 백

미카엘 목사의 집 베이트 마르고아(Beit Margoa). 안식의 집이라는 뜻이다. 이 집은 그와 가족들 뿐 아니라 아픔과 어려움을 겪는 모든 이들에게 열려 있다.

미카엘과 마리안 가족, 가장 왼쪽이 마탄이고 가운데가 리아 그리고 오른쪽이 로이이다.

성을 불쌍히 여기소서 주의 기업을 욕되게 하여 나라들로 그들을 관할하지 못하게 하옵소서 어찌하여 이방인으로 그들의 하나님이 어디 있느냐 말하게 하겠나이까.' 라고 쓰여있습니다."

미카엘은 피난처와 보호에 대해서 말하는 시편 91편도 언급했다.

"주님은 피난처이며 요새이십니다. 우리는 방공호에서 아이들에게 '천 명이 네 왼쪽에서, 만 명이 네 오른쪽에서 엎드러지나 이 재앙이 네게 가까이 하지 못하리로다'(시 91:7)라는 말씀을 말해줄 수 있었어요."

우리가 모두 그렇듯, 미카엘에게는 아버지, 배우자, 이웃 그리고 목사와 같은 본인이 맡은 많은 역할에 대해 자기 스스로를 살펴야할 때가 있었다. 그 모든 시간 동안 미카엘은 본인에 대해 더 잘 알게 되었다. 아버지의 역할을 해야 할 때가 있었는데, 그 때 그는 새내기 목사로서 무척 열심히 일하는 것이 아이들과 친밀한 관계를 형성하는데 방해가 되었던 적이 있었다고 말했다. 교회를 잘 보살피고 해외로 집회를 다니는 것은 엄청난 시간과 에너지를 필요로 했기 때문이다.

"이제 저의 시각이 매우 달라졌습니다. 가족은 하나님 바로 다음으로 중요하다는 것을 알게 되었어요. 요즘에는 가족들에게 많은 시간을 할애하려고 하고 우리는 건강한 균형을 회복하고 있습니다. 저는 직접 아이들 학교와 유치원 그리고 취미 생활이나 생일파티 같은 곳에도 데려다줍니다."

미카엘은 그의 영적인 삶을 심화시키던 때를 말했다. 그가 신자가 되기 전에, 사랑을 향한 열망은 사람들을 두려워하는 마음과 사람들을 기쁘게 하고자하는 갈망을 일으켰다. 결국 그것들은 거짓말과 가식적 꾸밈으로 이어졌다.

"사람을 두려워하는 마음이 제 삶에서 점차적으로 사라져갔다는 걸 말할 수 있어요. 제가 초신자였을 때, 사람들을 기쁘게 하고 하는 욕구가 일어났어요. 예를 들어 이탈리아 교회에서 수련회를 떠났을 때였죠. 모두들 돌아가면서 설거지와 청소를 맡았어요. 종종 밤에 프로그램이 늦게 끝나면 설거지는 아침까지 남겨졌죠. 저는 일찍 일어나는 편이라, 제 차례가 아니어도 그 설거지를 제가 했어요. '겸손한' 사람으로서 저는 그 이야기를 아무에게도 하지 않았고요. 둘째 날에도 저는 똑같이 설거지를 했어요. 셋째 날이 되자, 누가 설거지를 했는지 묻는 사람이 없는 것에 대해 의아했습니다."

수련회 조직 위원회의 회의는 매일 있었다. 그 회의는 참여한 사람들의 연약함, 문제점, 죄를 나눌 수 있는 매우 열린 분위기였다. 스프레도스 목사님은 원래 가톨릭 신부가 되기 위한 공부를 했던지라, 자백할 때 따라오는 힘과 축복을 알고 있었다. 목사님의 사모님이 수련회 살림을 맡고 있었다. 그녀는 미카엘에게 말했다. '아마도 당신은 왜 아무도 당신에게 설거지에 대해 말하지 않는지 궁금했을 겁니다. 하나님께서 제게 말씀해주셔서 당신이 그 설거지를 도맡아 했다는 것을 알고 있었어요. 하지만 하나님께서 당신이 올바른 동기로 한 것이 아니라는 것을 제게 보여주셨어요. 당신은 인정받고 싶었을 거에요. 그렇기 때문에 저는 그것에 대해 당신에게 아무 말도 하지 않기로 했던 겁니다.'

이탈리아에 있을 때 한 기도 모임에서는 다른 사건도 있었다.

"저는 정말 아름답게 기도하기 시작했어요. 제 기도 중간에 목사님이 일어나 화장실에 가셨어요. 저는 속으로 '저기요, 목사님이 그런 식으로 나가버리시면 전 여기서 더 이상 기도하고 싶지 않군요.'라고 생각했답니다. 그리고 왜 제가 기도를 멈추고 싶었던 건지 고민했어요. 제 기도는 하나님을 위한 게 아닌 목사님을 위한 거였기 때문이었어요."

미카엘은 그의 삶 가운데서 교만의 위험성을 보았다. 예를 들어 해외의 어떤 중요한 그룹이나 목사가 초대받아 이스라엘에 오게 되면 그는 이렇게 생각하기도 했다. "왜 내게는 연락하지 않지?" 그에게는 언제나 질투와 교만의 유혹이 있었다.

미카엘은 이탈리아에 있을 때 스프레도스 목사님이 말씀하셨던 것을 기억하고 있다. 그때 스프레도스는 "하나님은 완벽함을 찾지 않으시고 정직함을 찾으신다."고 말했다.

미카엘의 생각에 그의 긍정적인 특성은 새로운 것을 배우고자하는 끊임없는 갈망과 그의 연약함과 죄성을 지속적으로 인지한다는 것이다. 그는 그것들을 인정하는 것이 두렵지 않다.

"저는 계속 실수를 합니다. 하지만 모든 것으로부터 배울 준비가 되어 있습니다. 저는 그런 의미에서 열려있습니다."

미카엘은 본인의 특성을 그렇게 말했다.

그렇기 때문에 그는 기독교단 교파들에 대한 자의적인 선 그리기를 하지 않는다.

"만약에 제가 오순절파이고 제가 루터교인을 만났다면, 저는 '음, 그들은 완전히 틀렸어.'라고 말하지 않을 겁니다. 반대로 저는 모든 신자로부터 무엇인가를 배울 수 있습니다. 그렇다고 그들의 모든 교리를 다 받아드린다는 것은 아니죠."

미카엘은 이스라엘의 친구들이 대부분 연합한다는 사실을 즐거워 한다. 교회들 안에 존재하는 서로 다른 신앙 체계가 그들의 연합을 방해하지 않는다. 오직 하나님만이 사람의 마음을 아시니 말이다.

미카엘은 그의 장점에 대해 늘어놓기를 원하지 않았다. 그는 다른 사람들이 그에 대해 이야기하는 것이 더 옳을 것이라고 말했다. 미카엘을 잘 아는 누군가는 그의 성격을 다음과 같이 묘사했다. "그는 매우 재밌고, 유머가 있는 사람이고, 겸손하며, 총명하고, 이해심이 있으며, 경청해주는데다, 신실한 친구이자, 용서를 구하고 용서를 해주는데도 빠르며, 인내심있고 넓은 아량의 매우 글로벌한 사람이다. 그는 신자들 사이 연합을 위해 끊임없이 노력한다. 그리고 때때로 그는 살짝 건망증이 심한 교수 같기도 하다."

목사로서, 미카엘은 싹싹한 외교 수완을 부리는 것 또한 그의 사역 중 일부임을 경험했다. 선지자들이 모든 것을 흑백으로 보는 경향이 있는 것과는 사뭇 다른 종류였다.

"목사는 공감해야 하고, 사랑해야 합니다. 제가 느끼기로 저는 신자든, 비신자든, 사람을 정말 좋아해요. 한번은 친구와 함께 누군가를 방문하러 갔습니다. 그 집의 여인은 제 친구에게 말했어요. '만약 당신이 회개하지 않는다면, 당신은 지옥에 바로 떨어질 거에요!' 저는 그런 식은 아니에요. 대신, 저는 다른 식으로 좀 더 부드럽게 얘기하고 싶어요. 사람들에게 미심쩍은 점을 선의로 해석하며 우리는 자비를 보여줄 필요가 있습니다. 예슈아가 이런 사람들과 어떻게 공감하셨을지 생각하곤 해요. 그 분은 죄 짓다 잡힌 여인을 고소하던 자들이 하나 둘 떠난 뒤 말씀하셨어요. "나도 너를 정죄하지 아니하노니 가서 다시는 죄를 범하지 말라" (요 8:11). 우리는 두 가지 모두를 시도할 필요가 있지요. 사람들에게 하나님의 은혜에 대해 말하는 것과

죄의 삯들에 대해 경고하는 것 둘 다 말입니다.“

과장을 좀 보태어, 만약 정말 진지하게 그 일을 수행한다고 할 때, 목사의 사명은 세상에서 가장 어려운 임무라고 미카엘은 말한다. 이스라엘로 돌아온 후에 그가 의사로서 일을 해야 하는 것인지, 목사가 되어야 하는 것인지 고민하는 인생의 중대한 국면을 맞이했었다. 또, 마리안은 미카엘에게 그가 목사가 되고 싶은 것이 확실한지 물어보았었다. 그 때 미카엘은 대답했다. “나도 확실치 않아요, 정말 내가 그것을 원하는지 말이죠. 하지만 하나님께서 원하신다는 것은 정말 확실해요.”

“목사는 저의 부르심입니다. 어려운 소명이지만, 주님께서 이 일을 위해 잿더미로부터 나온 사람인 저를 선택해주셔서 감사해요. 제게 있어 이것은 소중한 과업입니다. 하나님의 대사가 된 기분이에요. 때때로 저는 자신에게 왜 평범한 신자로서, 평범한 직업을 가지고서, 혹 스위스에 살면서, 휴가를 즐길 수 있는 핀란드 여름 별장을 가진, 그런 사람이 될 수 없을까하고 질문을 합니다. 그리고서 바로 제 눈을 예슈아께 돌립니다. 저는 그 분께서 저를 부르셨고, 저는 신실하게 그분을 따르길 원한다는 것을 잘 알고 있죠.”

미카엘은 스스로 가슴에 손을 얹고서 말했다.

12

마리안 이야기

미카엘의 아내 마리안은 1973년 8월 4일 스위스의 작은 마을 뫼리켄 (Möriken)에서 태어났다. 취리히(Zürich) 근처 아르가우(Aargau) 지역에 위치한 마을이다. 가족의 자녀들 사이에는 큰 나이차가 있었다. 마리안이 태어난 건, 입양된 오빠와 언니가 이미 다 자라서 집을 떠났을 때였다. 그녀는 그래서 아빠, 엄마 그리고 여섯 살 많은 언니와 함께 유년기를 보냈다.

마리안의 생물학적인 언니와 마리안이 태어나던 어느 시점에, 그들의 아버지는 정신적으로 병들었다. 그 문제는 자연스럽게 나머지 가족들에게 매우 어려운 문제가 되었다. 아버지가 건강했을 때는 책들을 출판하고 복음전도사역도 하셨다. 무엇보다 그는 정말 좋은 아버지였다.

그러나 병든 후에 아버지는 종종 이렇게 말했다. "하나님은 존재하지만 예수는 거짓이다."

"아빠는 그림자 같았어요. 제게는 아빠가 진짜로 존재하고 있다고 느껴지지 않았어요. 엄마는 저와 저의 아직 어린 믿음을 아버지의 영향으로부터 보호하려고 애쓰셨어요. 엄마는 제 인생의 중심이었죠. 엄마는 당신의 자녀들에게 하나님에 대해 가르쳐주셨고, 또 늘 성경 이야기를 읽어주셨어요. 제가 열두 살 됐을 때, 아버지는 결국 자살하셨어요. 당연히 그것은 우리들 모두에게 너무나도 끔찍한 충격이었지만 특별히 엄마에게는 더 심했어요. 엄마는 밤에 잠들지 못하고 제 침대에서 저와 함께 주무셨어요."

마침내 그 사건이 수습되어갈 때쯤, 엄마는 한 독신남이 운영하는 농장에서 가정부로 일하기 시작했다. 그를 그때까지 돌봐주던 그의 어머니가 최근 돌아가신 상황이었다. 짐작대로, 얼마 지나지 않아 둘 사이에는 사랑의 기운이 싹텄고 엄마는 그 농부와 결혼했다. 농장에서 성장했던 그녀는 아주 수월하게 그 곳에 적응했다. 엄마는 가축들과 집을 돌보았고, 그래서 마리안은 그 후 그 농장에서 자랐다.

마리안은 열여섯 살이 되던 해 일 년 동안 미국에 교환학생으로 가기 위해 그녀의 엄마를 설득했다. 그리고 결국 미국으로 떠날 수 있었다. 미국에서의 생활은 매우 좋았고, 즐거운 한해였다. 그 시간은 그녀의 우수

한 영어 실력의 기초가 되었다. 그녀는 모국으로 돌아와, 병원에서 간호 견습생으로 일하기 시작했다. 그러나 병원 소독약이 그녀의 피부에 문제를 일으켰다. 결국 아프리카에서 아이들을 위해 간호사가 되겠다는 그녀의 꿈은 거기서 좌절되었다. 그녀는 결국 고등학교에서 나머지 공부를 계속했다.

"엄마가 저를 임신하셨을 때, 이스라엘의 키부츠로 일하러 갈 계획을 세우셨대요. 하지만, 출산 후까지 기다리라는 조언을 받아들이셨죠. 어쩌면 제가 이스라엘에서 태어났을지도 몰라요! 그렇기 때문인지 저 역시 그렇게 이스라엘에 가고 싶었던 거 같아요."

마리안이 인문계 고등학교(academic high school)에 다니고 있을 때, 친구와 함께 한 번 이스라엘로 여행을 떠났다. 그들은 이스라엘의 여러 곳을 방문했다.

"모든 것들이 우리에게는 매우 이국적이었어요."

그녀는 그 때를 설명했다.

졸업 후, 마리안은 이스라엘의 한 메시아닉 유대인 부부가 그들의 두 살 난 아이와 여섯 살 된 아이의 오페어(au pair, 젊은 여성이 한 가정에 들어가 숙식을 제공받으며 그 가정의 문화와 언어를 배우는 것-역자 주)

를 구한다는 이야기를 들었다. 그녀는 일 년 동안 약속의 땅으로 일하러 간다는 사실에 매우 신이 났다. 그 가정에는 그녀가 예상했던 것 이상으로 그녀가 도맡아 해야 할 일들이 많았지만 그녀는 주어진 일 년을 온전히 채웠다. 그 가정의 아버지가 미국인이었기 때문에 가족은 영어와 히브리어 둘 다 사용했다. 그 가정에는 이스라엘 군대에 복무 중이던 딸이 있었다. 그녀는 곧 마리안에게 자매와 같은 존재가 되었다.

"심지어 오늘 날까지도 우리는 자매처럼 지내요."

마리안이 덧붙였다.

이 새 친구는 예루살렘의 한 목사님의 집에서 만났던 작은 메시아닉 유대인 교회로 마리안을 데려갔다. 마리안은 성령이 그 모임에서 실제로 일하고 계신 것을 느꼈다. 그 교회는 성도들끼리 매우 친밀해서 아무에게나 전화를 걸어 기도부탁을 할 수도 있었다.

"신자로서 기도하며 살고 있었기는 해도, 그 때까지 제 믿음은 머리로 아는 지식에 더 가까웠어요. 그런데 이 살아있는 교회에는 참 사랑이 있었죠. 곧 믿음은 제 마음의 중요한 주제가 되었어요."

세례는 특별히 감격스러운 경험이었다. 마리안의 세례는 그 교회 목사님 사택의 큰 욕조에서 이루어졌다.

"물속에 들어갔을 때, 저는 계시를 하나 받았어요. 욕조의 모든 물은 피였고, 저는 예슈아의 얼굴을 보았는데, 말로 설명할 수 없는 사랑으로 저를 바라보고 계셨어요. 그분은 제가 무슨 일을 했는지 쳐다보지 않으셨어요. 어려운 시간이 찾아올 때면, 저는 그 계시를 회상하며 기억해요. 제게 힘이 되거든요."

이제 스위스로 돌아갈 시간이 되었다. 모국에 돌아와 그녀는 바젤 대학에서 신학과 영어를 공부했고 거기서 학사 학위를 취득했다. 자유주의 분위기가 가득한 신학부에서 믿음은 때로 산산히 부서지게 마련이다. 바젤 대학에서의 학업은 많은 의구심을 불러일으켰고 마리안은 성직자가 되기를 원하지 않았다. 대신, 언어에 대한 그녀의 사랑은 점점 깊어졌다. 일단 그녀의 모국어는 독일어였다.

마리안은 이스라엘이라는 나라를 그녀의 생각으로부터 떨쳐 낼 수가 없었다. 그래서 그녀는 하나님께 징표를 구했다. "제가 이스라엘에서 공부하는 것과 관련해 보조금을 받을 수 있다면, 그곳으로 갈게요." 이스라엘에서 공부하기 위해서 보조금은 꼭 필요했다. 왜냐하면 학교에서 일하지 않는 이상, 외국학생들이 일하는 것은 금지되어 있기 때문이다.

"어떤 이유에선지, 제가 스위스에서 살지 않으리라는 건 분명했어요."

마리안은 학비보조금을 받게 되었고, 짐을 싸서 이스라엘로 떠났다. 거기 텔아비브 대학에서 그녀는 히브리어와 유대 역사를 공부했다. 학기 첫 째주 수업 후에 한 교수가 그녀에게 와서 그녀의 언어 수준에 대해서 물어왔다. 그는 마리안이 사전을 들고 있는 것을 보았기 때문이었다. 그녀가 독일어와 영어는 유창하고 히브리어는 기초적인 수준을 할 수 있다는 것을 듣더니, 교수는 그녀에게 대학에서 일자리를 제안했다.

마리안은 텔아비브에서 유럽의 유대 역사를 전공했다. 물론 독일어로 된 자료들이 많았다. 그녀의 일은, 미국에서 온 그 교수에게 그 자료들을 읽고 교수가 관심 있을 만한 내용들을 찾아주는 것이었다. 그녀는 그것들을 영어로 번역해주었다.

"저는 진지하게 '어울리는 배우자'를 찾고 있었어요. 그래서 어떤 남자를 좋아하게 되었어요. 저는 그 남자와 열정적으로 사랑에 빠졌지만, 곧 그는 하나님의 뜻이 아니라는 것을 알아차렸어요."

그 당시 그녀는 텔아비브의 메시아닉 유대인 교회에 다니고 있었다. 그녀는 예배팀에서 노래를 불렀다. 우정인지 사랑인지 모르게 마리안의 마음에 이 사람, 저 사람이 좋아지자, 그녀는 미래의 남편에게 바라는 것들을 목록으로 만들었다.

목록에는 다른 어떤 것들 보다 우선하여 남자가 저를 먼저 좋아해야 한다고 써넣었어요. 제 감정으로 제가 먼저 사랑에 빠지는 방식이 아닌 거죠. 남자가 한 번쯤은 외국에서, 특히 유럽에서 살아본 적이 있어서 제가 자라온 문화를 알기를 바랐어요. 제가 어떤 정서적 분위기 가운데 자랐는지 어느 정도 이해할 수 있기를 바랐어요. 저는 목록에 기록된 대로 기도하기 시작했어요. 성령께서 제게 어울리는 사람을 보여주시기를 바라면서요. 그러나 저의 마음은 수도 없이 제가 스스로 정한 길로부터 벗어나도록 저를 이끌었어요.“

마리안이 웃었다.

“하나님을 최고의 결혼 중매인으로 소개하는 책을 읽었어요. 그리고 어느 날 하나님이 제게 물으시는 것 같았어요. “너는 할리우드식으로, 모든 것이 달콤하기만 하고 장밋빛으로 황홀하기만 한 감정적 사랑만 넘쳐나는 것 말고, 기복이 있더라도 모든 상황을 함께 이겨 나가는 진짜 사랑을 만날 준비가 되어 있느냐?”

마리안이 이야기했다.

한 번은 학생들이 해변에서 모임을 준비했다. 마리안은 그 가운데 한 남자를 보며 생각했다: “와, 참 멋진 사람이야! 순수한 마음을 가지고 있는 사람 같아!” 그러나 그는 그녀가 데이트할만한 사람으로서 관심을 가진 것은 아니었다. 그 남자는 바로 미카엘이었다. 언젠가 미혼자들의 모임에서 서로를 보았지만, 그 어떤 특별한 일이 일어나지는 않았다.

마리안이 미카엘을 다시 만나기까지 2년이라는 세월이 더 필요했다. 둘은 메시아닉 컨퍼런스에서 다시 만났다. 예배인도자의 아내는 그 전에 마리안을 알지 못했는데, 그녀를 위해 받은 말씀이 있다고 말했다. 대략 이랬다. "주님께서 당신 마음의 간구에 응답해 주실 것입니다." 마리안은 고민하며 뒤를 돌아보았는데, 방 끝 쪽에 있던 미카엘이 보였다. "저 사람?" 마리안은 즉시 그 생각을 마음에서 쫓아냈다.

미카엘은 마리안의 전화번호를 알아내고서 그녀에게 메바쎄렛 찌온(Mevasseret Zion)에 있는 성경 번역가들의 집에서 예정된 안식일 만찬에 같이 가지 않겠느냐고 물었다.

> "차로 그 곳에 갈 때, 미카엘은 팔레스타인 국경에서 매우 가까운 숲과 시골 쪽으로 통과하는 길을 선택했어요. 그곳은 놀라울 정도로 아름다웠고 그는 그런 곳에 집을 짓는 것도 나쁘지 않을 거라고 말했어요. 전 속으로 생각했어요. '제게 그런 말을 해주니 고맙군요. 그런데 그런 말을 제게 하는 건 좀 이상한데요.'"

마리안은 회상했다.

그 이후로 미카엘은 마리안에게 문자를 보내기 시작했다. 그들은 대학교 카페에서 함께 커피를 마셨다. 그 때 마리안은 친구에게 이렇게 말했다. "미카엘이 진짜 원하는 게 뭔지 모르겠어. 사람을 가지고 장난치는 걸까?" 그 때 곧바로 미카엘이 문자를 보내왔다. "당신이 꼭 알아줬으면 하는 게 있어요. 저는 사람 가지고 장난치는 사람은 아닙니다." 마치 미카엘이 마리안의 마음 속 생각을 읽기라도 하는 것 같았다.

학기말에 되어 마리안은 스위스로 갔다. 떠나기 전에 그녀는 미카엘을 만났고, 그것은 굉장히 의미 있는 만남이 되었다. 그들은 함께 세 시간동안 텔아비브 거리를 걸었고, 미카엘은 그의 인생 이야기를 나누었다.

"아마도 미카엘이 제게 했던 말 중에 가장 길게 했던 말이었을 거에요."

마리안이 웃으며 말했다.

그 후에 그들은 해변가로 갔고 거기 불뚝 튀어나온 바위 위에 앉았다. 미카엘은 그의 친구들이 해 준 이야기를 마리안에게 전했다. 친구들은 마리안을 한 번 본 뒤 그녀가 미카엘에게 딱 잘 어울린다고 말했다. 그는 또 마리안에게 하나님께 그가 무엇을 간구했는지도 이야기했다. 그리고 그가 말했다. "제가 느끼는 감정들은 이제 이 작은 상자 안에 있어요. 이 상자를 당신에게 드립니다."

"저는 깊은 우정을 느꼈지만 미카엘을 향한 사랑의 감정은 아직 가지고 있지 않았어요. 하지만 동시에 이 사람이 내게 어울리는 바로 그 배우자라는 확신이 생겼어요. 그것은 성령님께서 제게 보여주신 거였어요. 그래서 저는 그 상자를 받아들었어요."

마리안은 기쁨을 감추지 않고 말했다.

미카엘과 마리안. 두 사람은 서로를 무척 사랑하는 부부이고 트힐랏 야의 귀한 동역자이다.

그들이 바위에서 일어날 때, 미카엘이 그만 균형을 잃고 넘어져 다쳤다. 그의 다리에는 피가 날 정도로 상처가 났다. 그 사건은 마리안의 마음에 깊이 각인되었다. 그녀는 심지어 그 때 미카엘이 뭐라고 했는지도 기억한다. "당신의 눈을 바라보다 의식을 거의 잃고 넘어져버렸어요."

마리안은 스위스로 떠나기 전 병이 났고, 미카엘은 그녀를 위해 기도해주었다. 그리고 그녀는 이 남자와 교제하는 것이 얼마나 좋은지 깨닫게 되었다.

둘의 로맨스는 말 그대로 뻔한 것이 아니었다. 스위스로 돌아가서 일주일 뒤 그녀는 생각하기 시작했다. '마리안, 대체 너 무슨 짓을 한 거니? 너는 이 남자를 사랑하는 것도 아니잖아.'

"저는 화들짝 놀라 모든 것들을 취소하고 싶다는 생각만 했어요."

미카엘은 전화로 그녀를 진정시켰다. 마리안은 이스라엘로 돌아갔다. 그녀의 감정이 확실하지 않을 때, 미카엘은 그녀를 진정시키는 법을 알고 있다. "우리 함께 무언가를 해요, 밖에 나가보죠, 다른 재밌는 것을 해봐요 그리고 우리가 데이트하는 것이 하나님으로부터 온 것인지 한번 알아봐요. 만약에 아니라면, 우리 둘 모두 계속 가는 걸 원치 않을 거예요." 마리안은 세 달 안에 이 남자와 사랑에 빠지지 않는다면 모든 것을 그만두기로 결정했다. 그녀는 그렇게 결정을 연기하는 것은 꽤 공평한 것이라고 생각했다.

"그리곤 미카엘의 순수한 마음을 알게 되었죠. 게다가, 그는 넓은 이
해심으로 학생인 저를 이해해주었어요. 천천히...사랑의 감정이 일어
났어요."

그들은 오순절 절기 때 약혼했다. 그들은 그들의 약혼 사실을 교회와
함께 나누었다. 마리안은 교회의 모든 사람들이 미카엘을 사랑하는 가
운데 미카엘의 아내감을 위해 기도해왔던 것을 보았다. 이 젊은 약혼 커
플의 사랑은 점점 깊어졌고, 마리안은 사랑이라는 것이 조그마한 것으
로 시작해 점점 커질 수 있다는 것을 보았다. 그녀는 약혼하고 일 년 뒤
에 치러진 결혼식이 너무도 눈부시게 아름다웠다고 기억한다.

이제, 결혼한 지 십일 년이 지나 그녀는 그 모든 기억을 이렇게 말한다.

"사랑이라는 것이 항상 굉장한 기분들이 아닐지라도 그것은 한결같
으며 시간이 지날 수록 점점 더 강하게 빛나요. 우리는 같은 팀이에
요. 모든 일이 늘 순조롭게 작동되지는 않지만, 우리는 같은 목표를
가졌어요. 당연히 관계를 위해서 노력해야할 필요도 있지요."

로이는 결혼하고 2년 뒤에 태어났다. 그들의 문제는 다른 젊은 가족
들이 겪는 것과 같았다. 함께 보내는 시간이 부족하다는 것이었다. 게다
가 미카엘은 여행을 자주 다녔고, 그 점은 더 많은 문제들을 제기했다.
그러나 미카엘은 그가 나가있을 때마다 마리안을 도와줄 누군가를 찾으

려고 애썼다. 처음부터 그랬다. 리아가 두 번째로 태어나고, 다음은 마탄이 그들에게 왔다. 마탄이 아기였을 때, 그들은 육 개월 동안 그들을 도와줄 영국 여성을 고용했다.

2013년 마탄이 잠을 너무나 불규칙하게 자는 바람에 마리안이 기진 맥진해있을 때에는 핀란드에서 스물 한 살 먹은 여성이 그녀를 도와주기 위해 오기도 했다.

"그녀는 피곤하다는 말을 한 번도 하지 않았어요. 우리가 무언가를 부탁하면 그 자리에서 바로 해주었어요. 그녀는 매우 노련했고 보배로운 존재였어요. 그녀는 상냥하고 차분한 사람이었어요. 매우 똑똑하기까지 했죠."

마리안은 감사함으로 말했다.

"이제 가장 힘든 시간은 끝난 것처럼 느껴져요. 마탄이 유아원에 다니기 시작했고, 저는 일주일에 두 번씩 변호사 사무실에서 일해요. 독일어를 히브리어로, 히브리어를 독일어로 번역하는 일을 해요. 특별히 영주권이나 시민권을 위한 신청서와 같은 자료들이죠."

아파트에서 손님을 위한 방이 있는 널찍한 주택으로 이사하는 것은 미카엘의 꿈이었다. 핀란드에서 특히 많은 손님들이 그들을 찾아온다. 아이들에게 엄마와 이빠의 좋은 친구 한누가 와서 하룻밤 잘 것이라고 이야기를 하자, 리아는 노래를 지어 불렀다: "한누, 헨나, 한나, 한넬레."
이 이름들은 모두 야론 가족을 방문했던 사람들이다. 리아는 핀란드식
이름들이 모두 다 비슷하다고 생각했다.

"하나님께서 미카엘과 저 둘 다에게 환대의 은사를 주셨다는 걸 깨달
았어요. 저는 사람들을 좋아해요. 그렇지 않았다면, 때때로 맞는 떠
들썩한 방문객들을 마주대하지 못했을 거예요. 그 어떤 손님도 마음
에 들지 않다거나, 그들이 빨리 떠났으면 좋겠다고 느꼈던 적이 단
한 번도 없어요. 모든 손님들은 각자 축복도 함께 가지고 와요. 모든
사람들에게 무언가를 배울 수 있어요. 저는 히브리서 13장 2절 말씀
을 자주 되새기곤 해요. "손님 대접하기를 잊지 말라 이로써 부지중
에 천사들을 대접한 이들이 있었느니라." 저는 부엌의 모든 것이 제
자리에 있는지 지켜보며 있는 성격은 아니거든요. 그러니 손님들은
여기에서 자유롭게 계실 수 있겠지요."

마리안이 마지막 말을 하며 한 없이 웃었다.

마리안은 트힐랏 야 교회에서 예배를 인도한다. 그녀는 아이들이 잠
자리에 들 때도 노래를 불러준다. 한 여성 친구가 방문했을 때, 그녀는
그녀의 아이와 마리안의 아이들에게 이야기를 읽어주었다. 그 때 로이
와 리아와 마탄은 노래를 들으며 잠드는 것에 익숙해진 터라 이야기를
들으며 잠드는 것을 힘들어 했다. 그런데 마리안의 차례가 되었을 때 노

래를 불러주자 이번에는 친구의 딸이 잠들 수 없었다!

마리안은 전적으로 그녀의 삶에 만족한다. 그녀는 여전히 밝고, 에너지가 넘치며 항상 열려있는 사람으로 살아간다.

(마리안과 미카엘의 사랑이야기는 몇 가지 면에서 서로 다른 부분이 있다. 여기서는 의도적으로 그 다른 부분들을 그대로 두었다. 사람들은 같은 사건들을 다르게 기억하기도 하는 법이니까.)

13

할아버지 이야기[10]

미카엘 야론의 할아버지 알렉산더 브로노프스키(Alexander Bronowski)는 1900년에 폴란드의 중요한 도시 루블린(Lublin)에서 태어났다. 거기에서 그는 법을 공부했고 변호사로 일했다.

미카엘에 따르면 할아버지의 미래의 아내 밀라(Mila)와의 만남은 찰리 채플린의 영화 덕분이었다.

할아버지는 늘 아름다운 아가씨가 일하는 빵집에 들러 빵을 사곤 했다. 그는 쑥스러웠지만 그녀에게 장미를 사주고 싶었다. 그는 곧 용기를 내 장미 한 송이를 사고 나서 이렇게 생각했다. '거리에서 처음 만나는 사람에게 내 대신 그녀에게 장미꽃을 가져다달라고 부탁해야겠다.' 그가 만난 사람은 어떤 젊은 여성이었다. 할아버지는 그녀에게 그의 계획을 설명했는데, 그러는 사이 빵집의 아가씨에 대해선 까마득히 잊고서 길에서 만난 그 낯선 젊은 여인에게 반해버렸다. 그 젊은 여인이 바로 밀라였다. 밀라는 알렉산더와는 매우 다른 성격을 가졌다. 그녀는 매우 예술적이었다. 결국 그들은 결혼해 딸 하나를 낳았는데, 그가 바로 미카엘의 엄마 일라나(Ilana)이다.

당시 유럽에는 어두운 구름이 몰려들기 시작했다. 할아버지와 할머니의 이야기는 장미 한 송이로 시작했지만 그들의 미래는 장미로 가득한 온실이 아니었다.

제2차 세계대전이 발발하기 훨씬 전 폴란드 사회에는 반유대주의(anti-semitism)가 널리 퍼졌다. 알렉산더는 1939년 팔레스타인의 상황이 어떤지 직접 알아보기 위해 그곳을 여행했다. 그는 그곳에서의 삶이 그들에게 훨씬 자유로울 것이라고 느꼈다.

1939년 7월 알렉산더는 아내와 딸을 데리고 팔레스타인으로 이주할 생각을 하며 폴란드로 돌아왔다. 그러나 불행하게도 그는 독일이 폴란드에 침공하기 전에 그의 법률사무소를 닫고 그의 모든 소유를 팔아 정리할 시간적 여유를 갖지 못했다. 1939년 9월 1일 독일이 폴란드를 공격해 서쪽 지역을 차지했다. 루블린에는 약 4만 명의 유대인들이 있었다. 이어서 9월 말에는 소련이 폴란드 동부를 차지했다. 루블린의 유대인들은 소련이 지배하던 동쪽 지역으로 도망쳤다(부록 3의 지도 참고).

루블린에서 결국 유대인들에 대한 핍박과 체포가 시작되었다. 알렉산더는 체포당하기 전에 아슬아슬하게 도망쳤다. 어느 날 그가 집 근처에 왔을 때 두 명의 독일인이 그의 아파트로 올라가는 것을 보았다. 그를 체포해가기 위함이 틀림없었다. 그는 그들의 목소리를 듣고 이웃집으로 숨었다. 독일인들이 떠나고 그는 다음 날 바로 소련이 지배하고 있는 비알리스토크(Bialystok)로 떠나기로 결심했다. 그의 아내와 딸은 나중에 따라오기로 했다.

국경을 건너는 것은 매우 힘들었다. 밀고자의 방해에도 불구하고 알렉산더는 경계선을 넘는 데 성공했다. 많은 모험을 겪은 뒤 알렉산더는 비알리스토크에 도착했다. 그리고 그 근처 작은 도시에서 일하기로 했다. 그는 그곳 소련 법원에서 변호사로서 일자리를 구했다.

삶은 흡족할만했다. 그러나 1941년 6월 독일과 소련 사이에 다시 전쟁이 발발했다. 독일은 소련이 지배하고 있던 폴란드의 나머지 절반을 점령했다. 법원은 더 동쪽으로 이동되었다. 알렉산더는 그들과 이동하기를 원하지 않았다. 그는 이동하던 중간에 돌아섰다. 그의 가족이 있는 루블린의 유대인 강제 수용 지역, 좁은 지역에 많은 사람들을 강제로 몰아넣는 바람에 비좁고 갑갑한 루블린 게토에 합류하기를 원했던 것이다.

알렉산더는 독일이 비알리스토크를 점령하기 전 소련의 입장에 서서 나치 범죄에 대항하여 연설했었다. 그는 나치의 적으로 알려졌다. 그는 나치가 자신을 잡으려고 혈안이 되어 있다는 것을 알게 되었다. 그는 결국 도망자 신세가 되었다. 그렇게 도망치는 길에 알렉산더는 여러 경로로부터 정보를 얻은 한 고아원의 여자 매니저에게 하룻밤 재워줄 수 있는지에 대해 물었다. 그녀는 전혀 머뭇거리지 않고 승낙했다. 그녀는 알렉산더가 유대인이며 그의 고향으로 돌아가는 길이라는 것을 알아차렸다. 새벽에, 알렉산더는 약간의 빵을 들고 바일리스토크로 떠났다. 그 여자 매니저가 그를 불러 세운 것은 그가 30미터 정도 걸어갔을 때였다. 그녀는 알렉산더에게 달려오더니 그녀의 목에 걸려있던 십자가 목걸이를 벗어 알렉산더 목에 걸어주었다. 그는 80킬로미터 정도 떨어져있는 비알리스토크로 가는 길 동안 그 목걸이를 풀지 않았다.

그는 일단 비알리스토크까지 이틀에 걸쳐 가기로 결심했다. 비알리스토크까지 가는 길 절반 정도 가서 일단 하룻밤 쉬기로 했다. 그리고 그 다음 날, 새벽부터는 계속 걸었다. 길을 걷는 중에 그는 다른 유대인들도 만났다.

그가 그렇게 계획한 대로 하룻밤 쉬었던 곳을 떠날 때, 열네 살 된 유대인 소년이 그와 함께 걷기 시작했다. 그들 뒤로 약 40미터 떨어진 곳에서 네 명의 유대인들이 따라 걷고 있었다. 그런데 갑자기 독일 트럭이 걷고 있는 그들에게 다가왔다. 세 명의 군인들이 소총을 들고 내렸다. 그들은 알렉산더를 가리키며 물었다. "당신은 유대인이오?" 그러다 그들 중 한명이 알렉산더 목에 걸린 십자가를 보았고 그들은 알렉산더와 그 소년을 그냥 보내주었다. 그들은 아마도 그 소년이 그의 아들인 줄 알았던 듯하다. 몇 분 후 그들은 총소리를 들었다. 독일군들이 그들 뒤에 걸어오던 유대인들을 쏜 것이다.

알렉산더는 일단 비알리스토크 게토에 도착했다. 그 게토는 알렉산더가 예전에 소련 지배령이던 시절 처음 도착했을 때 머물려고 계획했던 곳이었다. 그런데 그가 비알리스토크에 도착한지 얼마 되지 않아 독일인들은 유대인을 말살하기 위해 그 게토에 있던 수백 명의 유대인들을 죽음의 수용소로 데려갔다. 그의 머릿속에는 오직 루블린 게토로 가 거기 그의 가족과 함께 있는 것이었다. 문제는 유대인들이 비알리스토크 게토를 죽음의 고통 없이 떠나는 것이 금지되어있었다는 것이다. 알렉산더는 어떻게 해서든 통행권을 얻는데 성공했다. 그는 걷기도 하고 기차도 타며, 폴란드 사람인체하며 루블린에 도착했다.

기차에서 그는 상냥한 여인을 만났고 루블린에 있는 그의 장인 집으로 가기 전에 그녀의 집에서 하룻밤 쉬어갈 수도 있었다.

"그 다음에 무슨 일이 일어났는지 묘사하는 것은 매우 어렵다," 알렉산더는 그가 집필한 책에서 그렇게 적어두었다. "심지어 가장 거친 꿈에서조차 나의 혈육들은 내가 돌아올 것이라고는 상상조차 하지 못했다. 그래서 조금의 과장도 없이 그들의 환영은 따뜻했다. 나 자신을 위해서라도 다시는 내 가족과 떨어지지 않으리라고 기도했다!" 그 2년의 긴 이별 끝에 알렉산더는 드디어 그의 아내와 아이를 만났다.

그러나 루블린 게토의 상황은 극도로 어려웠다. 약 삼만 오천 명의 유대인들이 매우 작은 밀집 지역에서 살고 있었다. 위생 상태는 형편없었다. 열병과 천연두가 만연했고, 그것은 곧 죽음으로 이어졌다. 그러나 알렉산더와 그의 가족들의 상태는 그렇게까지 나쁘지 않았다. 방 세 개인 아파트에서 그들과 함께 여섯 명이 더 살고 있었다. 그들은 또한 그들에게 주어진 할당량으로 어느 정도의 음식을 공급 받았다.

후에 그들은 다른 곳으로 이동해 열네 명의 사람과 한 아파트를 같이 써야했다. 그때부터는 매우 비참했다. 1941년 10월 유대인을 숨겨주거나 어떤 식으로든지 도와줬던 폴란드 사람은 사형에 처해졌다.

1942년 봄, 독일은 우크라이나와 유대인을 주로 체포하는 경찰과 협력하여 유대인을 운송하고 몰살하는 일을 시작하였다. 많은 유대인들이 그 아리아인(Arian) 쪽에서 몸을 숨을 숨겼다. 어떤 사람들은 그 곳에 가기 위해 엄청난 금액을 지불해야했다. 그러나 당시 유대인을 측은히 여기던 몇몇 사람들은 인도주의적 마음으로 값을 받지 않고 그들이 몸을 숨기는 것을 도와주기도 했다.

그리고 나서 알렉산더와 그의 아내는 바르샤바(Warsaw)의 아리아인 편으로 가기를 시도하기로 결정했다. 만약 그것이 성공한다면, 그들은 그나마 생존할 수 있는 조그마한 기회를 얻게 되는 것이었다. 알렉산더와 가족은 겉으로 보기에나 그들이 폴란드어를 말할 때의 액센트로 볼 때에도 유대인이라는 것을 들키지 않을 수 있었다. 그들은 신분증을 위조했다. 그때부터 그들은 아리아인이 되었다. 알렉산더가 가장 두려웠던 것은 그들의 총명한 딸이 뜻하지 않게 사실대로 말해버리면 어쩌나 하는 것이었다. 그들은 그들의 아이 일라나에게 사람들에게 거짓말할 것을 반복 훈련시켰다. 폴란드 아리아인들의 연줄을 통해 그들은 바르바샤에서 숙소를 구할 수 있었다. 알렉산더가 다른 곳에서 지내는 동안, 아내와 일라나는 그 아파트에 머물렀다. 알렉산더는 그곳에서 이주동안 머물 수 있다는 약속을 받았다. 그 숙소에서 알렉산더는 폴란드인 행세를 해야만 했다. 그런데 바르샤바로 안전하게 이동한 후로 그는 극도로 쇠약해졌다. 일주일 동안 침대에 누워있었음에도 그는 회복할 수 없었다. 한 가지 무서운 질문이 그의 머릿속을 계속 맴돌았기 때문이다. 그것은 다음 숙소에 관한 것이었다. 집주인이 알렉산더를 일주일 후 내보낸 것으로 보아, 그녀는 아마도 알렉산더가 유대인이라는 것을 알아차린 듯하다. 알렉산더는 그의 가족에게로 갔다. 가족과 함께 사는 동안, 그의 불굴의 정신과 낙천적사고방식이 되살아났다.

바르샤바에서 가족은 이 장소에서 저 장소로 이동해야만 했다. 이 시기 내내, 알렉산더의 아내는 유대인 지지자들을 통해서 일을 구할 수 있었다. 어떤 숙소에서 알렉산더는 가톨릭 신학교의 학생인체하기도 했다. 그들이 숨을 곳들은 매우 훌륭했지만, 가족은 지속적으로 위험에 처했다. 언제든지, 누구든지 그들을 고발할 수 있는 상황이었다.

1943년 봄, 알렉산더가 유대인이라는 의혹이 불거졌고 독일 경찰은 그를 체포했다. 그는 독일 정부와 협력하는 폴란드 경찰의 한 경찰서로 끌려갔다. 그를 경찰서로 데리고 온 남자는 그 다음날 아침 7시 그를 심문하기 위해 나치 독일의 비밀경찰인 게슈타포와 함께 다시 그를 데리러 올 예정이었다. 그것은 당연히 죽음을 의미했다.

알렉산더는 어찌어찌 허락을 받아 그가 구금된 방에서 나와 그날 밤

근무 중이던 경사와 대화를 나눴다. 대화는 약 세 시간동안 계속되었다. 그 대화는 경사에게 신뢰를 불어넣었다.

"나는 그가 정직하고 기품있는 사람이라고 느꼈고 그가 핍박받는 유대인에 대해 동정심을 느낀다는 것을 알아냈다."

알렉산더는 후에 그 상황을 묘사했다.

그 대화의 끝에 당번이었던 경사는 이렇게 약속했다. "내가 노력할거에요, 그리고 당신을 구할 겁니다." 그때가 새벽 두시였다.

그 경사는 다른 누군가에게 자신을 대신해 자리에 있어달라고 부탁하고 경찰서를 떠났다. 알렉산더는 그의 아내와 아이를 생각하며 밤을 지새웠다. 새벽 여섯시, 결국 모든 희망이 그를 떠났을 때 그 경사가 얼굴에 미소를 머금고 돌아왔다. 그는 "모든 것이 다 괜찮아졌어요,"라고 말했다. "그들이 당신을 풀어줄 겁니다." 그는 알렉산더에게 비밀경찰정보원에게 뇌물로 사용해야할 5000즐로티를 내밀었다. 그것이 그 폴란드 경찰이 알렉산더에게 한 일이었다. 그들은 돈을 받고 알렉산더의 이름을 용의자 목록에서 지워주었다. 이제 그는 자유롭게 되었다! 다시 한번, 그는 죽을 뻔한 고비를 넘겼다.

후에, 알렉산더는 그 경사에게 돈을 갚기 위해 노력했고 그 경사는 크게 화를 냈지만, 결국 반강제적으로 그 돈을 받기로 동의했다. 알렉산더와 그 경사는 최종적으로 친구가 되었다. 이 남자는 알렉산더와 그의 가족 뿐 아니라 다른 유대인 가족들도 계속 도왔다.

그러나 이것이 그들의 고통의 끝은 아니었다. 1944년 3월의 어느 날, 알렉산더는 도심을 가로지르는 전차(tram)를 타고 이동 중이었는데, 독일인들이 그것을 멈추고 모든 남자들에게 내리라고 명령했다. 그들은 강제 노동에 끌려갔다. 이번에 알렉산더는 유대인이 아닌 폴란드인으로 끌려갔다. 그들이 강제노동수용소에서 인적사항을 기록할 때, 알렉산더는 그가 독일어와 러시아를 아는 문관이라고 언급했다. 독일 경찰관은 말했다: "바로 우리가 필요한 부분이야." 알렉산더는 그곳에서 독일어와 러시아어 통역관이 되었다.

사실 노동수용소에서의 시간은 짧았다. 어느 날 독일 경찰관과 독일 운전기사가 트럭을 몰고 헤움-루벨스키(Chelm-Lubelskie)로 갔다. 어떤 러시아 남자도 함께였다. 알렉산더는 통역관으로서 함께 갔다. 독일인과 러시아인은 알렉산더와 운전기사를 트럭에 놔두고 식당에 갔다. 운전기사가 다른 곳에 신경을 팔 때, 알렉산더는 몰래 나왔다. 그는 그 도시를 알고 있었고, 친구들도 거기에 살고 있었다. 그는 그들에게 가서 이틀정도 머물다가 바르바샤로 돌아왔다. "내 아내는 내가 없어진 사이 정신을 놓아버렸다. 그녀는 이번엔 내가 게슈타포에게 잡혀갔다고 확신했던 것이다." 알렉산더는 그 때 일을 그렇게 회상했다.

알렉산더는 그 전에 루블린에서 살다가 지옥 같은 게토에서 살아남은 한 유대인 여성을 만날 기회가 있었다. 그녀는 루블린에 살다가 바르바샤에서 숨어 살고 있는 유대인들에게 재정 지원을 해주는 단체에 소속되어 있었다. 그녀는 알렉산더와 그의 가족이 숨어 있을만한 장소를

외할아버지 알렉산더는 홀로코스트의 고통을 치유하고 그 당시 비유대인 협력자들을 찾아내는 일에 평생을 바쳤다. 사진은 알렉산더가 독일에서 빌리 브란트 전수상과의 만나고 있는 모습이다.

알았다. 그녀는 알렉산더와 가족을 만나러 와서 그들이 절실히 필요했던 돈을 주었다. 지속적인 위험에 노출되는 활동들을 해서인지, 그녀는 용기가 엄청나 보였다.

당시 독일 군대는 패색이 완연했다. 1944년 7월 소련은 바르샤바 변두리까지 도달했지만 거기서 멈춰있었다. 이 시점에 알렉산더는 체코슬라바키아의 프라하(Prague)로 떠나자고 그의 아내를 설득했지만 그녀는 동의하지 않았다. 결국 소련의 붉은 군대가 바르샤바보다 먼저 프라하에 도달했고, 폴란드에 머물러있던 그들은 후회했다.

같은 해 8월에 폴란드 지하운동이 독일 점령군데 대항하여 일어났다. 독일 탱크는 그 저항운동에 대한 반동으로 바르바샤를 밀어버렸다. 도시는 독일과 저항하는 민병대 사이에 치열한 전쟁터가 되었다.

그의 가족과 알렉산더는 그들이 머물고 있던 집 지하실에서 몸을 사리고 있었다. 물과 음식이 부족했다. 수도는 단절되었고, 가장 가까운 우물은 그 건물에서 멀리 떨어진 광장에 있었기 때문에 오직 밤에만 그곳에 갈 수 있었다. 알렉산더와 그의 아내는 오랫동안 먹지 못했기 때문에, 혹시나 남은 음식이라도 찾을 수 있는지 보기 위해 5층 아파트로 올라갔다. 그 당시 알렉산더는 고열에 시달려 아팠기 때문에 지하실로 돌아가는 대신 일단 아파트에 머물고 싶었다. 그러나 그의 아내는 음식을 조금 찾자마자 바로 남편을 이끌고 지하실로 돌아갔다. 그들이 아파트를 떠나 2층에 다다랐을 때 천둥소리와 같은 소리를 들었다. 그들의 아파트에 폭탄이 떨어져 완전히 파괴된 것이다.

알렉산더는 아내와 아이를 데리고 건물 밖으로 빠져나왔다. 그들은 친구들의 집으로 갈 수 있었지만, 그 후에 독일군들이 그 집과 그 동네의 모든 거주자들에게 거리로 나와 줄을 서라고 명령했다. 그 독일군들은 줄을 서있는 사람들에게 그들이 가지고 있는 모든 금이나 가치 있는 것들을 내놓으라고 명령했고 사람들을 철저하게 검색했다. 그런 뒤 독일군은 그들을 가까이에 있는 강당으로 가라고 명령했다. 그 강당으로 가는 길에, 독일인들은 그 줄에서 몇몇의 남자들을 따로 떼어 반대쪽에 세웠다. 알렉산더는 그의 딸을 팔에 안고 걸어가고 있었다. 독일인들이 몸짓으로 그에게 줄밖으로 나오라고 명령했다. 그러나 알렉산더는 그 사인을 못 본 척하고 다른 사람들과 함께 그 건물을 향해 계속 걸어갔다. 후에 알게 된 사실이지만, 그 줄에서 떨어져나간 사람들은 아우슈비츠 강제 수용소에 보내졌다.

그 강당에서 사람들은 인간의 존엄성을 빼앗긴 채 콘크리트 바닥에서 잠을 생활해야 했다. 용변 조차도 모든 사람들이 보는 열린 공간에서 해결해야 했다. 그곳에 있는 동안, 알렉산더는 경비병으로 일하고 있던 폴란드 남자를 알게 됐다. 그들은 빌뉴스(Vilnius)에서 같은 교수 아래 함께 공부했다는 것을 알게 됐다. 빌뉴스는 그 당시에는 폴란드 땅이었다. 하루에 두 번씩 독일인들은 강당에서 남자들을 불러냈고, 그들 중 대부분은 다시 돌아오지 않았다. 그렇기 때문에 빌뉴스의 그 남자는 어느 때고 남자들을 불러내는 시간이 다가오면 알렉산더와 그의 가족들을 건물 지하의 기계실에 숨겨주었다. 훗날 알렉산더의 가족은 화물기차에 던져넣어졌다. 하루 정도의 여행 뒤에 기차는 멈췄고 누군가가 그들에게 임시 숙소를 주었다. 그곳에서 그들은 작은 마을로 옮겨졌다. 마을 사람들,

특히 지역 성직자와 몇몇 가족들이 알렉산더와 그의 가족에게 정성 어린 환대를 해주었다. 그들은 알렉산더와 그 가족이 유대인이라는 것을 알지 못했다. 그들은 마을 사람들과 곧 친하게 됐고 함께 전쟁에 대한 최근 뉴스를 주시하며 보냈다.

어느 날 알렉산더의 딸 일라나는 집주인 아이들과 놀고 있었다. 아이들의 엄마는 그녀에게 그들이 보통 명절 때는 무엇을 먹는지 묻자, 그 소녀는 대답했다. "맛쪼(Matzo, 무교병)!" 그것은 유대인이 유월절에 먹는 빵을 의미하는 것이었다. 즉시 마을 사람들은 그들의 방문객이 유대인이라는 걸 알게 되었다. 결국 그들의 태도는 냉랭해졌고, 그 집주인 가족은 알렉산더의 가족이 사용하고 있는 방에 다른 사람들을 들여야겠다고 말했다. 결국 알렉산더의 가족은 30킬로미터 떨어진 다른 마을로 떠났다. 그리고 그 곳에서는 모든 것이 잘 되어갔다. 1945년 1월 마침내 그들이 거주하던 마을에 소련군이 도착했고 폴란드는 드디어 독일의 지배로부터 자유로워졌다.

알렉산더의 가족은 그들의 고향인 루블린으로 돌아가기로 했다. 그러나 그들이 도착했을 때, 그곳은 더 이상 전쟁 전에 그들이 살던 곳과 같은 곳이 아니라는 것을 깨닫게 되었다. 유대인들은 거의 남아있지 않은 것처럼 보였다. 그들은 그들의 아파트를 돌려받았다. 그 곳을 점령한 러시아 장관이 본인을 위해 방 하나만을 차지하고 있었다.

알렉산더는 자신의 이름이 변호사 목록에서 지워지지 않은 것을 알아냈다. "루블린에는 스물 두 명의 유대인 변호사들이 있었다. 나는 그들 가운데 살아남은 한 사람이었다," 알렉산더는 말했다. 제2차 세계대전 전에 폴란드에는 삼백만 명의 유대인들이 살고 있었다. 전쟁 중에, 90.9 퍼센트가 죽임을 당했다.

알렉산더는 일을 구했고, 그의 아내는 심포니 오케스트라에서 바이올리니스트로서 그녀의 자리를 되찾았으며, 그들의 딸은 학교로 돌아갔다. 후에, 그들은 바르바샤로 이사했다. 이후 1948년 이스라엘이 건국되고 얼마 지나지 않아 1950년 겨울에 알렉산더는 혼자 이스라엘로 떠났다. 그는 이스라엘에서 관공서에서 일하며 히브리어와 법 시험에 통과한 후에, 1952년이 변호사 자격을 얻었다. 그리고 나머지 가족들도 이스라엘로 이주했다.

알렉산더는 판사와 강사로서 일했다. 그는 전쟁동안 유대인을 도와주기 위해 죽음의 위기까지 무릅썼던 비유대인들을 찾는데 그의 여생을 바쳤다. 오랜 세월동안 예루살렘 홀로코스트 박물관인 야드 바쉠(Yad Vashem)의 이사회에 소속되어 있었다. 그는 '열방 중의 의인'에게 헌정된 "의로운 이방인(righteous Gentiles)"을 기리기 위한 기념 숲의 설립자들 중 하나이다. 그곳에 심겨진 나무들의 목적은 코리 텐 붐(Corrieten Boom)과 오스카 쉰들러 같은 사람들을 기리기 위함이다. 알렉산더는 또한 유대인 아이를 숨겨준 폴란드 여인을 표현한 조각상을 야드 바쉠에 증정했다. 또한 그는 연로한 홀로코스트 생존자들을 위한 집을 설립하는 일에도 활동 중이다.

알렉산더는 인종 차별에 대항한 인권 문제를 위해 싸우는 국제기구에서도 일했다. 그는 인권문제를 위해 자주 해외에 나갔다. 그가 다닌 나라 범위는 실로 다양했고 넓었다. 그는 많은 사람들과 연결되었고, 서독 수상이었던 빌리 브란트(Willy Brandt)와 덴마크 여왕과도 사귀게 되었다. 그는 국제적으로 많은 조직과 연결이 되어 있다. 두 번 정도, 알렉산더는 하이파의 명예 시민상을 받기도 했다. 그가 백세가 되었을 때, 그 당시 이스라엘 대통령 모셰 카차브(Moshe Katsav)는 그에게 개인적인 축하를 전달했다.

"할아버지는 성격상 사람들을 돕고자하는 갈망이 대단하시고, 그런 점을 통해 유명한 사람이 되셨어요."

미카엘이 말한다.

알렉산더 브로노프스키는 2006년 106세의 나이로 생을 마감했다. 미카엘은 할아버지가 죽기 전에 메시아를 알게 되셨는지는 알 수 없다고 말한다. 가족이 알고 있는 사실은 그의 마지막 날들에 에벤에셀 그룹이 그에게 주었던 찬양테이프를 종종 즐겨 들었다는 것뿐이다

14

위르겐 이야기

독일인 친구 위르겐을 통해 미카엘은 예슈아에 대해 더더욱 깊은 관심을 갖게 되었다. 그것은 너무도 당연하게 하나님께서 하신 일이었다.

위르겐은 1956년에 태어났다. 그는 지극히 평범한 독일 가족에서 태어나 유년기와 십대 시절을 가족과 함께 지냈다. 그러나 그의 집은 결손 가정이었다. 그들은 프랑크푸르트(Frankfurt) 근처의 한 마을에서 살았다. 위르겐은 거기서 고등학교에 입학했다. 학교를 졸업하기 전, 그는 목수가 되고 싶어 했다. 목수지망생으로서 청소년기에 위르겐은 강한 저항 운동에 빠져들었는데, 그 저항운동의 신봉자들은 전통적인 모든 것에 반항하면서, 성적으로나 모든 면에서 완전한 자유를 요구했다. 청년들은 시위운동을 계획했고, 위르겐은 그 그룹 핵심에 깊숙하게 소속되어 있었다.

졸업 후에 그는 해군으로 입대했다. 그리고나서 위르겐은 목수 직업의 견습생으로서 훈련 받기 시작했다. 그런데 스물두 살이 될 때, 그는 훈련을 그만두고 그가 마리화나와 대마초를 시작하게 됐던 캘리포니아로 여행을 떠났다. 그는 거기서 마약을 손대는 동시에 신비주의 집단과 연결 되었다. 그가 질문하는 것들에 대해 심령술을 통해 답을 해주는 여자를 만나게 된 것이다. 그러나 그는 마침내 독일로 돌아갔다.

독일로 돌아왔을 때, 그는 전에 하고 있던 목수가 되기 위한 훈련을 계속 이어갔다. 위르겐은 미국 캘리포니아에서 얻은 대부분을 버리고 왔지만 동시에 마약 사용은 잦아졌다. 더 강한 마약을 찾지만 않았을 뿐이다. 그 사이 이루어졌던 몇 번의 연애는 그에게 고통스러운 것이었다.

"마약은 제가 매우 심각한 우울증에 빠지도록 했어요. 그 당시 저는 일도 없었고, 친구도 없었으며, 그리고 미래에 대한 그 어떤 소망도 없었죠. 저는 헤어 크리슈나(Hare Chrishna) 운동에 의해 전파된 철학들을 통해 우울증을 극복해보려고 노력했었어요. 그런데 이런 식의 '치료'는 제 상황을 더 악화시킬 뿐이었어요. 결국 저는 정신병원에 입원해야했죠. 사람과 모든 것이 두려워지자 저는 피해망상 정신병자가 되어갔어요."

위르겐은 많은 날들을 불안과 두려움을 가득 안고 침대 이불 속에서 지냈다. 밖에 나가는 것은 매우 힘들었다. 그는 약에 의지해서만 잠에 들

수 있었다.

"저는 그 상황으로부터 빠져나갈 수 있기만을 바랐어요. 저는 예수님
에 대해서는 거의 아는 게 없었어요. 그런데 병원에 가기 전, 어떤 찬
양콘서트에 참석하게 되었죠. 제 영혼에 위로를 가져 오더군요! 저
는 제가 도움을 받기 위해서는 예수님과 기독교에서 무언가를 찾아
야 하지 않을까 생각했어요. 가톨릭 신부님을 찾아갔지만, 그는 제가
가톨릭 신자가 아니라는 이유로 저를 만나주지 않았어요."

그 가톨릭 신부는 위르겐을 오히려 복음주의 목사에게 인도해 주었
고 그는 위르겐에게 예수님에 대해서는 한 마디도 하지 않았다. 실망감
은 거기서 끝나지 않았다. 또 다른 복음주의 목사는 큰 지역의 청소년 사
역을 담당하고 있었는데 병원으로 위르겐을 보러 찾아왔다.

"저는 그 분을 제 청소년기 때부터 알았어요. 매우 동정심이 많은 분
이시죠. 저는 그분이 저를 돕기 위해 왔다고 생각했어요. 그 분은 '교
회 사람'이니까, 저의 큰 문제점들을 위한 해결책을 가지고 있을 거
라고 믿었죠. 저는 그 분께 예수님에 대해서 물어봤어요. 그 분이 대
답하시더군요. '예수님에 대해선 잊어도 돼!'"

위르겐은 결국 극단적인 위기의 순간에 이르렀다.

"밤낮으로 저를 괴롭히는 그 두려움들로부터 자유로워질 수만 있다면, 저는 움직이는 기차에서 뛰어내릴 준비가 되어있었습니다."

그는 동료 환자에게 본인이 악마에게 괴롭힘을 당하고 있다 느껴진다고 말했다. 그 환자는 퇴직한 간호사 한나(Hanna)를 알고 있었다. 한나가 위르겐에 대해 들었을 때, 그녀는 그 환자 친구에게 그를 교회에 데리고 와달라고 부탁했다. 위르겐은 병원으로부터 바람을 좀 쐬러 나갈 수 있는 허가를 받았다. 그들은 그의 머릿속이 온통 자살할 생각으로 가득 차 있다는 것을 알았다.

예배 후, 한나는 위르겐을 그녀의 집으로 초대했다. 그녀는 위르겐에게 예수님에 대해서 말해주었다. 위기에 처한 그에게 희망을 주었던 첫 사람이었다. 한나는 위르겐에게 '레퉁스아케(Rettungsardhe, 구원의 방주)'라 불리는 센터에 함께 가지 않겠느냐고 위르겐에게 물었다. 위르겐은 동의했다. 그들은 그 기독교 모임에 갔고, 그 곳에서 그는 설교 후에 상담을 받는 것과 귀신들림의 축사도 받을 수 있었다. 거기 남자 신자들 중 한 명이 그런 초자연적인 현상들로 힘들어하는 사람들을 돕는 전문가였다. 그는 위르겐에게 모든 생각나는 죄를 자백하라고 권면했다. 그는 그렇게 했고 그 후에 그들은 그를 위해 기도했다.

위르겐은 '구원의 방주'에 3주 동안 머물렀다. 그 후에, 그는 사탄의 모든 속박으로부터 구조되어 영적으로 자유한 사람이 되었다. 그는 한 번 항우울제가 가득 들어있는 봉지를 들고 예배 모임에 왔다. 이제 그는 그 모든 약들을 버려 버리고, 더 이상 정신병원으로 돌아가지 않아도 되었다.

위르겐은 아직 목수 일을 할 수 없었지만 미카엘의 할아버지가 유럽 여행 때마다 머물곤 하셨던 바트나우하임의 요양소에서 잡역부로서 일을 하게 되었다. 위르겐은 수리하는 일과 장애인들을 돕는 일을 주로 했다. 그는 또한 그 센터에서 휴가 때 그 곳으로 오는 이스라엘인들을 만나기도 했다.

매우 어린 나이였을 때, 위르겐은 텔레비전으로 홀로코스트 관련 영화를 본 적이 있다. 독일인들이 한 짓을 보며 그의 가슴은 찢어질 듯 아팠다. 이후 구원받은 덕분에 그는 그의 마음이 찢어질 것은 아픔 대신 기쁨과 모든 사람들을 향한 사랑으로 가득 차는 경험을 했다. 하나님은 그에게 유대인을 향한 특별한 사랑을 주셨다. 위르겐은 히브리어를 몰랐지만, '하바 나길라(Hava Nagila)와 같은 히브리어 노래를 몇 곡 배우고 집에서 혼자 기타를 치며 그것을 부르곤 했다.

미카엘이 왔을 때, 위르겐은 이탈리아에서 온 이 유대인을 향하여 특별한 사랑을 품게 되었다. 그는 미카엘에게 말 뿐만이 아닌, 그 자신이 이스라엘의 하나님을 향해 가진 사랑과 같은 사랑으로 그를 대하고 싶었다.

그 유대인 학생은 위르겐을 처음 보았을 때 그가 매우 수줍어했고 조용하다고 생각했다. 미카엘의 할아버지는 위르겐과 더불어 그의 손자의 모든 문제점들에 대해서 이야기했다. 미카엘이 그 곳에 와서 머물 것이라고 했을 때, 그의 할아버지는 위르겐에게 말했다. "내 손자를 도와줄

위르겐은 미카엘의 평생에 귀한 친구이며 동역자이다. 위르겐의 친절함이 없었다면 오늘의 미카엘도 없었을 것이다.

좋은 방법이 없을까요? 심지어 당신의 그 예수님으로라도요?" 진심으로 미카엘이 신자가 되길 원한 건 아니었지만, 할아버지는 신자들에 대해 좋은 인상을 갖고 있었다.

"제가 미카엘을 도울 수 없다는 걸 저는 알았어요. 하지만 예수님은 도우실 수 있다는 것도 알았죠. 제가 기억하기로 미카엘은 전혀 공격적인 사람이 아니었어요. 하지만 제가 이스라엘의 하나님을 안다고 하면, 그는 화를 내었어요."

미카엘이 독일에서 신자가 되었을 때, 위르겐은 매우 행복했고 살짝 자랑스럽기도 했다. 그 자신에 대해 자랑스러운 것이 아니라 예수님 때문에 자랑스러운 것이었다. 이 한 영혼이 지옥에 가지 않고 영원한 천국으로 가게 된 것이다. 미카엘 덕분에 위르겐은 말로 복음을 전하는 것에 앞서 오히려 살아가는 삶을 통해 복음을 전할 수도 있다는 것 또한 보게 되었다.

"미카엘은 제가 처음으로 신자가 되는 길로 나아가도록 도울 수 있었던 사람입니다. 초신자 시절에 저는 예수님에 대해 엄청 열광적이어서 지하철에서도 복음을 전했어요. 하지만 하나님께서 제가 복음을 전해야하는 사람이 있다면 하나님께서 보여주실 것임을 가르쳐주셨습니다. 미카엘이야말로 성과를 가져온 경우였죠. 저는 미카엘이 예수님을 만난 후, 별다른 후속조치를 해야하는 사람이라고 느껴지지 않았어요. 저는 그저 그의 친구일 뿐이에요. 그는 이탈리아의 교회에서 가르침을 받았고 데렉 프린스의 책들과 카세트테이프의 도움으로 공부했어요."

위르겐은 미카엘이 신자가 된 후로 완전히 변화되어 거의 다른 사람이 되었다고 기억한다. 그는 예수님에 대해 많이 말하고 노래하기 시작했으며 더 활발해졌다. 위르겐의 말을 빌리자면,

"마치 그가 감옥에서 석방된 사람 같았어요."

위르겐에게도 드디어 하나님께서 그를 위해 준비해둔 아내에 대해 말씀하기 시작한 시간이 찾아왔다. 훗날 위르겐은 홀로코스트 생존자 여성을 도와주던 친구를 만나기 위해 이스라엘로 떠났다. 그 방문동안 위르겐은 이스라엘에 그와 같은 친구를 만나러 온 한 독일여성을 만났다. 결국 그들은 1993년 결혼식을 올리고 부부가 되었다. 그들은 지금 세 자녀를 두었고, 그들 중 막내는 열네 살이다. 오늘날 위르겐은 실직한 사람, 젊은이, 노인, 독일인, 외국인 할 것 없이 모든 종류의 사람들에게 목공을 가르친다.

"처음 신앙을 가졌을 적에 저는 자존감이 매우 낮았어요. 저는 여러 가지 고민들이 많았어요. 이제는 여러 면에서 인생이 달라졌어요. 저는 교회에서 전에는 어린이 사역을 하다가 이제는 청소년 사역을 하

고 있습니다."

미카엘이 신자가 된 초기 시절 위르겐은 오랫동안 미카엘을 만나지 않다가, 미카엘과 마리안의 결혼식에서 그를 다시 만났다. 그 후로 그들은 계속 연락하며 서로를 방문하곤 한다.

위르겐은 미카엘과 그의 가족을 바라볼 때 참으로 행복하다. 어느 날 야론 가족을 방문한 후에, 그는 말했다.

"한 가족으로서 함께 살아가는 그들의 삶을 볼 수 있게 되어 참 좋아요. 미카엘이 목사가 된 것도 참 기쁩니다. 제가 한 유대인의 마음에 작은 씨를 심을 수 있었고, 그것은 백 배의 수확으로 거두게 되겠죠."

15

마침내...

미카엘 야론은 삶 가운데 힘든 일들을 많이 경험했지만 그 모든 상황에서도 절대 포기를 떠올리지 않았다. 독일에서 예슈아의 말씀을 받은 후 이스라엘에서 목사가 되어가며 그는 미래의 목표를 향해 성실하게 일해 왔다는 사실에 특별히 감명 받았다. 가능한 선하게 미래 역할을 수행하기 위해서 그는 많은 과정들의 수업을 들었으며, 그에게 주어진 교회 안에서의 책임들을 신실함으로 준비했다.

그는 개인적인 삶과 교회에 대해 성령의 인도하심에 대한 확고한 신뢰를 가지고 있었다. 그의 자세는 한 감탄문으로 요약되어질 수 있을 것 같다. "하나님은 할 수 있다!"

이 책은 미카엘의 삶의 일부이기도 한 사람들의 삶의 흥미로운 이야기들과 함께 기록되었다. 우리는 미카엘과 그 주변 사람들의 이야기들로 부터도 많은 것을 배울 수 있다.

제2차 세계대전이 끝난 지 칠십년이 지났음에도 불구하고, 홀로코스트는 미카엘의 인생에 지대한 영향을 끼쳤다. 실질적으로 홀로코스트에 연관되었던 사람들은 이제 모두 노인들이 되었거나 이미 사망했다. 이제 진짜 우리가 그들을 위해 매일 기도해야할 시간이다.

이스라엘과 세계 전역에 있는 유대인들이 우리의 정기적인 기도 제목이 될 수 있다! 사도 바울은 우리에게 우리의 원수를 축복하라고 말한다. 마찬가지로 우리가 심지어 이스라엘의 원수들을 위해서도 역시 기도해야하지 않을까?

이 책이 어느 정도 당신을 변화시켰기를 바란다. 어쩌면 당신은 그 전에는 전혀 생각하지 않았던 것을 이 책을 통해 품기로 했을지도 모른다. 그랬기를 바란다. 하나님의 위대한 일들을 듣는 것은 언제나 변화를 가져오고 사람들의 삶 가운데 새로운 희망을 창조한다!

끝으로,

2015년 첫 번째 달에 미카엘 야론으로부터 소식이 왔다. 그는 해방 70주년 1월 27일에 아우슈비츠에 방문했다.

"며칠 전에, 저는 아우슈비츠 죽음의 소용소를 방문하기 위해 떠났던 폴란드로의 여정에서 돌아왔습니다. 저는 상상 속에서, 한 명의 유대인 수감자가 기차에서 내리던 그 순간부터 그가 죽음이 기다리는 가스실로 향하는 길과 죽도록 일하면서 서서히 사그라져가는 노동수용소로 가는 길이 나뉘는 그 지점을 통과해 걸어 내려갔을 그 고통의 길을 지나갔습니다."

"희생자의 유골들을 재로 만들어 뿌렸을 들판에 다가갔을 때, 저는 더 이상 저의 고통을 억제하지 못하고 울음을 터트렸습니다. 분노의 감정들 그 희생자들의 고통을 대신하는 증오, 나의 가족과 친척들의 고통이 다시금 제 마음을 적셨습니다. 저의 과거가 부풀어 올랐고, 저의 심장은 부서졌습니다. 제 과거의 육체와 감정 상태가 폭발했던 겁니다."

"이제 저는 그 곳에서 일어났던 일을 잊지는 않더라도 오직 하나님의 힘만이 제가 용서할 수 있도록 도와주실 수 있다는 걸 알게 되었어요."

"예슈아를 믿는 신자로서, 홀로코스트 생존자의 2세대로서, 제 인생에서 하나님께서 그리시는 그림에만 집중해야만 한다는 것을 이해하기 시작했어요. 제게 예슈아가 없었을 때에는 그저 제 백성들의 고통에 대한 감정들 속으로만 빨려 들어가는 느낌이었습니다. 저는 그 때 매우 중요한 무엇인가를 놓칠 뻔 한 거예요. 그런데 제가 하나님의 용서와 치유의 힘을 만났을 때, 그 분은 저의 삶을 돌려놓으셨어요."

"하나님께서는 요셉이 그의 형제들 때문에 겪었던 그 모든 악한 상황들을 사용하셔서 가족 안의 화해를 일으키게 하셨다고 했던 것이 기억납니다. 유다와 시므온과 다른 형제들의 성격을 바꿨고, 그 분의 더 큰 계획 가운데 이스라엘을 이집트로 이동시켰지요. 오랜 시간 후, 하나님께서는 그 백성들을 이집트에서 꺼내시면서 당신의 영광을 다시 보여주셨습니다. 물론 내 자신의 고통은 홀로코스트 생존자들의 고통에 비할 수도 없습니다! 동시에 홀로코스트 생존자의 장남으로서 저는 그들의 삶과 매우 밀접하게 연관되어 있었어요. 제가 아직 어린 아이였을 때, 저의 부모님의 고통과 그 분들의 너무 이른 죽음은 제 인생에 큰 고통을 일으켰어요. 제 고통은 저로 하여금 하나님께 울부짖도록 만들었고 전심으로 그 분을 찾도록 했죠. 하나님께서는 저의 상처받은 마음을 싸매시고 치유하시며 위로하시기 위해 그분 스스로를 제게 드러내셨어요(사 61)!"

"하나님께서는 제가 치유와 구원을 받게 하시기 위해, 뿐만 아니라 다른 이들을 치유하고 위로하는 그릇이 될 수 있도록 저를 그 분의 것으로 취하셨습니다. 오늘날 저는 하나님의 도우심으로 홀로코스트의 공포를 통과하고 살아남아 여전히 생존한 채 우리의 도움이 필요로 하는 사람들에게 위로가 되도록 노력하고 있습니다(고후 1:6-7)."

"이것이 지난 몇 년 동안 제가 애쓰는 것이고, 그 일들을 하는 동안 하나님께서 주신 기쁨은 저를 채웁니다. 이 기쁨은 제게 주어진 생활환경에 달려있지 않아요! 그것은 제 안에 임재하신 하나님으로부터, 그리고 내 삶 가운데 그 분이 하시는 일들로부터 생겨나는 것입니다. 하나님께서는 지금도 매일 지속적으로 증가하는 강력한 변화를 만들고 계십니다."

"저를 위해 계획하셨던 아우슈비츠로의 그 심오한 여정 동안, 하나님께서는 그 분의 '재 대신 기쁨의 기름'을 제게 보이셨습니다.

각주

1. en.wikipedia.org/wiki/Six-Day_War

   Martin Gilbert: Israel. A History. pp. 384-395. Black Swan 1999.

2. 노래의 이름은 금빛 예루살렘이다. 나오미 쉐메르(Naomi Shemer)가 불렀다.

   이 노래에 대한 영어 버전이 여러 종류 있다.

3. en.wikipedia.org/wiki/Yom_Kippur_War

   Martin Gilbert: Israel. A History. pp. 426-461. Black Swan 1999.

4. Reid Bramblett: Top 10 Toscana. Top 10 Travel Guides.

   Rebecca Ford: Siena & The Heart of Tuscany. pp. 170-171. Footprint 2005.

5. '쩨나, 쩨나(Tzena, Tzena)'는 이즈카하 미론이 1941년 히브리어로 만들었다.

   지금 이 노래는 여러 개의 영어 버전을 가지고 있다.

6. en.wikipedia.org/wiki/Derek_Prince

7. en.wikipedia.org/wiki/Oscar_Schindler

8. 이에 관련된 정보는 핀란드 주재 이스라엘 대사관의 엘리나 미엘리티넨(Elina Mieli-tyinen)이 제공했다.

9. 이에 관련된 정보 역시 핀란드 주재 이스라엘 대사관의 엘리나 미엘리티넨(Elina Mielityinen)이 제공했다.

10. Alexander Bronowski: They Were Few. Studies on the Shoah. Peter Lang Publishing 1991. 2차 자료: Chr. A. R. Christensen: World History. Part 21. World Wars. 3차 자료: Edward Kessler: What Do Jews Believe? Granta Publications, 2006.

유대인 안식일,
성서 절기들과 국가 기념일

미카엘 야론의 책 『재 대신 기쁨(Ashes for Joy)』은 여러 장에 걸쳐 유대인들의 고유한 문화와 역사 그리고 종교적인 개념들과 용어들을 포함하고 있다. 그래서 저자인 카이야 타이발은 독자들의 보다 깊은 이해를 고려하여 다음의 몇 가지 기본적인 용어들을 정리해 두었다. 더불어 각 용어와 개념들에 대한 미카엘 야론 목사의 메시아닉 유대인 목회자로서 신학적인 혹은 목회적인 입장들도 첨부해 두었다.

-편집자 주

안식일

유대인의 하루는 해가 질 때 시작하여 그 다음 날 해가 질 때 끝난다. 한 주는 일요일에 시작하고, 요일의 이름은 각 날의 순서에 따른다(첫째 날, 둘째 날 등등). 오직 토요일은 일곱째 날이라고 부르지 않고 별도의 이름을 갖는다. "샤밧(shabbath)"이 바로 토요일의 이름이다.

샤밧은 안식일로 지켜진다. 출애굽기 20장 8절부터 11절에 보면 샤밧을 기념하라는 명령이 나온다. "안식일을 기억하여 거룩하게 지키라 엿새 동안은 힘써 네 모든 일을 행할 것이나 일곱째 날은 네 하나님 여호와의 안식일인즉 너나 네 아들이나 네 딸이나 네 남종이나 네 여종이나 네 가축이나 네 문안에 머무는 객이라도 아무 일도 하지 말라 이는 엿새 동안에 나 여호와가 하늘과 땅과 바다와 그 가운데 모든 것을 만들고 일곱째 날에 쉬었음이라 그러므로 나 여호와가 안식일을 복되게 하여 그 날을 거룩하게 하였느니라."

잘 알려진 샤밧의 관습 중 하나는 금요일 저녁에 두 개의 안식일 초를 켜면서 기도하는 것이다. 그리고 포도주와 빵을 두고 기도한 후 그것을 나눈다. 두 덩어리의 빵은 이스라엘의 광야 시절, 안식일 전에 받았던 두 배의 만나를 기념하는 것이다. 토요일 저녁, 유대인의 안식일은 하브달라(havdala, 구분하다)라는 기도를 드리면서 거룩한 날의 끝과 한 주의 시작을 기념하며 끝이 난다.

미카엘 야론의 안식일에 대한 강의

"안식일을 기억하여 거룩하게 지키라"(출 20:8)는 하나님께서 주신 십계명 중 네 번째 계명입니다.

동사 '멈추다(to stop)' 혹은 명사 '파업(a strike)'은 히브리어 단어 샤밧과 같은 어근을 가지고 있습니다. 멈춘다는 개념은 샤밧의 본질을 잘 설명해줍니다. 우리는 샤밧을 즈음하여 한 주 동안 했던 일을 멈춥니다. 샤밧은 또한 창조를 말합니다. 하나님은 6일 동안 세상을 창조하셨습니다. 일곱째 날은 이미 예비 되었고, 하나님은 그 분의 창조하는 일로부터 안식하셨습니다.

이 개념은 우리가 하나님의 임재 안에서 샤밧을 보낸다는 것, 그 분 안에서 안식한다는 것입니다. 우리는 그 분의 말씀을 읽고 그 하루를 그 분과 함께 보낼 수 있습니다. 샤밧은 또한 믿음에 관한 하나의 그림을 그릴 수 있습니다. 그 날에, 우리는 우리가 하던 일을 멈추고 하나님께서 그 날 우리의 필요를 돌보실 것이라는 믿음을 갖습니다. 그 날은 그래서 하나님을 예배하고, 섬기기 위해 우리가 부름 받은 기쁨의 날입니다.

예슈아는 마태복음에서 말씀하셨습니다. "수고하고 무거운 짐 진 자들아 다 내게로 오라 내가 너희를 쉬게 하리라" (마 11:28) 이 말씀을 하신 뒤 이어지는 12장에서 예슈아는 샤밧에 대하여 말씀하십니다. 예수님의 말씀에 의하면 샤밧은 오직 육체적인 것뿐만이 아닌 영적인 안식도 의미합니다.

예슈아는 안식일의 주인이십니다. 우리는 샤밧에 이걸 하면 안 되고, 저걸 하면 안 된다고 들었습니다. 그럼에도 불구하고, 우리는 샤밧에 좋은 일들을 하도록 부름을 받았다는 것 그리고 그것을, 진실로 실천해야 한다는 것을 알아야 합니다. 예슈아께서는 우리가 그 분의 영광 안에서 산한 일을 하고, 그렇게 샤밧을 지킴으로서 주님을 어떻게 섬길 수 있는지에 대해 여러 가지 예를 주셨습니다. 예슈아는 우선 샤밧에 많은 사람들을 치유하셨습니다. 회당에 손이 마른 남자가 있었습니다. 예슈아는 그에게 간단하게 말씀하셨습니다. "손을 내밀어라!" 그 남자는 그렇게 했고 회복되어 정상이 되었습니다 (참조. 마 12:9~13). 또한 베데스다 연못에서 예슈아는 삼십 팔 년 동안 아팠던 남자를 치유하셨습니다(요 5:2~15).

예슈아께서는 안식일이 사람을 위해 만들어진 것이지, 사람이 안식일을 위해 만들어진 것이 아니라고 말씀하셨습니다. 사람은 샤밧 즉, 안식이 필요합니다. 사실, 하나님은 힘을 얻기 위해 그 분께로 가야한다는 점에서는 우리가 마치 매일이 샤밧인 것처럼 살기 원하십니다.

우리는 때로 우리의 한 주 일상을 마르다처럼 온갖 종류의 임무와 일들로 바쁘게 지낸다할지라도, 적어도 샤밧에 이르러 우리는 예슈아의 발치에서 그 분의 가르침을 들으며 쉬었던 마리아처럼 되어야 합니다.

끝으로, 샤밧은, 하늘에서 우리를 기다리고 있는 안식, 그 영원한 안식의 모습에 대하여 그림을 그리는 것 같은 소망을 품는 것입니다. 요한계시록 마지막 장은 이런 미래에 대해 우리에게 말합니다. "또 그가 수정 같이 맑은 생명수의 강을 내게 보이니 하나님과 및 어린 양의 보좌로부터 나와서 길 가운데로 흐르더라 강 좌우에 생명나무가 있어 열두 가지 열매를 맺되 달마다 그 열매를 맺고 그 나무 잎사귀들은 만국을 치료하기 위하여 있더라 다시 저주가 없으며 하나님과 그 어린 양의 보좌가 그 가운데에 있으리니 그의 종들이 그를 섬기며 그의 얼굴을 볼 터이요 그의 이름도 그들의 이마에 있으리라 다시 밤이 없겠고 등불과 햇빛이 쓸 데 없으니 이는 주 하나님이 그들에게 비치심이라 그들이 세세토록 왕 노릇 하리로다" (계 22:1-5).

유대인의 절기

유월절

유대인들은 페사크(Pesach) 혹은 유월절을 서양의 태양력 3월 혹은 4월쯤에 해당하는 유대력 니산월(month Nisan)의 14일에 시작하여 칠일 동안 기념한다. 그것은 또한 무교절 (the week of unleavened bread)이라고도 부른다.

이 유월절 기간에는 누룩이 들어간 그 어떤 것도 집에 두어서는 안 된다. 그 집의 주부가 집 안 구석구석 빵부스러기까지도 모두 잘 치웠는지 가장이 확인하는 동안 아이들은 재미있는 시간을 보낸다. 그들은 무교병 혹은 '마짜(matzah)'를 먹는다. 그것은 이스라엘 족속이 이집트를 나오기 전 누룩으로 발효시킨 반죽이 부풀기를 기다릴 시간이 없었음을 의미한다. 마짜를 먹는 것은 그것을 기념하는 것이다.

유대인의 유월절은 가족 중심의 이벤트이다. 절기는 14일(니산월) 저녁 쎄데르 만찬 (the Seder meal)과 함께 시작된다. 온 가족은 실제 식사가 시작되기 전, 하나님께서 어떻게 이스라엘 백성들을 이집트 노예생활부터 자유케 해주셨는지에 대한 이야기가 쓰인 하가다(Haggadah)라는 소책자를 따라 예식을 행한다. 하가다는 이스라엘 백성의 출애굽 여정을 상세히 묘사하고 있으며, 각 과정의 이야기들은 시편들과 다른 노래들도 덧붙여져 있다. 하가다는 모든 세대들의 개개인들이 각각 스스로 개별적으로 이집트를 떠나왔다고 느껴야만 한다고 말하고 있다. 하가다는 또한 여러 종류의 다양한 감사들과 하나님의 공급에 관한 간구들을 포함하고 있다.

쎄데르 만찬은 절기의 첫째 날밤에 치러진다. 식탁은 언제나 쎄데르 접시로 차려지는데, 접시에는 몇 가지의 특정한 종류의 음식들이 올려져있다: 제물로 바쳐진 양을 나타내는 구운 양고기의 뼈, 성전에서 바쳐진 희생제물을 나타내는 달걀, 땅의 과일을 창조하신 하나님을 상징하는 소금물에 찍어먹는 무와 파슬리, 이집트에서 유대인 노예들이 만들었던 회반죽을 나타내는, 견과류가루와 사과, 계피가루와 포도주를 섞어 만든 하로셋(charoset), 노예 신분으로서의 괴로움을 묘사하는 쓴 허브들이다. 쎄데르 접시는 모든 사람에게 그리고 아이들에게까지 세심한 주의를 기울여 설명된다. 식사에 참여하는 사람들은 모두 쎄데르 접시에 담긴 쓴 허브, 하로셋, 무나 파슬리 등의 맛을 본다.

실제 식사는 하가다를 읽고, 쎄데르 접시에 관한 설명을 포함하여 모든 예식의 행동들 이후 진행된다. 식사 중간에 가장은 앞문을 열어(심지어 아파트에 살더라도 실제로 아파트의 현관문을 열어서) 선지자 엘리야가 메시아의 오심을 선포하러 올 수 있게 한다. 식탁에 엘리야의 컵을 비롯한 그를 위한 한 자리를 비워둔다.

만찬 시간에는 놀이도 있다. 만찬 동안 마짜 한 조각을 숨겨두고 식사 후에 아이들이 그것을 찾도록 하는 것이다. '아피코멘(afikomen)'을 찾는 것이라고 말하기도 한다. 아이들이 그것을 찾아와 상을 받을 때 크게 기뻐한다. 유월절은 전반적으로 아주 큰 기쁨의 절기이다.

오메르(Omer)를 세는 것

오메르를 세는 것은 보리 수확을 상기시키는 것이다. 이것은 유월절 둘째 날에 시작해 7주 동안 지속된다. 오메르는 새 수확을 감사하는 마음으로 성전에서 드리던 소제(곡직제물)였다. 오늘날 회당에서는 저녁 기도 시간에 오메르 기간 가운데 몇 주 혹은 몇 일이 지났는지를 큰 소리로 말하는 것이 관례이다.

홀로코스트 기념일

보통 4월이나 5월 정도가 되는 니산월의 27일은 욤 하쇼아(Yom Ha-sho'a) 즉, 홀로코스트 기념일이다. 이 날에 유대인들은 나치에 의해 벌어진 제2차 세계대전 대량학살의 희생자들을 기억한다. 심지어 유치원과 학교에서도 이 날이 어떤 날인지 설명하며 지킨다. 유대인에게는 매우 가슴 아픈 날이다.

현충일과 독립기념일

이스라엘 현충일은 이야르(Iyar)의 네 번째 날인데 때때로는 4월 혹은 5월에 찾아온다. 현충일 기념식은 전사한 이스라엘 군인들을 기념하며 나라 전역에서 거행된다. 그러나 해가 지면 모든 슬픔이 변하여 기쁨이 된다. 욤 하아쯔마웃(Yom Ja'atzmaut) 즉, 독립기념일의 시작인 것이다. 이스라엘은 1948년에 독립했다. 이 날은 모두 길거리로 나가 온갖 종류의 공연들과 불꽃놀이를 즐긴다. 이스라엘 국기는 거의 모든 곳에서 휘날리며 심지어 자동차들도 이스라엘 국기로 꾸며진다.

오순절

오순절이라는 뜻의 '샤부옷(Shavu'ot)'은 유월절 후에 7주가 지나 기념한다. 5월이나 6월 정도가 되는 시반(Sivan)의 6일이다. 맥추절이라고도 한다. 이때는 이스라엘이 밀을 수확할 때이며, 보통 첫 과일들 역시 이 때 수확할 때가 된다. 키부츠에서 기념하는 사람들은 과일을 가지고 나와 진열한다. 샤부옷은 역사적인 배경을 가지고 있다. 하나님께서 토라 즉, 모세오경을 이스라엘에게 주시고 그 말씀과 함께 언약의 관계로 들어가셨음을 기억하는 것이다. 이때 회당에서는 토라를 받은 것에 대해 감사를 드리고 그것이 갖는 의미들에 대해 사람들을 상기시키는 것 등의 예식을 수행한다. 맥추절의 이야기인 룻기가 보통 이 절기에 주로 읽는 성경이 된다. 룻 이야기의 중요한 점은 물론 그녀가 모압 자손이었음에도 불구하고 그녀 남편의 신앙을 따르고 이스라엘의 하나님께로 나아간 사실이다. 이후 그녀는 신실함의 상징이 되었고, 왕통이 이어지는 계보의 한 자리를 부여받게 되었다. 샤부옷의 주 식사 메뉴는 유제품들이다. 사실 이 전통의 기원은 알려지지 않았다. 출애굽기 3장 8절에 "젖과 꿀이 흐르는 땅", 말하자면 약속의 땅에 대한 묘사 때문일지도 모르겠다.

아브월의 9일

아브월(the mon the Av)의 9일에 유대인들은 첫 번째와 두 번째 성전 파괴를 기억한다. 두 성전 모두 한 해의 똑같은 날에 파괴되었다. 제1차 성전은 기원전 586년에 제2차 성전은 기원후 70년에 파괴되었다. 종교적인 유대인들은 이 날 대체로 금식한다.

새해

'로쉬 하샤나(Rosh Hashanah)'. 혹은 새해는 9월이나 10월 정도가 되는 티쉬리(Tishri)의 첫째 날 축하한다. 로쉬 하샤나는 열광의 도가니가 되도록 즐기는 시간은 아니다. 오히려, 이날 사람들은 다가오는 해에 더 나아지기 위해 그들의 생활방식을 어떻게 바꿀 수 있을지 생각하는 점검의 시간을 갖는다. 그 과정의 일부로 사람들은 상처가 되었을지도 모를 사람들과 화해하려고 노력한다. 그리고 새해의 다짐 목록들을 정한다. 어떤 전통은 지난해보다 더 달콤하고 더 나은 해가 되길 바라는 소망과 함께 사과 조각들을 꿀에 담가 먹기도 한다. 새해를 기념하는 것은 성경 레위기 2장 3절이 말하는 일곱 째 달 첫 날을 이스라엘 족속이 안식일로 지켜야만하고 그 날에 거룩한 모임을 지켜야 한다는 말씀에 기초를 둔다. 그날에는 또한 숫양의 뿔인 쇼파르(shofar)를 분다. 세 네 시간 진행되는 새해 기념식에서 쇼파르는 백 번 넘게 사용된다. 이 전통은 하나님의 왕 되심 앞에서 인간들은 깨어나 회개해야 한다는 개념에 근거한다. 새해는 대속죄일인 욤 키푸르(Yom Kippur)를 지키면서 끝나는 야믹 노라임(Yamim Nora'im, 십일 동안의 회개)으로 시작된다. 야믹 노라임은 경외하는 날들 혹은 굉장히 거룩한 날들이라는 뜻이다. '경의를 표하는 십일일Iten days of respect)'이라는 용어 또한 같은 의미로 사용된다. 회개 이외에도, 이 기간은 기도와 자선의 시간이다. 사람들은 '하티마 토바(chatimah tova)', 즉 '생명책에 기록되길(a good sealing, 생명책에 이름이 기록된 채로 책이 덮이는–역자 주)' 혹은 '그 해의 죄에 대한 하나님의 선하신 최종 처방'이라는 의미의 인사를 나눈다. 사람들은 이 때 앞으로는 선한 행위들이 악한 행실들보다 더 많기를 소망한다. '하티마 토바' 인사는 주로 욤 키푸르에 많이 사용된다.

욤 키푸르

대속죄일 즉, '욤 키푸르(Yom Kippur)'는 9월이나 10월 정도 되는 티쉬리(Tishri) 달의 10일에 지켜진다. 욤 키푸르는 대략 25시간 정도 온전히 금식하는 날이다. 이 거룩한 날 전날, 금식을 시작하기 전 사람들은 축제와 같은 식사를 나눈다. 그리고 욤 키푸르에 모든 분주한 것들은 조용히 가라앉는다. 이 날이 되면 사람들은 차를 운전하지 않고, 모든 교통수단들은 멈춰서며 거리는 한산해진다. 욤 키푸르에는 안식하는 시간 외에는 하루 종일 기념 예식이 진행되고 있는 회당에서 하루를 보내야한다는 관례가 있다. 대 속죄일에 모든 지켜

지지 않은 약속들과 맹세들은 '콜 니드레(kol nidre, 모든 맹세들)' 기도로 무효화된다. 그
기도문은 유대인들이 기독교로 개종하도록 강요 당했던 시절에 만들어졌다. 그들은 비밀
스럽게 그리고 견고하게 그들의 유대인임을 지켜냈다. 왜냐하면 콜 니드레가 그들의 생명
을 지키기 위해서 했던 부질없는 배교의 약속들로부터 그들을 자유롭게 했다고 믿었기 때
문이었다. 욤 키푸르에 사람들은 흰색 옷을 입는다. 다른 색 가운데 흰색은 이사야서 말씀
을 상기시킨다. "여호와께서 말씀하시되 오라 우리가 서로 변론하자 너희의 죄가 주홍 같
을지라도 눈과 같이 희어질 것이요 진홍 같이 붉을지라도 양털 같이 희게 되리라"(사 1:18).

욤 키푸르는 숫양 뿔 나팔의 긴 연주로 끝이 난다. 하나님께서 시내산에서 스스로를 드
러내셨던 때를 상기시키는 것이다. 하나님께서 자신을 드러내시기 전 그 때 이스라엘 족속
들은 쇼파르 소리가 들리기 전까지는 하나님께서 임재하여 계신 산을 만지는 것이나 접근
하는 것도 허락되지 않았다(참조. 출 19:9-25). 욤 키푸르 후에 사람들은 수콧(Sukkot) 즉,
장막절을 위한 준비를 시작한다.

장막절

'수콧(Sukkot)' 혹은 장막절(the Feast of Tabernacle)은 9월이나 10월정도 되는 티쉬리의 15
일부터 21일까지 지킨다. 수콧은 움막 혹은 임시 거처를 의미한다. 수콧은 일주일간 지속
되는(참조. 레 23:34-36) 큰 기쁨의 기념일이다. 이스라엘 족속들은 약속의 땅으로 가던
그들의 여정 내내 어떻게 하나님께서 그들을 장막이나 가지들로 지어진 거처에서 살도록
인도하셨는지 기억하는 것이다(레 23:42-43). 오늘날 사람들은 그들의 마당이나 베란다
에 이와 비슷한 장막을 짓는데, 사람들은 종종 형용색색의 빛으로 장막을 꾸미기도 한다.
사람들은 이 기간 내내 그 거처에 가 앉아 식사도 나누고 즐거운 시간을 갖기도 한다. 수콧
은 또한 한 해의 소출을 수확하는 것과도 관련이 있다. 말하자면 우리가 하나님의 돌보심
과 공급하심을 신뢰할 수 있다는 것을 상기시키는 것이다. 어쨌든, 하나님께서 그의 백성
들을 광야에서 만나로 먹이시고 물 또한 기적적으로 공급하셨다. 수콧은 굉장히 큰 기쁨의
기념 예식과 노래와 춤이 가득한 날이다.

집회의 팔일 째 혹은 씸핫 토라

일주일간 계속되는 장막절 후에는 바로 이어서 '쉐미니 아쩨렛(Shemini Atzeret)'이 뒤따른
다. 이름의 뜻은 '집회의 팔일 째'이다. 이 날은 또한 '토라를 기뻐하는 것'이라는 의미로 심
핫 토라(Simchat Torah)라고 불리기도 한다. 일 년 중 가장 기쁜 날이다. 회당은 일 년 내내

매주 샤밧마다 토라를 읽는다. 이제 씸핫 토라가 되면 그 일 년 동안 토라를 읽는 주기가 끝난다. 사람들은 이 날 노래하며 춤추는 가운데 유대인에게 토라는 생명과 가쁨을 의미한다는 것을 보여준다. 그리고 사람들은 회당 안에서 매우 유쾌한 방법으로 토라 두루마리를 한 바퀴 돌린다.

하누카

하누카는 서양 태양력의 11월이나 12월 정도인 키슬레브 월(Kislev month) 25일에 시작한다. 하누카는 '봉헌'이라는 뜻이다: 옛날 시리아의 그리스인 폭군 안티오쿠스 에피파네스 (Antiochus Epiphanes IV)은 그 당시 유대인 문화를 파괴하려고 계획하고 유대인 성전을 모독했다. 그 결과로 마카비 혁명(the Maccabean revolt)이 일어난다. 성전이 유대인 수중에 다시 돌아온 후 유대인들은 기원전 165년에 성전을 재봉헌했다. 하누카는 팔일 동안 벌어지는 '빛 축제'이다. 이 팔 일 동안, 매일 저녁, 아홉 개 가지가 있는 하누키야(hannukiah)에 초를 켠다. 매일 저녁 하나 씩 초를 추가해서 점화를 하고 마지막 날에는 아홉 개 모든 초가 켜지게 된다. 하누키야 아홉 개 초 가운데 하나는 종초(servant candle)이 되어 그 초의 불을 이용하여 다른 초들의 불을 점화하도록 한다. 하누카의 촛대에 불을 붙이는 것은 전통적인 이야기와 연관되어 있다. 마카비 혁명 때 성전 봉헌을 위해 촛대에 불을 밝혀야 했는데 그 때 필요로 했던 순결한 기름의 양이 너무 적었다. 그런데 아주 적은 양의 구별되고 순결한 기름으로도 초는 팔일 동안 꺼지지 않고 계속 타올랐다. 실제 기름의 양은 오직 하루치밖에 되지 않았는데도 말이다. 하누카는 기쁨의 기념일이다. 아이들이 특히 이 날을 특히 좋아하는데 보통 이 날 선물을 받기 때문이다.

나무의 새해

하누카가 지나고 한 달이 지난, 보통 1월이 되는 쉐밧월(Shevat month)의 5일에 유대인들은 투 비쉬밧(Tu Bishvat) 즉, '나무의 새해'를 기념한다. 전통적으로, 유대인들은 이 날 견과류와 말린 과일을 먹고 나무를 심는다. 아이들은 종종 학교에서 소풍을 나가 나무를 심는다.

푸림

푸림(Purim, 부림) 절기는 2월이나 3월정도 되는 아다르월(Adar month)의 14일에 지켜진다. 푸림은 '제비뽑기(lots)'라는 뜻이다. 이 날은 삼촌 모르드개를 도와 페르시아 제국 내 유대인 공동체를 구했던 에스더를 기억하는 날이다. 페르시아 왕의 최고위 신하 하만은 모든 유대인들에 대해 미움이 가득했고 그들을 말살하려는 계획을 세우고 있었다. 에스더는 그런 하만의 계획을 왕에게 알리고 유대인에 대한 부당한 대우와 핍박을 막았다. 이 이야기는 에스더서에 나온다. 성경에서 하나님의 이름이 언급되지 않는 유일한 책이다. 에스더서는 푸림에 회당에서 낭독된다. 이후 유대인의 역사에서, 푸림은 축제의 한 종류로 변모했다. 여자들은 종종 여왕처럼, 소년들은 왕이나 신하처럼 차려 입는다. 에스더서의 이벤트들은 유치원에서 연극으로 공연하기도 한다. 유대인들은 이 날 과자들과 작은 선물들이 들어있는 선물 바구니들을 서로 교환한다. 이 날 사람들은 특별히 가난한 사람들에게 관심을 갖는다. 종교적인 유대인들 사이에서는 푸림에 한 사람이 적어도 두 명의 가난한 사람들에게 선물 바구니를 주어야한다는 생각을 가지고 있다.

유대인의 절기 가운데 가장 중요한 것은 세 개다. 유월절, 오순절 그리고 장막절은 예루살렘까지 순례를 해야 하는 가장 큰 세 절기이다. 오늘날, 전 세계에 살고 있는 종교적인 유대인들은 이 절기에 예루살렘으로 올라간다. 이 모든 세 절기들은 기본적으로 곡식과 과일을 수확하는 시기와 강하게 연결되어 있다. 그러나 이 세 절기가 중요한 것은 그 각각의 축제가 모두 유대인의 역사적 사건들과 관련되어 있다는 것이다.

출처

Interview with Anja Kolehmainen 1.8.2014.

Tapani Harviainen & Karl-Johan Illman: Juutalainen kulttuuri (Jewish Culture), pp. 63–74. Kustannusosakeyhtiö Otava 1998.

Edward Kessler: What do Jews Believe? Granta Publications 2006. Mihin uskovat juutalaiset, pp. 64–75. Translation into Finnish by Laura and Olga Jönisniemi. Kustannusosakeyhtiö Otava 2009.

Kai Kjaer-Hansen & Ole Chr. M. Kvarme: Messiaaniset juutalaiset. Kristitty vöhemmistö Israelissa (Messianic Jews: A Christian Minority in Israel), pp. 77–86. Translation into Finnish by Sointu Ro. A publication of the Finnish Evangelical Lutheran Mission. Kirjanelio 1981.

메시아닉 유대인의 관점에서 본 절기들
미카엘 야론의 가르침

골로새서 2장 16~17절은 이렇게 말합니다. "그러므로 먹고 마시는 것과 절기나 초하루나 안식일을 이유로 누구든지 너희를 비판하지 못하게 하라 이것들은 장래 일의 그림자이나 몸은 그리스도의 것이니라." 레위기 23장은 하나님께서 이스라엘에게 지키도록 명령하신 모든 절기들에 대해 말합니다. 무교절, 샤부옷(문자적으로, 여러 주–일주일–들) 그리고 장막절이 그것들입니다. 하나님께서는 '그 분의 달력과 일정에 따라' 히브리어로 모아딤(mo'adim)이라고 불리는 '기념하는 날들'을 지키도록 특정한 날들을 명령하셨습니다. 대체로 나팔을 불도록 지정한 날(유대인 새해), 대속죄일(욤 키푸르) 등입니다. 메시아닉 유대인들에게 제가 권하는 것은 이 절기들 역시 기념하되 그들이 메시아 안에서 그들이 바라던 것이 궁극적으로 성취되어 있다는 것을 기억하는 것입니다. 하나님은 그 분의 구속의 계획 가운데 하나님께서 지향하시는 것을 가리키는 것들로서 이 절기들을 주셨습니다. 그것들은 말하자면 메시아의 상징들이며 그림자입니다. 이외에도 신명기 16장 16절에 하나님께서는 이스라엘 족속들에게 일 년에 세 번 예루살렘으로 올라가라고 명령하셨습니다. 무교절 혹은 유월절(Pesach), 맥추절 혹은 오순절(Shavuot), 장막절 혹은 수막절(Sukkot)이 그 절기들입니다.

일단, 유월절의 기본적인 요소는 어린양의 피를 문설주에 발라야만 했다는 것입니다. 오직 그 피만이 맏이들을 죽음으로부터 보호할 수 있었어요. 그것을 통해서, 이스라엘 민족은 무고한 희생제물의 피가 그들을 죽음으로부터 구할 수 있다는 것을 배웠습니다. 예슈아는 그를 믿는 자들에게 유월절의 어린양이십니다. 그는 하나님의 어린양으로 우리에게 용서의 은혜를 주십니다. 깨끗하게 되는 것 정의와 성화를 의미하는 것이죠.

하나님께서는 유월절 주간 내내 그들에게 누룩이 들어있지 않아 발효되지 않은 빵을 먹으라고 말씀하셨습니다. 누룩은 죄의 그림이고 예슈아는 그것을 바리새인과 관련하여 말씀하셨습니다. "조심해라!" 예슈아는 경고하십니다. "바리새인과 사두개인들의 누룩을 삼가 주의하라" (마 16:6). 유월절 전, 유대인 집에서는 누룩이 들어간 모든 것들을 제거하고 심지어 태우기까지 합니다. 우리도 시어빠진 모든 것들, 모든 죄와 심지어 죄의 뿌리까지 다 없애버려야 합니다. 죄가 우리 안에 뿌리내리도록 허락되어서는 절대 안 됩니다. 왜냐하면 우리는 거룩한 하나님의 영의 성전이기 때문입니다. 죄는 태워져야만하고 그래서 그 어떤 것도 남아있어서는 안 됩니다. 우리는 회개하고자하는 깊은 갈망이 있어야 합니다. 예슈아는 그를 믿는 자들을 죄와 사망의 권세로부터 구원하셨고, 그의 희생을 통해 성화와 영생을 주셨습니다.

오순절 즉, 샤부옷은 그해 첫 열매들에 대한 첫 수확의 축제입니다. 예슈아는 죽음에서 처음으로 부활하셨다는 점에서 첫 열매셨습니다. 고린도전서 15장 22~23절은 말합니다. "아담 안에서 모든 사람이 죽은 것 같이 그리스도 안에서 모든 사람이 삶을 얻으리라 그러나 각각 자기 차례대로 되니니 먼저는 첫 열매인 그리스도요 다음에는 그가 강림하실 때에 그리스도에게 속한 자요." 예슈아의 부활은 하나님께서 그의 희생을 받으셨다는 것을 증거합니다.

유월절(밀 추수)과 오순절(보리 추수) 사이의 칠 주 동안 들판은 추수를 기다리는 가운데 온통 하얗게 됩니다. 샤부옷 추수의 첫 열매들은 하나님의 복의 표시입니다. 예슈아를 믿는 첫 신자들에게 성령이 강림하신 것은 오순절 때였습니다. 그리고 거기서 삼천 명의 새 신자들이 세례를 받고 그 날 탄생한 세상 첫 교회에 더해졌습니다. 죄악으로 가득한 세상에 엄청난 복이었습니다. 예레미야서 31장 33절은 하나님께서 당신의 율법을 우리 마음에 주신다고 말합니다. 새 언약이 이스라엘 백성들과 시작 되었습니다 (참조. 렘 31:31~33). 율법이 그들의 마음가운데 심겨진 것은 성령 안에서였습니다(겔 36장). 하나님은 율법 자체를 위해 율법을 주시는 것을 원치 않으셨습니다. 하나님께서는 율법을 마음으로 알고 심지어 진지하게 공부하는 가운데 성령을 통해서 그것이 생명이 되기를 원하셨습니다. 그러므로 하나님의 영이 부어지는 것은 새 언약의 첫 증거였던 셈입니다. 이제 우리는 성령을 통해 그의 능력 안에서 살 수 있게 되었습니다. 유대인 전통에서 룻기는 샤부옷(오순절)과 관련되어 있습니다. 그 책은 이 샤부옷에 주로 회당에서 읽혀집니다. 그런데 룻의 이야기는 하나님께서 의도하셨던 유대인과 비유대인의 연합을 보여줍니다.

유월절과 오순절은 예슈아께서 십자가 위에서 죽으신 것과 부활하신 것으로 온전히 성취되었습니다. 양각나팔(쇼파르)을 부는 것으로 정해진 날(모에드)과 장막절(수콧)은 그것들의 메시아적 의미로 볼 때 아직 성취된 것이 아닙니다. 구약성서 시대에 쇼파르는 사람들이 모여 전쟁이나 다른 중요한 것을 준비하도록 부르는 것이었습니다. 쇼파르는 또한 왕이나 선지자가 기름부음 받을 때도 사용되었습니다. 이 쇼파르에 대해 신약성경은 이렇게 말합니다. "나팔 소리가 나매 죽은 자들이 썩지 아니할 것으로 다시 살아나고 우리도 [예슈아를 믿는 신자들] 변화되리라"(고전 15:52). 쇼파르를 부르도록 정해진 날은 주님의 날, 예슈아께서 승리의 왕으로서 감람산으로 돌아올 때입니다. 우리는 그 날을 위해 우리 스스로를 준비해야 합니다.

대속죄일, 욤 키푸르는 하나님 앞에서 서서 받는 심판의 때입니다. 일 년에 한 번 대제사장은 백성들과 본인 스스로를 대신해 성전의 가장 거룩한 곳으로 들어갑니다. 그는 그 자신과 백성들 모두가 지은 지난 일 년의 죄를 희생 제물에 얹어 그곳에 둡니다. 그 희생제물은 오직 그 해의 죄만 해당되는 것입니다. 다른 말로 하자면, 대속죄를 위한 희생제물은 매해 반복되여져야하는 것입니다. 대속죄일은 회개의 날입니다. 그런데 욤 키푸르는 사람들의 죄를 온전히 용서받는 것은 아니었습니다. 그래서 히브리서 9장 25~26절은 말합니다. "대제사장이 해마다 다른 것의 피로써 성소에 들어가는 것 같이 자주 자기를 드리려고 아니하실지니 그리하면 그가 세상을 창조한 때부터 자주 고난을 받았어야 할 것이로되 이제 자기를 단번에 제물로 드려 죄를 없이 하시려고 세상 끝에 나타나셨느니라."

메시아는 반면에 전 세계가 필요로 하는 모든 것을 이루셨습니다. 그의 희생은 단번에 모두를 위해 드린 최종적인 욤 키푸르 희생제물이었습니다. 그 희생은 영원한 속죄를 가져왔으며, 하나님을 향해 직접 자유롭게 접근하는 것을 가능하게 했습니다. 그런 면에서 예슈아는 참 인간이며 참 신이십니다. 그 스스로의 죽음을 통해, 예슈아는 그때까지 사람들을 지성소로부터 갈라놓았던 휘장을 찢으셨습니다. 이제 우리는 직접적으로 하나님의 속죄소에 가서 자비와 용서를 받을 수 있습니다. 히브리서 4장 16절은 말합니다. "그러므로 우리는 긍휼하심을 받고 때를 따라 돕는 은혜를 얻기 위하여 은혜의 보좌 앞에 담대히 나아갈 것이니라." 사람들이 예슈아를 통해 하나님께 나아갈 때, 하나님께서는 그들을 받아들이시고, 그들을 용서하시며, 그들을 정결하게 하십니다.

메시아닉 유대인들은 욤 키푸르를 어떻게 지킬까요? 그 날에 사람들은 보통 '하티마 토바' 혹은 '생명책에 기록되길'이라는 말로 인사합니다. 메시아닉 유대인들은 그들이 예슈아의 피와 성령으로 이미 그렇게 됐다는 것을 알고 있습니다. 그 날, 이스라엘의 모든 사람들은 금식하고 회당에 모입니다. 메시아닉 유대인들에게도 금식하고 기도할 수 있는 기회가 주어지는 것입니다. 그러나 우리는 이미 용서를 얻었기 때문에, 하나님께 또 다른 용서를 구할 필요가 없습니다. 대신, 우리는 하나님께서 이스라엘의 영적인 눈을 열어주셔서 예슈아를 볼 수 있기를, 불신의 휘장이 그들의 눈으로부터 제거되기를 위해 금식하며 기도할 수 있습니다. 메시아닉 유대인에게 쇼파르를 부는 날과 욤 키푸르는 스가랴서 12장과 14장에 쓰여 있는 이야기의 그림자입니다. 감람산으로 다시 돌아오실 예슈아와 유대인의 국가적인 회개(슥 12:10)에 대한 기대입니다.

한편, 장막절(수콧)은 기쁨의 축제입니다. 그 날은 하나님과 당신의 백성들 사이 연결을 재건하는 때입니다. 장막은 광야에서 방랑하던 시간들을 상기시켜줍니다. 시편 27편 5절은 말합니다. "여호와께서 환난 날에 나를 그의 초막 속에 비밀히 지키시고 그의 장막 은밀한 곳에 나를 숨기시며 높은 바위 위에 두시리로다." '초막'으로 번역된 히브리어가 '수카'인데 그 지붕이 가지들로 만들어진 움막을 뜻합니다. 수카는 피난처를 제공합니다. 그곳은 하나님의 임재와 안전을 상징합니다. 우리는 우리의 필요들 가운데 우리는 하나님께 갈 수 있습니다. 수카는 또한 텐트를 의미하는데, 집회나 성막의 텐트와 같습니다. 모세가 하나님을 만나러 갔던 곳입니다. 성막에서 사람들은 하나님의 임재를 경험할 수 있었습니다.

그럼에도 불구하고, 수카는 임시적인 거처입니다. 수카는 쉽게 지을 수 있고 쉽게 철거할 수 있습니다. 이스라엘 백성들은 광야에서 계속 움직여야했습니다: 구름이 뜨거나 불기둥을 볼 때, 그들은 움직여야했습니다. 그것은 신자로서의 우리의 삶을 상징합니다. 우리 역시 오늘은 여기에 있지만, 내일은 다른 곳에 있게 될 수도 있습니다. 오늘은 우리가 이것을 하고 있지만 하나님의 인도하심 아래 내일은 다른 것을 할 수도 있습니다.

수카는 하늘과 별들을 볼 수 있도록 종려나무 잎으로 만듭니다. 그것은 우리가 하늘을 보며 살아야 함을 의미합니다. 수카는 우리는 언제나 위를 올려다봐야하며 모든 면에서 하나님의 얼굴을 구해야한다는 것을 알려줍니다.

수콧은 또한 물의 축제입니다. 예수님 시절 장막절에 사람들은 실로암 연못으로부터 떠온 물을 제단에 부었습니다. 예슈아는 그것에 대해 이렇게 말씀하셨습니다: "나를 믿는 자는 성경에 이름과 같이 그 배에서 생수의 강이 흘러나오리라 하시니"(요 7:38).

스가랴서 12장 2~3절은 말합니다. "그 날에는 내가 예루살렘을 모든 민족에게 무거운 돌이 되게 하리니 그것을 드는 모든 자는 크게 상할 것이라 천하만국이 그것을 치려고 모이리라." 모든 민족들이 예루살렘을 대항하여 올 때, 예슈아는 마침내 그 스스로 돌아서서 회개하는 가운데 나아오는 그의 백성들에게 자신을 보이실 것입니다. "내가 다윗의 집과 예루살렘 주민에게 은총과 간구하는 심령을 부어 주리니 그들이 그 찌른 바 그를 바라보고 그를 위하여 애통하기를 독자를 위하여 애통하듯 하며 그를 위하여 통곡하기를 장자를 위하여 통곡하듯 하리로다" (슥 12:10). 메시아를 통해서 하나님과 그의 백성 사이에 또 다시 큰 연합이 있을 것입니다. "그 날에 죄와 더러움을 씻는 샘이 다윗의 족속과 예루살렘 주민을 위하여 열리리라" (슥 13:1).

스가랴서의 마지막 장에서 우리는 장막절의 묘사를 볼 수 있습니다. 하나님의 모든 백성들, 유대인과 비유대인들 모두 장막절을 축하하기 위해 예루살렘에 올 것이라고 정확히 이야기해줍니다. 스가랴서 14장 16절에 이런 말이 나옵니다. "예루살렘을 치러 왔던 이방 나라들 중에 남은 자가 해마다 올라와서 그 왕 만군의 여호와께 경배하며 초막절을 지킬 것이라."

성서 절기들은 하나님의 구원의 계획과 밀접하게 관련되어있으며 예슈아 안에서 성취됩니다. 모든 절기는 이 구속사에서 정거장과 같습니다. 하나님과 사람 사이의 관계, 그리고 유대인과 비유대인의 관계가 회복되어질 때, 그 주기는 수콧에서 끝나게 됩니다. 하나님의 구원의 계획인 절정으로 치달을 때, 유대인들은 마침내 그들의 메시아를 알아볼 것입니다.

부록 02

니케아 신조,
그리고 율법과 은혜에 대한 가르침

니케아 신조

우리는 한 분이신 하나님을 믿는다. 그분은 전능하신 아버지이시며, 유형무형한 하늘과 땅의 창조주이시다.

그리고 우리는 한 분이신 주 예수 그리스도를 믿는다. 그분은 하나님의 외아들이시며, 아버지에게서 영원히 나셨으며, 곧 아버지의 본질에서 나셨다. 하나님에게서 나신 하나님이시며, 빛에서 나신 빛이며, 진리 하나님으로부터 난 진리 하나님이시며, 아버지와 본질에서 같으시다. 그분으로 말미암아 만물이, 하늘에 있는 것들이나 땅에 있는 것들이 생겨났다.

우리를 위하여 그리고 우리의 구원을 위하여 그는 하늘에서부터 내려오셨다: 성령님의 능력으로 그는 처녀 마리아로[히브리어: 미리암]부터 육신이 되셨고 사람이 되셨다.

우리 때문에 그는 본디오 빌라도에게 고난을 받으셨고 그는 죽음으로 고통받으시고 장사되셨다. 삼일 째 그는 말씀에 쓰여진 대로 다시 일어나셨고 하늘로 올라가셨으며 아버지 우편에 앉아계신다.

그는 영광가운데 다시 오실 것이며 산자와 죽은자를 심판하시고, 그의 왕국은 영원할 것이다.

우리는 하나님과 아들로부터 오신 성령님, 주님, 생명을 주시는 이를 믿는다. 아버지, 아들과 그는 경배받고 영광받으신다. 그는 선지자들을 통해 말씀하셨다. 우리는 한 거룩하고 보편적이이며 사도적인 교회를 믿는다. 우리는 죄의 용서에 대한 한 세례를 인정한다. 우리는 죽음의 부활과 다음에 오는 세상에서의 삶을 기대한다.

출처: 영문-anglicansonline.org, 한글-교회용어사전

법과 은혜에 관한 미카엘 야론의 가르침

저는 제 아내와 아이들과 함께 사진을 자주 찍습니다. 그래서 해외에서 그들이 보고 싶으면 그 사진들을 꺼내서 바라보면서 그들을 기억하고 그들을 얼마나 사랑하는지에 대해 생각합니다. 그러나, 집에 돌아오면 더 이상 그 사진들을 볼 필요가 없습니다. 저는 제 사랑하는 아내와 자녀들을 직접 껴안을 수 있고, 그들에게 제가 사랑한다고 직접 말할 수 있습니다.

같은 맥락으로 우리는 토라(모세오경), 시편, 선지서 등등의 '사진'에서 메시아에 대한 계시를 볼 수 있습니다. 구약 성서에서 하나님께서는 메시아를 언급하는 이미지들을 주셨지만 그 구체적인 이름은 언급되어있지 않습니다. 성막, 성전, 안식일, 절기 등이 메시아와 그의 일을 가리키는 것입니다.

이제, 예슈아를 알고 성령을 받은 메시아닉 유대인들은 구약성서를 공부할 때, 성령이라는 안경을 통해서 그것을 볼 수 있게 되었습니다. 구약성서에서 우리는 메시아의 그림자를 볼 수 있습니다. 동시에, 우리는 예슈아, 진짜 사람을 이미 알았습니다. 그래서 우리는 더 이상 메시아의 그림자나 그림을 볼 필요가 없게 되었습니다. 이제 예슈아를 아는 유대인들은 예슈아를 가리키는 구약성서에 대한 구체적인 이해로 다른 유대인들을 인도할 수 있습니다. 많은 사람들은 여전히 그림들에만 의존하고 있습니다. 그것은 마치 제가 집에서 가족들과 함께 있을 때에도 가족사진을 꺼내 오직 그 사진들로만 가족들을 생각하는 것과 똑같습니다. 만일 우리가 사진들에만 갇혀있다면, 하나님께서 우리에게 살아계신 메시아의 믿음을 주시길 원하심에도 우리는 여전히 그저 종교적인 차원에서만 메시아에 대해 이해하고 있게 됩니다.

예슈아는 율법을 성취하러 오셨습니다. 하나님의 계명들은 이 열 가지로 요약될 수 있습니다. 1. 너는 내 앞에서 다른 신들을 갖지 말라. 2. 너는 너 자신을 위해 하늘 위나, 땅에나, 물 아래있는 그 어떤 것의 형상으로도 이미지를 만들지 말라. 3. 너는 너의 하나님 주님의 이름을 오용하지 말라. 4. 안식일을 거룩하게 지킴으로서 기억해라. 5. 너의 아버지와 어머니를 공경해라. 6. 살인하지 말라. 7. 간음하지 말라. 8. 도둑질하지 말라. 9. 너의 이웃을 대항하여 거짓 증거하지 말라. 10. 네 이웃의 집을 탐하지 말라. 네 이웃의 아내나 남종이나 여종이나 소나 나귀나 너의 이웃에게 속해있는 그 어떤 것도 탐하지 말라 (참조. 출 20:3-17).

하나님께서는 여기에 더해 613개의 계명들을 주셨습니다. 하나님께서는 그것을 구원이나 영생을 목적으로 주신 것이 아닙니다. 예를 들어, 우리는 노아와 아브라함이 율법 주어지기 전이에 살았음에도 불구하고 그들은 의로운 사람들이라고 말합니다. 사람들은 율법이 아닌 믿음으로 구원받았습니다. 아브라함은 강한 믿음을 가졌습니다. 하나님의 명령에 따라 그의 아들 이삭을 번제로 드리기 위해 떠날 때, 그는 그의 종들에게 말합니다. "여기서 기다려라 우리가 돌아올 것이다"(창 22:5). 그는 이삭 역시 돌아올 것이라는 것을, 하나님께서 다른 희생제물을 주시거나, 이삭을 죽음으로부터 다시 돌아오게 하시리라는 것을 믿었습니다. 다시 말해, 그는 하나님께서 직접 희생제물을 공급하실 것을 믿었습니다. 그것은 아브라함이 예슈아와 그의 미래의 희생에 대한 계시를 품고 있었다는 것을 보여줍니다. 예슈아는 요한복음 8장 56절에서 말씀하십니다. "너희 조상 아브라함은 나의 때 볼 것을 즐거워하다가 보고 기뻐하였느니라."

하박국(2:4)은 말합니다. "의인은 그의 믿음으로 말미암아 살리라." 그래서 믿음이 있는 자는 의롭습니다. 우리는 민수기 21장 4~9절에서도 같은 메시지를 볼 수 있습니다. 사람들이 죄를 짓고 뱀에 물렸을 때, 모세는 놋뱀을 만들고 그것을 장대에 매답니다. 그리고 그것을 본 사람은 모두 살았습니다. 그 놋뱀은 예슈아를 나타냅니다.

613개의 모든 계명을 지키는 사람이 있을까요? 신명기 27장 26절과 갈라디아서 3장 10절은 율법이 말하는 모든 것을 지키지 않는 모든 사람은 저주 아래 있다고 말합니다. 그런데 그 누구도 이 모든 계명들을 지킬 수 없고, 심지어 열 계명조차도 쉽지 않을 것입니다. 다른 말로 말해서, 우리는 우리의 행위로는 우리를 구원할 수 없습니다.

창세기 6장 5절에 사람의 생각들과 성향들은 완전히 악했다고 말합니다. 시편 14장 3절 또한 선을 행하는 자가 단 한 명도 없다고 말합니다. 다시 말해 율법을 지키는 것에 기초한다면 그 누구도 의롭다고 할 수 있는 사람이 한 명도 없다는 것입니다. 법은 도덕적으로 중요합니다. 계명들을 통해서 우리는 하나님의 영원한 특성을 볼 수 있습니다. 예를 들어 하나님께서는 사람들에게 그들의 부모를 공경하라고, 부모를 잘 보살피라고 말씀하십니다. 누군가로부터 뭔가를 훔치는 것도 원치 않으십니다.

그렇다면, 법은 왜 주어졌을까요? 하나님의 목적은 그 분이 거룩하시고 우리 인간은 죄인이라는 것을 보여주시려는 것입니다. 동시에 율법은 이스라엘을 살아계신 하나님을 알지 못하는 이방 나라들로부터 분별했습니다. 이스라엘의 백성들은 율법에 의해서 구원받는다는 것은 불가능하다는 것을 깨달았습니다. 그렇기 때문에 메시아가 필요했습니다. 히브리서 9장 22절에 피흘림 없이 죄사함도 없다는 것을 읽을 수 있습니다. 메시아는 그 스스로를 단 한 번의 그러나 영원히 유효한 희생제물로 바치셨습니다. 동물 희생제물들은 오직 그 희생이 이루어진 때에 제한되어 있습니다. 그 동물 희생제물들은 우리의 죄를 짊어지고 십자가의 영원한 희생제물이 되기 위해 오신 하나님의 아들의 그림자일 뿐입니다.

이제 새 언약이 시행되었습니다. 율법은 예슈아를 믿는 자들의 마음에 기록되어 있습니다(참조. 렘 31:33). 예슈아는 율법을 폐하기위해서가 아니라, 율법을 완성하고 성취하시기 위해 오셨습니다. 법은 네게 합당한 것을 받으라는 것을 의미합니다. 은혜는 네게 합당치 않은 것을 받으라는 것을 의미합니다. 깨끗해진 나병환자는 우리에게 은혜가 무엇인지 말합니다(참조. 마 8:2-4). 누군가 나병환자를 만졌다면, 율법에 의해 그는 부정한 자입니다. 그러나, 예슈아가 나병환자를 만졌을 때, 그는 나병에 걸리지 않았습니다. 대신, 나병환자가 깨끗하게 되고 치유되었습니다. 예슈아는 그에게 깨끗함을 주시는 분입니다.

그런데 신약 성서 은혜 아래에서 사는 것이 쉽다고 생각하는 것은 헛된 짓입니다. 우리는 산상수훈을 잊어서는 절대 안 됩니다(마 5~7장). 법은 간음해서는 절대 안 된다고 말하지만 예슈아는 심지어 음란한 시선이 죄라고 말씀하십니다. 그는 언제나 마음을 보십니다. 단지 당신이 무엇을 하는지 뿐만 아니라, 당신이 마음속으로 무슨 생각을 하는지도 중요합니다. 법은 하나님의 뜻과 목적에 따라 살기 위해서는 우리가 하나님의 은혜가 필요하다는 것을 보여주기에 중요합니다.

이스라엘과 독일 지도

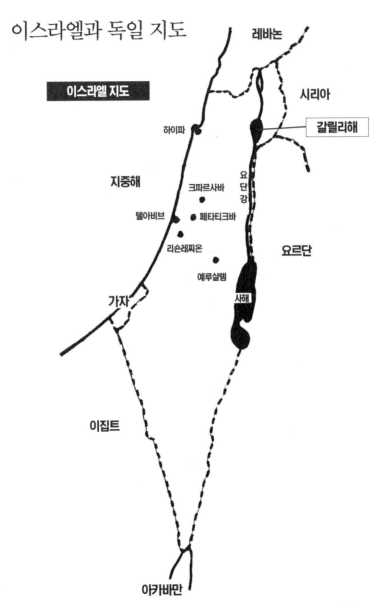

이스라엘 지도

레바논

시리아

하이파

갈릴리해

지중해

크파르사바

요
단
강

텔아비브

페타티크바

요르단

리숀레찌온

예루살렘

사해

가자

이집트

아카바만

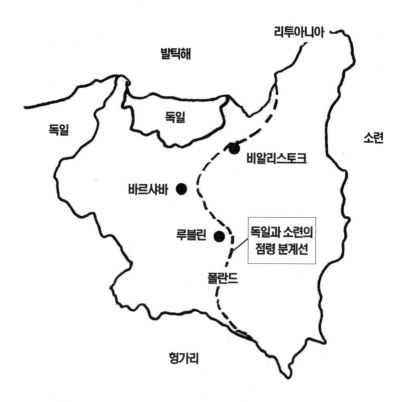

1904년 독일과 소련이 점령한 폴란드 지역

리투아니아

발틱해

독일

독일

소련

비알리스토크

바르샤바

루블린

독일과 소련의
점령 분계선

폴란드

헝가리